新文科·高质量教材建设计划

互联网思维与应用

第2版

柴俊武 ◎ 主编

电子科技大学出版社
University of Electronic Science and Technology of China Press

·成都·

图书在版编目(CIP)数据

互联网思维与应用 / 柴俊武主编. -- 2版. -- 成都：成都电子科大出版社，2025.1. -- ISBN 978-7-5770-1465-4

Ⅰ.F716

中国国家版本馆CIP数据核字第2024MF1904号

互联网思维与应用（第2版）
HULIANWANG SIWEI YU YINGYONG（DI-ER BAN）

柴俊武 主编

策划编辑	吴艳玲 刘 凡
责任编辑	刘 凡
助理编辑	兰 凯
责任校对	魏 彬
责任印制	段晓静

出版发行	电子科技大学出版社
	成都市一环路东一段159号电子信息产业大厦九楼　邮编 610051
主　页	www.uestcp.com.cn
服务电话	028-83203399
邮购电话	028-83201495
印　刷	成都市火炬印务有限公司
成品尺寸	170mm×240mm
印　张	14.5
字　数	400千字
版　次	2025年1月第2版
印　次	2025年1月第1次印刷
书　号	ISBN 978-7-5770-1465-4
定　价	69.00元

版权所有，侵权必究

前言 Foreword

互联网是由众多节点相互连接起来的，非平面、立体化、无边缘、无中心的网状结构。互联网的发展给人类经济、社会、政治、文化等方面带来了深刻的影响。在互联网、大数据、云计算、人工智能等科技不断发展的背景下，"互联网思维"一词在商业领域被频繁提及，通常情况下，它被定义为对市场、用户、产品、企业价值链乃至整个商业生态进行重新审视的思维方式。互联网思维并没有颠覆人类商业的基本逻辑，但它让许多产业的边界变得模糊，更将改变甚至颠覆传统的商业模式。

互联网思维是多维度的，体现了互联网的多种构成要素、存在形态、作用影响及时序变迁。但作为一种思维方式，互联网思维不属于哪一类人，更不是互联网从业人员的专利。互联网思维不可被视为包治百病的灵丹妙药，但它可以启发我们重新审视原有的一些商业习惯。互联网思维并非都是互联网时代的原创，只是源于网络科技的发展和对传统商业形态的冲击，才导致这些思维集中式地爆发，比如强调用户至上、极致体验、数据驱动运营、持续迭代创新、商业生态圈建设等。实际上，互联网思维是一种商业民主化的思维，彰显了互（民主的互动，用户中心）联（开放的联结，数据驱动）网（平等的网络，生态协同）的本质属性。

本书既可作为高等院校互联网应用相关专业的补充教材和课外读物，也可作为所有关心互联网和"互联网+"实践的人士的参考书。电子科技大学经管学院的李恒宇、钱志峰、陈倩倩、黄麒麟、陈欢、杨淑荔等人参与了本书的编撰，全书由柴俊武统稿。本书在编写过程中参考了一些公开发表的文献资料、知名机构的研究报告和互联网行业人士的实践资料和精辟见解，在此一并致谢！本书在编写中也借鉴了一些网络资料，对这些资源的拥有者也表示深深的谢意！

由于水平有限，疏漏之处难免，编者恳切希望广大读者在使用过程中对本书的错误和欠妥之处批评指正。

Contents 目 录

第1章 用户思维···1

1.1 何为用户思维··1
1.2 以用户为中心··6
1.3 用户体验至上···19
1.4 重视用户参与感···26
1.5 用户思维之长尾经济原理·································33

第2章 简约思维··39

2.1 简约思维的古今趣谈·····································39
2.2 简约思维的内涵···44

第3章 极致思维··59

3.1 极致思维的前世今生·····································59
3.2 极致思维的内涵···64

第4章 流量思维··82

4.1 认识流量···82
4.2 获取流量···99
4.3 转化流量··119

第5章 迭代思维···133

5.1 从敏捷开发到精益创业··································133
5.2 何为迭代思维··135
5.3 创新是迭代思维的灵魂··································141
5.4 "快"字当先···146

第6章 社会化思维 …… 154

6.1 社会化思维概述 …… 154
6.2 社会化思维的应用 …… 156

第7章 平台思维 …… 183

7.1 平台思维概述 …… 183
7.2 平台思维应用价值 …… 185
7.3 构建多方共赢的平台生态圈 …… 188
7.4 传统企业平台化的机遇和变革 …… 191
7.5 平台成败分水岭 …… 196

第8章 跨界思维 …… 200

8.1 跨界思维是什么 …… 200
8.2 跨界思维的要点 …… 204

第 1 章 用户思维

1.1 何为用户思维

随着互联网的高速发展，用户思维愈发重要，是许多企业走向成功的法宝，一旦脱离用户思维，企业将会与这个时代脱离。本章首先介绍用户思维概念，区分用户和客户的不同，并指出用户思维存在的争议问题。其次分析以用户为中心的表现：一方面是在消费者主权时代消费者占据主导地位，需求定制化成为时代必然；另一方面是做到全产业链以用户为中心，并且提出获取用户的主要方法。随后从用户体验至上、参与感两方面详细介绍如何做到以用户为中心。最后指出以用户为中心还要特别关注互联网中的长尾人群。

1.1.1 用户思维概述

1. 用户概念

"用户"这个词背后的逻辑是，受众不再是被动的接受者，而会主动寻找和屏蔽内容和信息。一个企业不仅要提供好的产品，还要提供好的服务，关键是改善用户体验。

"用户"的英文表达为user，这个概念来源于科技用语，意指产品或服务的使用者。从语言层级的角度看，用户层级低于顾客和客户[①]。用户、顾客、客户具有层层递进的关系。"顾客"的英文表达为customer，是购买商品和服务的组织或个人。顾客是付费的人，却不一定是用户（产品的使用者）。"客户"的英文表达为client，具有唯一性，使用产品后会发生持续性的消费，客户也不一定是用户。"用户"一词是中性的、客观的，用来描述产品或服务的使用者，这些使用者未必参与消费，因此"用户"所能描述的范围是最大的。伴随着互联网的发展，"互联网+"经济模式应运而生，"用户"在互联网行业

---

① 刘宏, 狄萌. 如何认识用户及用户思维[J]. 青年记者, 2014 (17): 9-10.

的使用更加频繁，这个词可以更贴切地描述互联网产品和服务的使用规模越来越大，并且能够延伸至更多行业领域发挥其独特的商业价值。从互联网时代"用户"的概念来看，能够直接触及用户痛点、抓住用户痛点的企业，就可以找到潜在市场。姜圣瑜在《从"受众时代"走向"用户时代"》一文中阐述了"受众"与"用户"的区别，并指出"受众时代"必将终结，"用户时代"已经开启。这一历史发展的必然趋势在很多领域都得到了体现，例如媒体行业，有人撰文指出，传统媒体的"内容为王"已经逐渐演变成了新型媒体的"用户为王"。

2. 用户思维的提出

顾名思义，用户思维就是站在用户的角度思考问题。用户思维诞生于互联网行业，是由业界人士提出来的。虽然与用户思维相关的概念在市场营销中得到了广泛的传播和应用，但是官方并没有对其作出学术强调与解释。因此，用户思维不是一个学术概念，而是一种具有浓厚行业特色的思维理论。"用户思维"的提出是互联网时代发展的必然要求。互联网技术的发展解决了两大问题：一方面是打破了传统的行业壁垒，解决信息不对称问题；另一方面是增加了用户获取信息的渠道与来源，解决了信息不透明问题。在信息更加对称、透明的前提下，用户主动性明显得到提升，再结合用户自身的偏好和更加全面的市场信息，自主做出选择。企业应该从战略层面引入用户思维并将用户思维内化，将用户思维真正沉淀到企业价值链的各个环节，从产品设计、研发、生产，甚至到销售及售后，都需要"以用户为中心"。除了了解用户，倾听他们的需求，解决他们的问题，更重要的是引导用户参与业务链的各个环节，汇聚用户的智慧，形成企业和用户最有效的互动，实现共赢，构筑新的制高点。

1.1.2 用户思维与客户思维的区别

理解用户思维与客户思维的区别，就是理解"用户"与"客户"的区别。前面已经介绍了，用户是产品或服务的使用者，但不一定是购买者；而客户是购买者，却不一定是产品或服务的使用者。比如，在礼品市场，购买者和使用者通常是分离的，购买礼品的是客户，而最终礼品的接受者才是产品的用户。通俗地讲，客户是付钱者但未必是使用者，用户是使用者却未必付钱。两者的核心区别在于使用者和购买者属性的不同。

具体来看，用户与客户的区别可以从以下几个维度理解。首先，两者关注的焦点不同，用户关心的是产品使用价值，而客户更关心产品价格；其次，企业与两者的关系本质不同，企业与客户的关系基于交易，与用户的关系则基于产品或服务本身；再次，基于两者的营销策略重点不同，以客户为导向，营销策略是有效的，而以用户为向导，体验才是最为关键的；最后，两者对企业产品或服务产生的影响不同，客户决定产品的导向，也是产品最根本诉求和愿景的提供者，一般是"买单"者，而用户是接受产品服务、享用产品功能的人，直接与产品形成互动，他们会影响产品的细节，但对产品方向没有本质的影响。企业的产品或服务如果只考虑客户需求，不考虑用户需求，则在实施过程中通常会遭到拒绝和抵制，最终导致失败。只有当客户对用户有着极强控制力和引导能力的时候，这种考虑一方需求的产品才有可能成功。类似的，只考虑用户需求，不考虑客户需求的产品和服务可能会被大众广泛接受，但是可能陷入无人买单的尴尬境地，这样的产品或服务最终也将黯然退出。在互联网时代，特别是在互联网行业中，通常会采用使用户向客户转化的策略，即先扩大用户规模，然后将用户转化为客户。从用户和客户之间的关系来看，这是一种不断深化和进步的关系。在互联网时代，也有很多人是用户和客户的统一体。因此，互联网时代的用户思维必然是融合了用户需求与客户需求的新型思维。

理解了用户与客户的区别，理解用户思维和客户思维的不同也就相对容易。在互联网时代，人们更加关注用户思维，为了与终端用户建立直接联系，打好用户基础，企业尝试使用各种方法来打破渠道壁垒。一方面，企业努力从产品和服务的直接用户群体中获得最及时、最有效的建议和反馈，以加快产品和服务的优化升级，引导用户参与企业价值链的各个环节，并在交互过程中增强用户黏性。另一方面，企业希望利用庞大的用户群体采用不同方式变现，将这些用户转化为直接进行消费的客户，从而实现用户与客户的统一。正是由于这种统一性，在互联网时代，客户思维被咄咄逼人的用户思维所取代。客户思维在多渠道层级的传统商业时代发挥着更大价值。

材料：产品经理的用户思维

马化腾曾说"产品经理最重要的能力是把自己变傻瓜"，周鸿祎也提出"一个好的产品经理必须是傻瓜状态"。产品经理要能够随时将大脑从"专业模

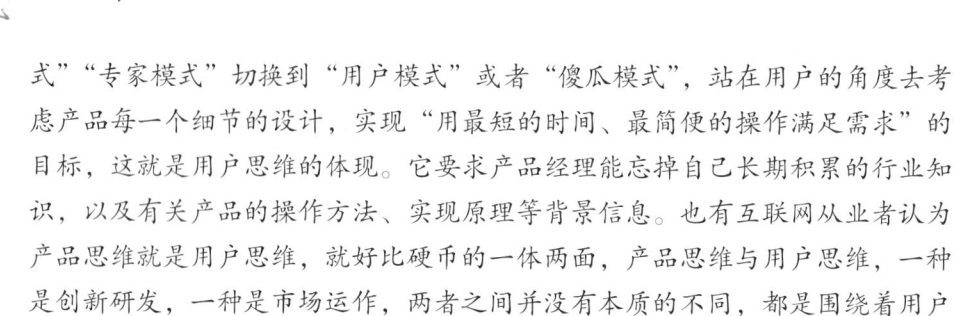

式""专家模式"切换到"用户模式"或者"傻瓜模式",站在用户的角度去考虑产品每一个细节的设计,实现"用最短的时间、最简便的操作满足需求"的目标,这就是用户思维的体现。它要求产品经理能忘掉自己长期积累的行业知识,以及有关产品的操作方法、实现原理等背景信息。也有互联网从业者认为产品思维就是用户思维,就好比硬币的一体两面,产品思维与用户思维,一种是创新研发,一种是市场运作,两者之间并没有本质的不同,都是围绕着用户和消费者的需求来打磨、完善。

1.1.3 用户思维弥补产品思维缺陷

用户思维是"站在用户的角度来思考问题",产品思维则是更多地站在产品的角度思考问题,是以产品为中心来提供产品和服务。以产品思维为核心的思维策略容易忽略用户思维强调的用户需求和用户体验,往往会出现有好产品却无好销路的情况,无法打开市场。在互联网飞速发展的今天,很多创业团队仍固执地坚持产品思维。他们相信,只要产品足够好、足够完美,就能占领市场。他们不知道真正的市场需求是产品诞生的基础,忽视用户的需求必然会导致创业失败。用户思维和产品思维之间的最简单的区别是:产品思维更多是从供给方出发,解答"我能做什么?我会做什么?我擅长提供什么?"的问题;用户思维则更多从需求方出发,解答"你的需求是什么?你的个性化的需求如何传递给企业?"等问题。

处在这个信息爆炸、创新产品层出不穷的互联网时代,只有理解用户需求、解决用户实际问题的产品才能获得成功。在实现商业价值和商业目标的过程中,要从用户的角度去考虑产品设计和开发,比如,考虑用户使用场景,弄清楚用户在什么情况下使用这个产品、使用这个功能。一个非常贴合用户需求并让用户叫好的产品才具备真正的商业价值。小米公司创始人雷军曾说过:"好产品就是最大的营销,好产品自己会说话。"而那些只从产品的角度出发,一心一意研究产品却忽视用户真正需求的纯产品思维将被淘汰,用户满意度是检验产品成功与否的重要标准。

用户思维的提出,很好地弥补了产品思维的缺陷,若能在产品设计和运营环节具备用户思维,就会达到事半功倍的效果。当然,用户思维若脱离了产品思维也必然会失败,以用户为中心的同时要保证产品质量,把产品做好。两者最美妙的结合是:以用户为中心来设计产品,以产品为中心来生产产品。互联网产品的出现正是基于方便、快捷、低成本的解决方案来满足消费者的需求。如果一个产品的出现把简单的事情复杂化了，那么这个产品就不会被用户接受。

案例：被时代抛下的诺基亚

从事移动通信产品生产与销售的跨国公司诺基亚的手机产品曾经在全球红极一时，在20世纪90年代到21世纪的前十年占据了全球手机市场的霸主地位，连续十几年蝉联全球市场份额第一。然而，在大众消费需求发生巨大变化、智能手机开始发展时，诺基亚仍然坚持自己的产品思维，抛弃自己在智能领域的先发优势，继续专注研发非智能手机。在2014年，诺基亚宣布完成与微软公司的手机业务交易，正式退出手机市场。正是因为一味聚焦产品策略，忽略整个行业市场及用户需求的变化，曾经的手机行业霸主被淹没在智能手机的滚滚洪流之中。

1.1.4 用户思维的局限

在互联网时代，用户思维逐渐成为各行各业从业者的宠儿。在用户思维的引导下，许多创新型企业都取得了成功，因此许多企业都将其视为制胜的法宝。但我们也应该清楚地意识到，用户思维并非万能。用户思维价值的发挥与企业和用户的很多因素紧密相连，例如从用户角度来看，用户的知识、信息、经验和能力不同，他在"以用户为中心"的价值体系中创造的价值就不尽相同，甚至会做出很多错误的判断，或对企业提出误导性的问题。用户思维在某种特定的情境下是具有局限性的，因此用户思维在实际运用中必须综合评估多方面因素。

用户思维的局限对于企业来说是一把双刃剑，对企业来说有积极的一面，但也有消极的一面，这种双面性取决于企业将用户放在什么位置。当企业仅仅把用户当作营销对象时，企业就可以利用用户思维，去聚焦用户的某一需求并尽力将其做得完美，同时有效地避开其无法满足的用户需求，将产品卖出去，从而获取更多利益。但是，当企业将用户纳入自己的产销系统时，也就是鼓励并引导用户参与产品设计，甚至参与制订企业发展规划时，限制用户的思维将不利于制订出更加完善的产品方案和企业发展战略。用户群体是由无数个普通

用户组成的，他们的思维深度和广度往往会受到以下三个方面的影响。

（1）用户在"技术采用生命周期"（Technology Adoption Life Cycle）中所处的位置。技术采用生命周期是由美国艾奥瓦州立大学在1957年提出的。根据这一理论，用户采用新技术的过程分为5个阶段，分别是创新者、早期采用者、早期大众、晚期大众和落后者。其中最罕见的是创新者，他们具有冒险精神，往往能对企业产品和服务提出建设性意见，帮助企业实现突破性创新，但是要想推动其产品从小众市场走向主流市场依然充满了未知和挑战。如果用户处在技术采用生命周期的第五个阶段，也就是技术采用的落后者，他们很可能对企业的产品和服务提出很多改善型意见，帮助公司推动持续性创新。

（2）用户在价值链中所处的位置。一般情况下，用户处于企业价值链的最末端，接受企业的产品和服务。传统的价值链稳定而牢固。但是这种稳定牢固的上下游关系不利于企业更好地接收用户的反馈。用户的反馈是企业不断创新的巨大动力。

（3）用户的忠诚度。用户主动传播的频率、使用产品的时间长度，以及平均每次消费金额的大小可以作为衡量用户忠诚度的标准。用户的忠诚度越高，用户的终身价值也就越高。当用户的忠诚度非常高时，用户选择产品和服务基于需求而高于需求，品牌意识内化，会在很大程度上影响用户的消费选择。

1.2 以用户为中心

1.2.1 消费者主权时代到来

互联网的普及和发展为信息的共享提供了有效而便捷的渠道和平台，把传统经济模式中由于地域、时间等因素形成的买卖双方之间的信息壁垒打破，总体经济形势也从卖方主导转变为买方主导。消费者可以根据自己的喜好和市场信息自由选择产品和服务提供商，这样的选择方式会对企业产生深远的影响，也意味着消费者主权时代的到来。在日常生活中体现消费者主权的例子比比皆是，例如：当人们需要购买一部手机时，他可以在多个购物平台（比如京东、天猫、各大手机品牌官网等）比较产品价格、品牌等维度，充分获取信息后作出最终选择，在购买之后如果对产品、服务等不满意，还可以通过评价体系将自己的意见和建议反馈给企业，或直接通过社交平台分享体验，这样的反馈机制对于企业产品和服务的改进起着至关重要的作用。而这一切在互联网尚未普及的年代，是难以想象和实现的。在传统经济模式中，卖方往往在信息上占据主动地位，利用信息不对称从顾客那里获取利润。并且，顾客对产品或服务的不满仅限于小范围的投诉，无法影响大多数用户，更不用说动摇卖方市场了。而互联网出现后，凭借开放、透明、共享等特点消除了信息不对称。移动互联网的出现更是把这种信息透明化推上了新的高度，消费者主权时代真正到来。

"消费者主权"的概念很早就被提出了。随着移动互联网技术的成熟，在"互联网+"的浪潮中，2015年"消费者主权"被重新定义，企业发展备受消费者意见的影响，并且这一影响逐渐加强，其中社交应用、O2O等移动互联网的发展起到了关键的推动作用。微博、抖音、知乎等社交媒体成为消费者发声的重要阵地，无论是负面消息还是正面消息都能够快速传播扩散。大众点评、淘宝、美团等购物网站的点评机制，迫使商家基于客户评价来做好产品和服务。各大购物网站、购物App等价格透明，使消费者获得比价的权利，从而迫使商家让利和做好产品与服务，做到以诚相待。从互联网发展的趋势来看，消费者主权只会进一步加强，甚至会对企业发展产生决定性作用。消费者在企业发展中扮演日益重要的角色。那么，在移动互联网时代，消费群体到底具有什么特征呢？

（1）全媒体。由于社交媒体的蓬勃发展，我们已经进入了社交媒体时代。媒体不再属于专业组织，每个人都可以成为媒体。消费者可以通过社交媒体随时随地发出自己的声音。消费者不再是孤岛，移动互联网将全国各地的消费者联系在一起。在信息互通共享的社交平台上，零星的个体消费者很快就能找到具有同样诉求的其他消费者，进而形成巨大的反馈力量。因此，在互联网时代极易形成口碑传播、病毒式传播等现象。如果企业的产品或服务能够满足大多数消费者的需求，那么就可以发挥口碑传播的巨大价值。相反，如果企业的产品或服务给一些消费者带来了不好的体验，消费者大规模的负面评价传播可能会阻断产品甚至企业的未来。在这个过程中，企业的应对能力也将发挥关键作用，是对企业综合能力的挑战。如果企业能够快速响应并解决消费者提出的问题，不仅可能弥补损失，还可能借此提升企业"以用户为中心"的良好形象。因此，在全媒体时代，消费者参与企业品牌建设，形成良性互动的推广机制，促进市场竞争向更贴近消费者的方向发展，实际上是有益的。

（2）全渠道。如今，消费者购物已经超越了传统的时间和空间限制，任何一个消费场景都可能促成交易。消费者会全渠道地搜索信息，例如一个人想要在假期租车自驾旅行，那么他就会关注马路上来往的车辆中是否有一些大家都在用的租车品牌，看小区附近是否有租车品牌服务点，如果遇到发放租车相关的传单一定会接下，在电梯里会关注是否有租车相关广告，会扫描二维码关注相关公众号，会在应用商店里搜索租车App，会通过社交媒体求助或搜索，等等。消费者在进行全渠道搜索信息同时，还会进行全渠道的选择、购买、反馈和传播。基于此，企业需要考虑广告信息是否需要全渠道覆盖，是否进行全渠道的产品展示和建立消费者参与设计的渠道，是否进行全渠道销售，是否建立自己的垂直电商平台，是否选择覆盖如天猫、京东等电商平台，是否建立完善的反馈渠道以便与消费者互动，如是否开通微博官方账号、微信公众号、自身网站反馈渠道等。消费者的全渠道需求要求企业具有全渠道的视野，建立全渠道模式或有的放矢地对渠道进行设计和投资。

（3）个性化。个性化的特征在移动互联网时代被充分激发和释放。首先，在经济高速发展的时代，随着人们生活水平的提高，消费者的诉求不再局限于满足基本生活需求的标准化产品，而是更多地追求体现自我意识和自我价值的个性化产品。"与众不同"成为新时代消费者除价格等条件外的重要考虑因素。这种个性化诉求在移动互联网时代达到了前所未有的高度。其次，由于互联网的发展，企业与消费者的距离进一步缩短，两者可以直接互动对话，企业能够在最短时间内获取消费者的第一手需求信息。相比于过去通过中间层级听取消费者意见和建议，现在获取消费者诉求更加精准、高效和便捷，从而有利于提高定制化服务的效率和消费者满意度。最后，物联网技术和柔性生产技术的发展为实现个性化定制奠定了基础，企业能够通过这些技术尽可能满足消费者个性化的需求，在竞争激烈的市场中创造更高附加值从而获得利润。

1.2.2　全价值链以用户为中心

价值链的概念由哈佛商学院教授迈克尔·波特[①]在1985年的《竞争优势》一书中提出。波特认为："每一个企业都是在设计、生产、销售、发送和辅助其生产产品的过程中进行种种活动的几何体。所有的这些活动可以用一个价值

[①] 迈克尔·波特（Michael E.Porter, 1947— ）在世界管理思想界可谓是"活着的传奇"，他是商业管理界公认的"竞争战略之父"，被誉为全球最顶尖的营销战略家、"定位之父"。他已出版了十四本著作，其中最有影响力的有《品牌间选择、战略及双边市场力量》（1976）、《竞争战略》（1980）、《竞争优势》（1985）、《国家竞争力》（1990）等。

链来表明。"企业的价值创造核心环节在于产品设计、生产、销售及售后。"以用户为中心"必须贯穿企业的价值链,只有在每个环节引入用户思维,才能真正地站在用户的角度,实现价值最大化。在产品设计之初,企业需要充分了解用户的需求,弄清楚用户"我想要这个产品是什么样的"。在功能设计这一环节,必须进行可靠、全面的市场调研,并鼓励和引导用户参与到产品功能设计中,通过试验不断完善和升级产品,做到全面而不失简洁,最大限度地覆盖用户的需求。在生产阶段必须严格把控质量相关指标,在资源有限的情况下做出最具质感的产品,带给用户物超所值的感受。在销售环节需要有全渠道的视野,从用户接触产品到最后消费购买以及售后用户关系的管理都需要建立起完善的渠道,例如线下体验、线上购买的购买渠道等,让用户能够便捷、全面地了解并购买到产品,提升用户体验。在销售环节,能够让用户花最少的精力获取所需产品的企业必然能打败竞争对手。售后环节是用户体验十分关键的环节,在传统交易市场中,交易通常会在支付结束时结束,而在以"用户为中心"的消费者主权时代,要求企业提供优质的售后服务,否则,企业将失去用户。售后环节也是提升用户黏度的关键环节。只有当价值链的每个环节都"以用户为中心",才能吸引用户,引导用户持续消费,为企业带来持续价值。全价值链"以用户为中心"做出的产品才是完善而贴近用户的。

互联网的发展打破了过去时空的限制,使得竞争更加充分。在供不应求的时代,市场是由卖方市场主导;而在供过于求的时代,市场则转变为以消费者为主导的买方市场。在消费者主权时代,消费者拥有众多消费选择,且不同选择之间转移成本低。如何增强用户黏性是企业亟须解决的问题。这就需要企业建立起以用户为中心的研发、设计、生产、销售的体系,"从用户中来,再到用户中去",深入理解用户需求,建立起以用户为中心的全价值链体系,依靠用户思维打造企业核心竞争力。

1.2.3 需求定制化是未来的必然

需求定制化,在今天并不困难。目前,消费结构受到商品消费分流、大众消费转流、公务消费节流、高端消费外流、外部因素扰流的综合影响,个性化以及定制化消费将取代浪潮式消费,成为主流消费趋势。

定制化服务颠覆了传统的生产导向的服务模式,迫使整个生产价值链从消费者需求出发。在定制化服务中，消费者提出特定的需求，供给方以满足消费者需求并创造高满意度为目标进行定制生产。定制化服务具有三个基本特征：第一，定制化服务对行业的整体素质提出了更高的要求；第二，定制化有利于保证经济平衡发展，减少生产过剩带来的资源浪费及经济疲软的问题；第三，定制化服务有利于最有效地满足客户需求并提高客户满意度，定制带来的"特别"体验能够给消费者带来心理上的满足感和成就感，这种积极的消费体验有利于推动口碑传播，从而为企业带来无形价值。

阿里巴巴集团提出了五个"新"：新零售、新制造、新金融、新技术和新资源。其中，新制造侧重于制造的智能化、个性化和定制化。过去二三十年，制造业注重规模化和标准化，未来，人工智能和物联网将推动制造业发生新的变革。传统的规模化和标准化生产方式已无法满足消费者的个性化需求，会导致消费者不满，这种不满甚至会对制造商或品牌造成不可逆转的损害。如今定制化已成为一种趋势。因为互联网和大数据技术的发展降低了企业搜集顾客信息的成本，使得企业能够根据顾客需求开发新产品。同时，沟通成本大大降低，互联网使得买卖双方能够随时随地畅聊，这样企业能够更便捷地了解消费者的需求。对消费者而言，能够享受定制服务，这种体验必然会使企业获得较高的消费者满意度。

自20世纪90年代以来，为了响应消费者对消费者个性的追求，定制营销变得流行起来，"私人定制""个性化定制"一类的词语越来越频繁地出现在大众视野中。但在"个性化定制"的背后，实际上是整个社会消费模式的转型。这种消费转型不仅体现在线下实体营销层面，在电子商务领域也逐步凸显出来。正是互联网的发展极大地拉动了个性化需求的增长。在个性化、定制化成为主流消费趋势的大环境下，企业要时刻关注消费者的消费行为变化，最大限度地满足消费者的个性化需求。

1.2.4 如何获取用户

1. 获取用户的基本思路

获取大量有效用户的前提是时刻保持用户思维。因此要想获取忠诚客户，不能只靠一些简单的营销手段和方法，而应该站在用户的角度，花更多的时间去获取用户的"心"。接下来介绍获取用户的基本思路。

1）明确用户群体（你的用户在哪里？）

（1）通过用户画像[①]明确用户群体。

面对庞大的用户群体，可以通过用户画像的方法明确用户群体。每一位产品设计师或产品运营商在产品设计或运营之前，都有一个关于用户画像的一般定义，知道他们面对的是什么样的客户群，以及这一客户群的基本特征。但是，要想更精准地获取有效用户，就必须进行更细致的用户画像，为用户贴上分类标签，清晰地认识用户群体，准确地把握用户属性，从而进行战略布局。否则，营销战略无法聚焦，服务将不具有系统性和针对性。

根据产品和目的的不同，用户画像可分为品类用户画像、产品用户画像、品牌用户画像、用户行为轨迹画像、用户态度/价值观画像等。首先要明确用户画像的具体类型，再针对性地进行用户画像。

①多渠道接触用户。

通过多种渠道与用户建立大量联系点，实现高频接触，搜集到真实的用户信息。通过比较市场上的成功产品与失败产品，不难发现忽略用户的真实需求是导致很多产品失败的原因，在设计环节脱离用户，不依靠或依靠少量的客观调研分析，仅仅通过主观想象来为产品的用户群体画像，会造成"伪需求"现象，从而导致产品面世后却无法找到真正用户。因此，通过各种社交平台与用户接触，线上、线下结合是完成用户画像的基础。

②全方位搜集数据。

制订合理计划，搜集用户数据，包括信息数据和行为数据，全面了解用户。建立数据驱动的用户画像是一种更加科学有效的用户画像方式，越详尽的数据越有利于掌握更多细节，使得用户画像更清晰，有利于实现定制营销。

③多角度抽象标签。

将数据抽象成标签的过程事实上也是一个将定量数据转换为定性特征的过程。搜集到的初始数据往往分散无序。应根据制定的维度，对数据进行标签分类，形成直接可用的用户画像元素。例如可以根据城市、客单价、退换货频率等信息提炼出城市标签（一线、二线、三线城市等）、消费能力标签（消费能力高、中、低等）、产品服务要求标签（要求高、中、低）等。

④大数据形成画像。

一个用户往往是多个标签的集合。将搜集到的数据整合成标签后，可以在

[①] 用户画像又称用户角色，是由被称为"交互设计之父"的阿兰·库珀（Alan Cooper）提出的，是一种勾画目标用户、联系用户诉求与设计方向的有效工具。用户画像在各领域得到了广泛的应用。

对应的用户上放置多个标签，随着标签数量的增加，模糊的用户形象会变得更加清晰和完整。

案例：魅族公司进行用户画像

魅族公司一直注重对用户行为进行分析，通过搭建用户洞察平台，对三方受众数据进行汇聚、清洗、智能运算，构建了庞大的精准人群大数据中心，提供丰富的用户画像数据以及实时场景识别能力。用户洞察平台的功能包括人群管理、人群洞察分析、自定义标签、人群扩展、画像查询服务等。对内：无缝对接各类业务平台的数据应用，如在广告平台、PUSH推送、个性化推荐之间建立了数据通道，支持公司级的精准营销，提供消息及时送达服务，进行营销效果评估，反馈数据可进一步加工，提高肖像标签的质量。对外：完善对数据的管理及输出流程，以开放接口形式为全行业从业者提供标准、精确的人群标签，帮助优化投放和提升营销效果，实现对受众的精准投放，释放数据真正价值。

用户画像作为大数据的根基，为进一步精准、快速地分析用户行为、消费等重要信息提供了坚实的数据基础，使魅族能够更好地为用户提供高价值的服务。此外，它还可以及时挖掘用户的潜在需求，根据用户的喜好推荐合适的服务和内容，提升用户体验。

（2）通过互联网技术明确用户群体。

除了通过用户画像的方法明确用户群体，还可以通过互联网技术分析用户行为习惯，进而锁定目标用户。尤其是平台类互联网企业在获取用户信息并进行大数据分析方面具有天然优势。首先，互联网技术使得企业可以实时获取用户信息。实时的信息数据和行为数据都能够在后台清晰地反映出来，例如用户浏览了哪些类型的文章、对什么领域感兴趣、喜欢什么时候浏览等。通过对这些信息的分析和提炼，可以定制相关的营销内容，满足用户的需求和偏好。其次，互联网技术使企业能得到比以往更全面的用户信息。通过平台数据的连通和共享，可以获取覆盖用户生活方方面面的信息。从横向来看，可以搜集到的用户信息种类丰富，如健康类平台可以搜集用户身体相关数据，购物类平台可以搜集用户的消费数据等，社交类平台可以搜集用户的社交行为数据等。有许多综合性平台，业务既包含购物又包含社交，甚至还有其他的相关活动，能够获取更加全面的用户信息。从纵向来看，互联网平台可以通过这些数据获取用户深层次的行为数据，例如购物时，页面停留时间、客服咨询次数、消费金额、消费笔数等信息。企业能够通过这些数据去挖掘用户行为特征，形成更加清晰的用户画像。最后，通过互联网技术获取的用户信息通常都是客观的、真实的，用户在使用互联网进行一系列活动时，这些数据都会被上传至服务器，记录得越多，越能精准地描绘出用户的画像，实现精准营销，并为企业制订品牌和产品战略提供支持。

2）挖掘用户需求（用户的痛点是什么？）

要了解如何挖掘用户需求，首先需要澄清什么是需求。在日常生活中，人们也常常提到"需要"，"需求"和"需要"虽然只有一字之差，但是其含义却有很大的差别。例如，一个人到餐厅对服务员说"您好，我要一碗3两牛肉面"，这个人的需要就是"3两牛肉面"，而需求可能是"充饥"。而另一个人说"您好，我要一碗1两牛肉面，加个煎蛋，加份烫菜"，那么这个人的需要就是"1两牛肉面，1个煎蛋，1份烫菜"，而需求可能是"饮食丰富化、多样化"。从经济学的角度来分析这个例子，不难看出需要的对象是具象化、具体化的事物，而需求则是需要背后的抽象化动机。需要并不等同于需求，企业应该汇集用户提出的众多需要，分析其背后的抽象化动机，明晰用户的底层需求。另外，需求和需要的关系可以表达为：需求=需要+购买力。需求必须有购买力支撑，只有具有购买力，企业的产品和服务才有市场价值。在挖掘用户需求时，企业必须对用户的购买力进行深入分析，这与企业未来产品和服务的价值有关。其次要善于挖掘用户痛点，了解用户的真正所需，好为用户量身定制产品和服务。通常我们把顾客的核心需求称为"顾客痛点"，即用户为什么要买某类产品。比如在用户"电脑总是中病毒，影响正常使用"这一状况下，360公司开发了"360安全卫士"软件来清除电脑病毒，满足用户对电脑安全的需求。

《哈佛商业评论》杂志《突破用户思维局限》一文介绍了在用户访谈中挖掘用户真实需求的5种方法。

（1）直接询问法。

5 Why分析法又称5问法，最早由丰田公司提出，其目的是通过提问来找到问题的根本原因。5问法简单实用，并且能够帮助使用者迅速地对问题求解，已被广泛应用在各种持续改善法、精益生产法之中。

例如，经典的百老汇戏剧《长靴皇后》讲述了一个真实的故事：一家老字号男鞋店通过挖掘用户的深层需求，成功地创造了一个利基市场。故事是这样的：英国一家老字号鞋店由于生产成本过高而濒临破产。一天，鞋店来了位想修复女式高筒靴的男顾客。一般的店家可能只是将靴子修好，停留在满足"用户需求是什么"层面。但该店的老板却十分好奇，问了5个"为什么"：

①为什么一个男顾客要修复女式高靴？答案并不是该顾客想帮他的太太或女友，而是为自己修鞋。

②为什么他会穿女鞋呢？因为这个男顾客有易装癖，喜欢穿女鞋。

③为什么他的鞋坏了呢？因为他身材高大，而为女性设计的高筒靴的鞋跟太细，承受不了他的体重。

④为什么不能用耐用的大号女鞋代替？因为它们不够华丽、性感。

⑤为什么市场上没有既美观性感，又适合体重大的用户的女靴呢？因为一般的鞋厂如果只针对女性用户，不需要将鞋跟加固；如果只针对传统男性客户，则无须将皮靴设计得如此华丽。这家鞋店的老板意识到这可能是一个蓝海商机，因为在市场上没有满足这一需求的产品，而随着社会的开放和多元化，这位男客户的需求代表着一个新的利基市场的产生。

（2）三角测量方法。

如果用户不能很客观地陈述自身需求，询问法可能无法有效探知用户的真实需求，企业可以通过第三方更公平、准确地了解用户的需求，并寻求相应的解决方案。比如说，近年来成长迅猛的生活方式平台"小红书"通过深入研究发现，其主要客户群体是比较爱购物的女性用户。这个女性用户群体往往有较强的购物意愿，但并没有足够的时间或能力去识别要买哪些品牌的产品，她们的需求通常是通过社区中的意见领袖（即特别爱购物的用户）表达出来。"小红书"根据这一特点，通过第三方意见领袖和多维社区数据选择产品，然后向用户进行个性化推荐。

（3）移情法。

前述两种方法是通过与用户的沟通交流来了解用户的需求。但如果用户不能很好地传达他们的需求呢？由于自身的局限性，即使是用户身边的人可能也无法探索用户的深层需求。比如，婴幼儿产品企业就无法单刀直入地询问孩子5个"为什么"，孩子通常也无法准确表达需求；而孩子的父母也并非育儿专家，很难精准地描述孩子的需求。这就需要企业细致观察，进行换位思考，剥茧抽丝地挖掘用户需求。

移情法是一种常见的设计思维方法。它可以通过移情或同理心（empathy）来了解用户的需求，为用户提供帮助和解决方案。例如，运动健身 App "Keep"的创始人王宁，就是通过自己的健身经历和需求，开发了这款 App。在产品开发过程中，他始终坚持采用移情法，尽力满足用户在健身方面的各种需求，使得 Keep 在不到 300 天的时间内就拥有了 1000 万用户。

（4）溯因法。

溯因法是从某个观察到的现象出发，通过生成假设，为观察到的现象做出最佳诠释。例如，麦当劳仔细观察顾客，惊讶地发现他们中的大多数人在早上 8 点之前就购买了奶昔，以免早上开车上班时无聊。意识到这一点后，麦当劳就把奶昔做得更浓稠些，这样既可以更好地帮用户填饱肚子，又可以让用户吸奶昔的时间更长。

（5）引领法。

亨利·福特曾说过："如果你问你的顾客需要什么，他们会说需要一辆更快的马车。因为在看到汽车之前，没人知道自己需要一辆汽车。"用户通常无法先知先觉，所以企业往往需要跳出时间的局限，引领用户需求。

预测未来需要企业在对未来科技发展进行探索的过程中，融入用户的需求作为变量；同时，企业在与用户互动的过程中，要植入基于科技发展的前瞻性引导。预测未来需求需要基于大数据分析和科学方法。企业要大胆假设，认真求证，及时获取用户对未来需求的反馈，并采用高科技手段不断修正自己对未来的预期，从而创造新的风口，引领潮流。

3）如何满足用户需求（你能为顾客带来什么产品或者服务？）

从用户的需求出发，不仅要掌握用户的真实需求，还要通过实际行动切实解决用户的需求。人们普遍认为，只要打造出极致的产品和服务，用户就会从使用者转变为传播者。而极致的产品和服务的打造不仅需要高度专注，也需要付出一定的成本。比如，当用户在微博上津津乐道地"晒"出三只松鼠送的封口夹、果壳袋、湿纸巾的时候，同行可能恍然大悟："这很容易啊，我怎么没想到呢？"也有同行可能想："这要增加成本啊，太麻烦，算了，只要产品受欢迎就行了。"这两种想法真实地反映了企业执行用户思维的困难所在：第一，想不到去做，因为没有掌握用户的真实需求，所以没有这种灵感；第二，想到了却不愿去做，因为要增加成本，短期内无法获利，不愿意承担风险。因此，企业不仅需要密切关注用户需求，在掌握了用户需求之后，还必须快速响应和行动，抢占先机，取得用户的信任，这样才能在竞争中立于不败之地。

材料："消费者不知道自己的需求是什么"

在乔布斯眼里，最好的用户体验设计不能仅仅是找准定位、做好产品设计，他定下了几项基本原则：

（1）一定不要浪费用户的时间。例如，要减少用户的操作时间，减少用户鼠标移动的距离和点击次数，减少用户满屏寻找光标的次数。

（2）一定不要想当然，不要打扰和强迫用户。

（3）一定不要提出"这些用户怎么会这样"的质疑，一定不要高估用户的智商。

（4）一定不要以为给用户提供越多的东西就越好；相反，多了就等于没有重点，有时候需要做减法。

（5）一定要明白你的产品面对的是什么样的用户群体。

（6）一定要尝试去接触用户，了解他们的特征和行为习惯。

乔布斯谨记亨利·福特的名言："如果我当年去问顾客他们想要什么，他们肯定会告诉我'一匹更快的马'。"在研发产品的过程中，乔布斯习惯反问自己，他和他的团队首先遇到的挑战是，如何制作出一款让自己一见钟情的产品。

2. 快速获取用户的两种模式

在互联网时代，用户基数和用户增长率对互联网企业的发展至关重要。尤其伴随着移动互联网的快速发展，各类App、移动购物平台的出现更是加剧了对用户的争夺。在"用户为王"的时代，拥有用户是互联网企业生存的基础。互联网企业经过广泛的实践，在行业内逐渐形成了两种早期比较被认可的获取用户的方式，即免费经济模式和补贴经济模式。

1）免费经济模式

互联网时代的免费经济指的是通过提供免费的产品或服务来获取利润。其方法大多是以免费作为吸引用户的起点，并在此基础上建立其他赢利渠道。广告是最常见的一种赢利渠道。《长尾理论》的作者克里斯·安德森[①]认为，免费经济模式主要有以下几种。

第一种免费模式是直接交叉补贴。企业提供免费服务与商品吸引客户消费，增加客户对付费商品的兴趣，这种免费经济模式是让钱在不同的产品中进行转移。在20世纪初，剃须刀与刀片大多是一体的，美国吉列（Gillette）公司发明的可替代刀片式剃须刀销售不佳，于是吉列公司以很低的折扣将剃须刀销售给商业伙伴（如银行），商业伙伴往往会在做业务推广时向客户免费赠送剃须刀，而吉列公司就通过销售替换刀片来获取高额利润。

第二种免费模式是三方市场。这是指买方与卖方创造市场与交易过程，而由第三方付款。例如电视、广播、报纸、杂志等，广告商通过购买广告的版面、时段等，刊登广告将服务或商品介绍给客户，进而吸引客户购买服务或商品。电视、报刊向观众、读者收取的费用远低于采编、印刷等成本，其目的就是吸引观众、读者，然后由广告商付费。而在互联网时代，互联网企业通过提供免费服务吸引用户，然后利用用户信息获利，比如销售给广告商，或者提供增值订阅服务，或者直接进行精准营销。

第三种免费模式是非货币市场。这种模式的一种形式是礼品经济。有很多人希望通过免费赠送来获得声誉、关注度，或者只是希望表达观点、分享快乐、获得满足感。而在互联网时代，近乎零成本的信息传播使得这种模式成为一种产业。如维基百科、Craiglist等网站就属于这种。另一种形式是劳动交换。当用户免费使用企业的某种服务时，可能也创造出了富有价值的成果，实际是在和企业进行劳动交换。比如当用户使用谷歌、百度等搜索引擎时，也在帮助搜索引擎提升精准定位广告的系统运算法则。

在互联网时代，新鲜事物层出不穷。互联网已经从最初的工具逐渐演变成影响公众生活和企业发展的一种生活方式。随着各类团购网站、购物App、生活类互联网平台的出现，互联网已经对人们的衣、食、住、行等方方面面产生了深刻的影响，同时也对企业战略的制定产生了深远影响。对于企业而言，用户规模是获取利益的基础。任何一个平台获取的用户都弥足珍贵，拥有庞大的用户基础，才会产生持续的收益。如微信在短短几年内用户量达到了十亿余人，庞大的用户群体使得微信逐步开发以社交为中心的商业生态圈，微信理

[①] 克里斯·安德森是美国《连线》杂志前任主编，著有《长尾理论》(*The Long Tail*)、《免费：商业的未来》(*Free: The Future of a Radical Price*)、《创客》等书。

财、微信自媒体、微信购物、朋友圈广告等的快速发展都是建立在庞大的用户基础上的。

为了争夺用户群体，免费的商业模式早已存在，但在互联网时代，它被运用得更加淋漓尽致。免费加收费是互联网企业最常采用的一种模式，通常的方法是互联网企业前期通过向大众提供边际成本极低的数字产品或者服务来吸引消费者的注意。这些几乎免费的"馈赠"，一方面直接吸引有购买能力和购买意愿的消费者来购买他们的产品和服务，另一方面还会逐渐改变消费者的消费行为，使原来不具有购买意向的消费者对收费的产品和服务产生购买意向。企业先通过免费的产品或服务吸引大众关注从而获取海量用户，再通过其他方式从已经积累的用户身上获利。免费经济最经典的案例就是移动、联通、电信这三大运营商推出的手机"0元购"模式，用户只需要预存一定量的话费便可免费获得一部智能手机。手机作为硬件完全免费，运营商通过用户长期使用而交纳的话费及其他增值服务赚取利润。免费在线音乐则是互联网时代免费经济的代表，由于其发行成本趋近于零，用户免费获取音乐资源成为可能。免费在线音乐为在线音乐平台吸引了海量用户，平台通过对一些有特殊音乐需求的用户收费，以及获得相关的广告费作为收入来源，同时歌手通过发布在线音乐为后续的演唱会、实体唱片等收费项目进行营销。在互联网经济中，企业和消费者双方都享受到"免费"带来的好处，互联网企业在短期内大都倾向于通过提供免费产品或服务迅速占领市场，扩大自身用户资源，形成规模效应，同时需要根据不同的经营战略选择适合自己发展的免费商业模式。总的来说，企业最关心的依然是赢利问题。因此从长远来看，互联网企业必须建立自己的赢利模式，以实现最终的利润最大化。免费经济模式是企业为未来的进一步发展铺路，虽然前期付出了较大的代价，但是能够迅速抢占市场份额，获得消费者的认可，为后续的持续赢利奠定基础。

2）补贴经济模式

免费的产品或服务虽然吸引了大批用户关注和使用，但是用户的留存依然是困扰互联网企业的首要问题。用户能否留在你的平台上？用户能成为你的粉丝（fans）吗？这些问题已经成为许多互联网企业在获得用户后试图解决的问题。在竞争激烈的市场中，仅依靠持续提供优质内容和高品质产品是不够的，还需要想办法吸引用户留在平台上。向用户提供补贴的方式已经成为互联网企业常用的有效手段。一般是采用单一订单大幅度减免、发放红包券供下次使用、推荐朋友注册有奖励、限时折扣等手段。补贴手段可以为企业带来很多方面的价值，例如，提升用户活跃度、培养用户的消费习惯、提高用户对该平台的忠诚度、发挥个体用户营销价值以及进一步扩大用户规模，等等。例如，2015年微信和支付宝的"红包大战"，通过在除夕夜发放亿万红包的方式争夺用户；美团外卖、饿了么争夺外卖市场，通过折扣券补贴商家和消费者；同程网、去哪儿网、携程旅游等争夺旅游顾客群体；共享单车订单结束后分享给好友可以获得红包；滴滴打车和Uber为争夺用户，同时补贴司机端和乘客端，使得乘客和司机都获益不菲。而滴滴与Uber中国合并后，补贴就几乎消失了，滴滴也成为互联网商业中"先烧钱后获益"的典型例子。这是因为很多互联网企业开启补贴模式时就已计划好前期不赢利，如滴滴曾经两年补贴15亿元，计划3～5年内不赢利。

巨额补贴不仅能够帮助互联网企业快速扩张，在短时间内获取大量用户，还可以通过限时折扣、订单减免的方式培养用户的消费习惯及增强消费黏性，为后期的持续赢利打好基础。但需要指出的是，如果企业不能形成真正满足客户需求的长期发展模式和赢利模式，仅仅通过"烧钱"和盲目补贴，将产品和服务植入用户的现有生活，他们将不可避免地遭受补贴造成的巨大损失。众多依靠补贴，但缺乏核心竞争力的互联网企业纷纷倒闭，很大程度上就是因为没能真正解决用户的需求，无法实现持续赢利。

1.3 用户体验至上

美国知名的信息架构专家彼得·莫维里[1]的"用户体验蜂巢模型图"提出了用户体验的核心特质：适用的、合意的、易访的、可靠的、易查找、可用的和有价值的。莫维里从用户角度出发，概括了用户体验的几个要素，而这些要素正是提升用户体验的重要途径。

1.3.1 什么是用户体验？

用户体验设计师唐纳德·诺曼[2]早在20世纪90年代中期就提出了"用户体验"的概念并进行了推广。ISO 9241—210标准将用户体验定义为"人们对于

---

[1] 彼得·莫维里（Peter Morville）是互联网行业知名的信息架构专家，被誉为"信息架构之父"。他著有《Web信息架构》和《搜索模式》等书。

[2] 唐纳德·诺曼（Donald Arthur Norman，1935— ）是美国认知心理学家、计算机工程师，代表作有《设计心理学》《情感化设计》等书。

使用或期望使用的产品、系统或者服务的认知印象和回应"。电商平台和社交平台包含了众多有关"用户体验"的具体描述，例如一位购买锤子科技旗下空气净化器产品的顾客，在使用了一段时间后，在平台上发布了他的评价："产品设计很细心，防呆严密的安装指示，各处把手握感都不错，自动模式下视频中指数变化过程音量非常小，距离在 1 米以上几乎就被环境音量完全掩盖了。"这位顾客使用"握感不错"去描述产品的把手实际上就是一种用户体验。因此，用户体验是主观的，是用户在使用产品和服务过程中的综合感受。ISO 定义的用户体验是："用户体验，即用户在使用一个产品或系统之前、使用期间和使用之后的全部感受，包括情感、信仰、喜好、认知印象、生理和心理反应、行为和成就等各个方面。"该说明还列出三个影响用户体验的因素：系统、用户和使用环境。

1.3.2 用户体验决定成败

随着消费者主权时代的到来，用户体验在产品和服务的成败中起着越来越关键的作用。在供小于求的卖方市场中，一笔交易通常以产品的交付和货币的结算为结束点，但是在供大于求的买方市场中却截然不同。在竞争异常激烈的互联网时代，消费者面临着众多消费选择，但其消费转移成本非常低，几乎为零。面对这样的买方消费市场，企业必须从消费者心理入手，获得消费者的认可。在技术条件没有显著差异的情况下，产品的设计应不断改进，以改善用户体验，给用户带来更愉悦、更有价值的体验，这将有助于企业建立品牌、树立声誉。良好的用户体验可以帮助企业积累无形资产，形成其他竞争对手难以逾越的壁垒。

用户体验的核心和本质是通过研究用户在特定使用情境下的心理模式和行为模式来满足用户需求，并超出用户期望！明晰用户体验的发展趋势是研究用户体验的重要基础。

1. 核心诉求个性化

在市场营销中，"市场细分"是一个常见的词语，它指的是整个市场可以根据不同行业和消费群体的特点划分为多个不同的市场。这些细分市场的消费者通常具有某些一致的核心诉求。在互联网时代，这样的核心诉求更加个性化，通常将这些具有个性化核心诉求的群体归在一起，称为圈层，这些圈层的需求实际上就是核心诉求的集合与放大。如今生活中出现了越来越多的圈层，这些圈层的需求也更加细分和个性化，例如户外圈、动漫圈等。圈层会形成一定规模的个性化诉求，企业需要对这些圈层的诉求进行价值分析，才能实现快速响应。

2. 消费升级普遍化

随着经济的发展，人们的生活不再仅仅追求基本温饱，而是追求更好的生活质量。党的十九大报告明确指出，我国社会的主要矛盾已经由过去"人民日益增长的物质文化需要与落后的生产力之间的矛盾"转化为"人民日益增长的美好生活需要和不平衡不充分的发展之间的矛盾"。"美好生活需要"其实就是消费升级的需要。这个矛盾的转变主要得益于人们可支配收入的增加。此外，与以往注重产品和服务的性价比相比，用户现在愿意为产品和服务的个性化设计、情感等高附加值元素付费，这些消费升级点也是各大企业努力追求的重点。

3. 服务要求品质化

随着生活水平的提高，人们不再满足于物质生活所带来的体验感，而是更加追求优质的服务所带来的愉悦体验。在市场中，很多企业因为提供个性化、高品质的服务脱颖而出。例如海底捞为消费者提供的贴心、周到、优质的服务，给消费者带来极大的精神享受；三只松鼠对淘宝客户亲昵的称呼以及细致的服务，充分把握消费者的心理，使其在坚果类电商中的地位难以超越。企业必须注重用户对服务质量的要求，努力为用户提供更好的用户体验。

商家可根据未来的发展趋势制订相应的策略，结合消费者的消费趋势和消费体验的痛点，向消费者提供极致的体验。

材料：变革推动者——星巴克

星巴克向人们传递的理念是他们要成为现代人的心灵绿洲，为被困在这纷繁复杂的快文化生活节奏中的职场人提供一个静思的环境和不具威胁的聚集场所，这是现代人真正需要的第三空间。这一点，恰恰是星巴克文化营销的真谛与价值所在。他们从环境、产品质量、员工、管理流程、体验等方面进行了非常细致及严格的设计，从而向客户传递着属于这个品牌的独特文化。

（1）环境文化：从听觉、视觉、触觉三方面来满足每一位星巴克顾客的消费体验需求，此时喝咖啡只是一个幌子，品味生活、远离喧嚣才是星巴克真正为顾客提供的价值所在。

（2）产品文化：为了让所有星巴克的顾客品尝到品质一流、口味纯正的咖啡，星巴克从原料、加工、烘焙、配制到运输、成品都进行了严格的流程控制。

（3）员工文化：除了优雅的就餐环境外，一线服务人员的服务态度及水准也影响着消费者对于品牌的认知。所以在员工招募上，星巴克要求雇用对咖啡怀有热情、激情的人，顾客在星巴克消费的绝不仅仅是美味的咖啡，更是一种贴心的服务享受。

（4）管理文化：标准化、流程化的管理制度，加上严格的店铺管理执行体系，是星巴克咖啡文化落地的关键。

（5）体验文化：星巴克出售的不是咖啡，而是人们对咖啡的独特体验。正如星巴克CEO舒尔茨所说的那样："我们不是提供服务的咖啡公司，而是提供咖啡的服务公司。"星巴克始终将满足顾客的需求当成自己的任务，这无形中拉近了顾客与星巴克的精神距离。

1.3.3 满足用户对"极致体验"的需求

1. 用户体验的核心是满足用户需求

在设计产品的过程中，技术人员经常犯同样的错误，把注意力集中在技术上，而忘记考虑用户对产品的需求。用户体验的核心应该是满足用户的真实需求，无论是核心技术还是美观设计，目的都是满足用户的需求。例如，很多iPhone用户都不知道iPhone用了什么CPU，不知道CPU是双核的还是四核的，只觉得用起来很符合自己的预期。用户只看到谷歌简单的搜索框，并不关心其背后的服务器模型是什么样的，用了第几代搜索技术。要想让产品和服务获得市场的认可，不仅要从技术层面将所有的功能优化到极致，更重要的是从用户的角度去思考产品和服务的呈现方式。

满足用户的本质需求，并打动用户，总的来说就是要解决用户的痛点和痒点。痛点是用户已经存在的问题，痒点是用户所期待的场景。从用户体验的角度，打动用户包括两个方面的表述：首先是能解决问题。产品被市场认可和接受的基础是它能满足用户的某类基本需求，可以帮用户解决问题。其次是产品具有较高的附加值，极大地满足了用户基本需求之外的其他需求，超出了用户的预期。用户已经逐渐将产品的设计感、个性化、品牌文化等作为关注的焦点。换言之，哪些产品能够带给用户"很舒服""有面子""有情怀"等感受，就会有更多的市场可能性。值得企业关注的是，产品和服务不仅可以增加产品本身的附加值，还可以增加品牌和文化等无形资产的附加值。

2. 超出用户预期，给用户带来惊喜

用户体验是用户期望与产品反馈之间的落差。落差越小（甚至是负的），体验越好，落差越大，体验越差。用户期望越高，则越难获得满意的体验。企业要想带给用户意料之外的体验，首先需要明晰用户对产品的基础期望、用户群体的共同期望以及用户对产品相关的价格、服务等方面的期望等。了解用户对产品或服务的期望，更有利于采取相应措施来提升用户体验。

案例：酒店提供的两瓶水

美国拉斯韦加斯有一家酒店，顾客退房结账完毕准备离开的时候，酒店会为顾客提供两瓶饮用水。因为退房的客人驾车去机场，途中要花40分钟穿越荒漠，天气很炎热，客人会感到口渴。这一贴心的服务使得这家酒店的回头率特别高。其实这两瓶水并不值多少钱，但是超出了顾客的预期，让顾客感动。

3. 好的用户体验是从细节开始，并贯穿于每一个细节

从用户体验的细节出发，能够对用户体验做出持续的改进。《乔布斯传》里有一个将用户体验细节做到极致的例子。有一天，乔布斯给谷歌高管打电话，说在苹果iOS中有一个谷歌地图的图标，第三行的一个像素在放大几次后显示的是错误的颜色。他认为这影响了iOS的美观。这就是对细节的一种坚持。在服务实现的过程中，包括虚拟服务和实体服务，有很多细节需要改进，这些细节往往决定了产品用户体验的好坏。同时，这些也是提升用户体验的机会。技术革命的影响是长期和平等的。在技术条件不变的情况下，优化用户体验设计可以有效提高用户体验的满意度，使用户感觉更愉悦、更有价值，这是打造品牌、树立声誉的有效途径。

4. 全渠道零售管理，最大限度方便顾客购物

随着移动互联网和社交网络的快速发展，越来越多的消费者想要使用智能手机、平板电脑等工具随时随地购买自己想要的商品或服务。全渠道零售管理应运而生，它涵盖了商品管理、配送和物流、渠道运营、市场宣传、顾客服务等各个环节，不仅可以帮助企业打破线上、线下的壁垒，还可以构建从企业到消费者的全渠道直销渠道。以TCL为例，巨大的零售业务需求，使得TCL产生了强烈的实施O2O系统的意愿，以支撑其零售、会员、订单中心、供应链

等管理流程。过去许多传统企业都非常依赖线下渠道，但是面对电商大潮的冲击，又不得不采取线上、线下渠道双线作战策略。全渠道的销售模式，有助于企业更广泛、便捷地与潜在用户接触，并且在用户需要时迅速地为其提供购买渠道，这能够有效地提升用户体验，从而提高转化率。

案例：知乎App用户体验分析

知乎网站于2010年12月正式上线，作为一个网络问答社区，吸引了各行各业的精英。在知乎网站上，各行各业的精英通过发表自己的观点、看法等，获得观看者的赞同及关注，成为该知识领域的KOL（key opinion leader，关键意见领袖）。截至2020年12月，知乎已拥有超过2.5亿注册用户，创造了4400万个问题、2.4亿个回答。同时，马太效应愈发明显，如何提升用户体验感，成为知乎管理者必须面对的问题。接下来从用户体验的五个要素对知乎App进行分析。

1. 战略层

战略层通常由业务目标和用户目标组成，回答诸如产品如何赚钱或获得用户，以及产品想要满足什么需求等问题。

（1）产品定位明确。知乎的定位是一个综合知识分享平台，其口号为"与世界分享你的知识、经验、见解"。在创立之初，知乎定位为互联网行业问答社区，此定位为知乎积累了一大批覆盖大学生、白领以及行业精英的高质量深度用户，使得知乎快速成为行业中高质量问答社区的典范，同时给大众留下了"高质量问答社区"的印象。

（2）用户需求。在如今这个信息爆炸的时代，快速、高效、便捷地获取高质量信息成为人们的普遍需求。高质量信息一般来源于一些行业精英。行业精英通过高质量的回答传播自己的观点并获得他人认同，成为该知识领域的意见领袖。与马斯洛的需求层次理论相对应，获得他人的认可可以满足自我实现和尊重的需求，用户之间的互动可以满足其社会需求。

2. 范围层

范围层就是产品功能的范围，考虑哪些功能要做、哪些功能不做、哪些功能是基础功能、哪些功能是核心功能等问题。

（1）基础功能：提问、回答、检索、关注、浏览、收藏、分享、私信、评论。

(2)核心功能：内容筛选机制以及用户细分。

知乎设置了"点赞""感谢""踩""没有帮助"这几个选项，通过大量用户的评价筛选高质量内容。点赞较多的内容自然排到前面，有利于用户更加高效地发现优质内容，劣质内容也会被隐藏或被覆盖。同时，知乎根据用户的回答情况、关注数、关注领域、话题方向等数据为用户画像，将用户细分并对应到其擅长的领域，充分挖掘用户价值，实现知识资源价值最大化。

3. 结构层

结构层的设计涉及两个问题：交互设计和信息架构。交互设计是关于产品如何响应用户的行为；信息架构就是信息组织的方式，要考虑如何组织内容以方便用户使用。具体的结构通常是层级结构、矩阵结构等。

知乎的交互过程为：用户通过信息检索或提问的方式获取想要的高质量知识，或者通过回答自己擅长领域的问题传播自己的观点并获得他人的认同，形成一个良性互动的高质量在线问答社区。知乎的信息组织分类方式和导航结构体现出该App基于层级结构和线性结构为主的信息架构，通过话题标签及关注功能为用户提供个性化推荐，建立满足用户需求、使用户能高效浏览问答内容的体系结构。

4. 框架层

结构层是产品交互模式和内容组织的总体设计，框架层就是进一步具体的设计，包括界面设计、导航设计等。知乎的框架层设计具体如下。

1）首页

首页提供了浏览、检索及提问入口，缩短了核心功能的用户路径长度。由于移动端输入不便，阅读成为知乎App最主要的功能。设计师试图增加用户页面向下的有效屏幕面积，减少用户页面手指向上滑动屏幕阅读文章或其他热点问题的次数。导航栏位于页面底部，搜索框位于页面顶部，并自动隐藏。在搜索框和导航栏再次出现之前，向下滑动屏幕可以查看内容。

2）提问页

编辑问题时如果关闭提问页面，之前编辑好的内容会自动保存。当用户重新打开提问页面时，输入的光标会停在输入内容的末尾。

3）问题页

由于知乎设定每个ID只能对一个问题给出一个回答，如果问题已经被回答，点击"+"后显示的是"查看回答"，用户可根据需要选择是否对自己已给出的答案进行修改。

4）回答页

当回答内容比较长时，如果想回到顶部，可通过点击顶部的问题，快速返回顶部。

5）推荐页

推荐功能能够帮助用户发现自己感兴趣的内容，延长用户停留时间。

5. 表现层

表现层是用户直接与产品接触的层级，产品的色彩搭配和排版设计等形成了与用户在视觉、听觉、触觉上的交互。表现层决定了用户对产品的第一印象。知乎App整体以蓝色为主色调，白底黑字，灰色作为补充，配色清新，体现了朴实简约的学院风格。问题页面的"+"号（回答或邀请回答）采用蓝色的悬浮按钮设计，醒目突出，体现了设计者鼓励用户回答与探索的初衷。知乎App采用当下流行的标签切换式页面逻辑，与微信等主流App一致，简单易用。

总结：知乎直击在当前纷繁复杂的信息洪流中，互联网用户很难获得高质量的知识的痛点，构建了一个高质量在线问答社区，用户可在此快速分享自己的观点，获取高质量的知识。App导航清晰，布局合理，各页面风格一致，产品简单易用，设计注重细节及用户体验。

1.4 重视用户参与感

1.4.1 什么是参与感？

在互联网时代，人们的消费特征发生了巨大的变化。尤其是年轻消费者，他们有强烈的自我意识，对产品和服务的需求不再局限于功能层面，而是倾向于通过产品追求个性和表达情感。在社交网络发达的时代，分散在全球各地的消费者可以通过互联网连接，素未谋面的两个消费者有可能在某个购物社交网络中相互交流，分享各自的消费主张，形成具有特定共同偏好的消费社群。个性强的消费者在发达的互联网的帮助下，有强烈的参与产品设计和开发的欲望。在互联网时代，企业必须让消费者参与到日常运营中，才能实现更多的价值。互联网时代的用户参与感，是指从产品的研发到营销，企业应该始终同用户在一起，让用户参与产品开发的每一个环节，这样不仅可以为产品提供更好的优化建议，还可以使产品获得用户的认同，使企业在竞争中抢占先机。

那么，企业如何才能让用户拥有参与感呢？小米公司联合创始人黎万强在《参与感》一书中提到构建参与感的"三三法则"，他认为构建参与感就是打开产品、服务、品牌、销售的制作过程，让用户参与进来，建立一个用户可触碰、可拥有，和用户共同成长的品牌。"三三法则"的内容包括：三个战略——做爆品（产品策略）、做粉丝（用户策略）、做自媒体（内容策略）；三个战术——开放参与节点、设计互动方式、扩散口碑事件。在提升用户参与感这一层面上，小米公司就是一个成功的例子，它通过论坛、微博等网络社交平台来维系客户关系、增强客户黏性，让用户参与到企业的经营中来，并结合互动、口碑模式吸引更多的潜在用户也参与进来，从而提升用户的参与度。小米公司通过这种方式不仅积累了大量的客户，还优化了客户关系，进而拉动销售业绩。

1.4.2 让用户参与到产品设计和创新中

一款产品最终能否赢得顾客的喜爱，产品设计的初始环节有着重要的影响。互联网催生出了消费者主权时代，新创意、新产品层出不穷，产品和服务更新迭代速度更是迅速，因此，创新产品必须以满足用户的需求为前提，以用户为中心，才能具有持续的生命力。

C2B个性化定制模式

C2B即customer to business，消费者到企业，通常是指消费者提出需求，然后企业按需求组织生产。在互联网时代，个性化定制是企业重点关注的热点概念，它着重强调了消费者的主导作用。以用户为中心的C2B模式，是未来商业模式发展的趋势。但是C2B的实际执行需要贯穿整个供应链和制造环节，包含了从消费者的个性化需求定制，一直到企业的柔性设计、敏捷计划、协同供应链、智能制造、产品建议、进度跟踪、质量追溯等各个环节。赵大伟在《互联网思维独孤九剑》一书中指出，有人把C2B模式比作"互联网化的精益生产"模式。精益生产的特色是"多品种、小批量"，是指通过系统结构、人员组织、运行方式和市场供求等方面的变革，使生产系统能很快适应用户需求的不断变化，简化生产过程中的冗余，最终提高各方的效率。C2B模式可以通过互联网汇聚个性化的小众需求，前端实现"定制化"，后端采用灵活的精益生产方式，实现多品种、小批量的个性化生产。阿里巴巴集团CEO张勇认为，C2B是利用消费者聚合来真正改变整个供给模式，使效率提升。这是未来C2B的核心，是电子商务的方向，最终能给企业带来效益。用友公司产品经理高峰霞认为，电子商务大潮下，许多传统制造企业普遍重视前端电商销售，但是却忽略了它与后端制造的及时协同。如前端的销售业绩非常好，但是后端却产品库存缺货。因此对于制造企业来说，个性化定制其实是整个企业运营模式的变革。

互联网时代，随着大数据和云计算的发展，沟通渠道与信息传递的畅通，企业可以满足海量用户的个性化需求。以用户为中心的C2B模式随着互联网的深入发展，得以大规模实现。

C2B个性化需求定制主要包括三种定制模式。

（1）深度定制：即参与式定制，客户能参与整个定制过程，如尚品宅配、酷客。这种定制模式的优点是最大限度地满足客户需求，客户可以全程参与产品设计，只要产品还未定型，就仍可根据客户建议进行调整。

（2）模块定制：指为消费者提供了一种模块化、菜单式的有限定制，不涉及企业端产品环节的定制，如海尔、青橙手机。模块定制针对产品种类繁多的企业非常有效，企业可以根据消费者的个性化需求，对于有限的产品要素通过模块化、菜单式的定制进行排列组合，丰富产品种类。

（3）聚定制：即通过聚集大批客户的需求来组织企业大规模生产，从而使消费者受益，如小米、聚划算、团购等，属于浅层次的C2B。聚定制通常会在"双十一"、团购等应用场景中大显身手，根据消费者的采购需求和订单来确定最终的产品生产数量。

案例：NIKEiD——私人订制，演绎经典风尚

Nike（耐克）是全球著名的体育用品品牌。在1999年，Nike开始探索将消费者引入产品设计体系，为消费者提供了自主参与设计的定制业务——NIKEiD业务。NIKEiD的全称是Nike Individually Designed，即Nike个性化设计。它可以让客户设计、定制自己的Nike产品，并且为消费者提供了网上以及实体商店两种方式来享受这种服务。NIKEiD业务一经推出便受到了耐克粉丝的追捧，消费者的主动性得到体现，消费者的个性化需求也得到满足。NIKEiD最让粉丝热衷的就是可以对钟爱的球鞋、服装和运动配件进行个性化设计，鞋子表面的每一块颜色、鞋带、鞋底、鞋舌、里衬甚至压线的选择，都由消费者说了算，最后消费者还可以给自己的鞋子绣一个专属的符号，取一个独一无二的名字，从而设计出一款专属于自己的NIKEiD产品。

NIKEiD业务现在主要以运动鞋为主，Nike旗下的篮球鞋、跑步鞋、足球鞋和休闲鞋都可以通过NIKEiD业务来进行设计和创造。越来越多的人在选择

运动鞋的时候会通过NIKEiD业务将自己的想法和Nike运动鞋进行一次特别的结合，做出一双只属于自己的Nike运动鞋。NIKEiD所提供的不仅仅是一双鞋子，更是一种特别的购物体验。

为了更好地满足消费者个性化需求，Nike还推出了视频定制服务。2015年年初，Nike专门为北美地区Nike+最为活跃的10万名用户定制了一分钟的视频，旨在通过回顾用户在2014年的运动历程来激励用户在新的一年里取得更大的突破。Nike与数字广告创意公司AKQA合作，通过Nike+网站提取用户在2014年的个人运动数据，整合到这个一分钟视频中。值得一提的是，这个视频的背景是由法国著名的插画师Mcbess绘制的，而且每个Nike+用户的视频背景都会根据个人数据而具有地域特征，比如自由女神像等标志性场景将出现在纽约用户定制的视频背景中。这个视频不仅记录了用户在2014年跑过的地点及距离，而且还会显示用户赚取了多少NikeFule（耐克能量）以及在N+TC（Nike+训练俱乐部）中锻炼的时间。在视频的末尾，Nike让主人公冲破一个巨大的2014雕塑，也象征着在新的一年里能够再次超越自己。Nike北美地区的品牌营销副总裁大卫·施里伯（David Schriber）对此表示道："每个视频都是你在这一年内辛苦训练的见证，无论是从个人还是到整个城市，这都反映了你在迈进新的一年时表现出的信念和努力。"除了推出针对用户的个性化视频，Nike还专门为纽约、芝加哥、洛杉矶和多伦多这4座城市制作了特别版本的视频。其中不仅融合了城市地标，而且还号召人们在这些城市参加当地的Nike+训练俱乐部和跑步俱乐部。

"个性化"一直是许多品牌标榜和追求的理念，但大多体现在服务上，而不是产品本身，产品量产并量化销售是能够支撑品牌生存和发展的法则。偶尔推出限量版产品或是纪念版产品已经被很多人认为是产品个性化的最高表现。品牌的产品定制服务也一直被等同于高价格。有些奢侈品牌会推出产品定制服务，因为他们的消费群体有这样的消费能力和消费需求，他们愿意为这种昂贵的个性化服务买单，愿意购买一些"只为某个人量身打造"的独一无二的产品。

值得一提的是，2017年5月，Nike的兴业太古汇KICKS LOUNGE体验店、跑步体验店及晶品体验店同时落户上海静安区。这三家店都提供个性化定制及专属服务。位于兴业太古汇KICKS LOUNGE门口的橱窗由美国视觉艺术家杰森·阿提恩扎（Jayson Atienza）精心设计，跑步体验店配备了跑步机和Nike+专区，晶品体验店则提供了健身、跑步、运动休闲及篮球所有产品一站式购买体验。

1.4.3 让用户参与到营销活动中

1. 粉丝带来口碑传播

互联网时代，用户根据口碑选择产品已逐渐成为常态。一旦一款产品或服务赢得了消费者的口碑，一些消费者会主动利用社交平台进行宣传，从而产生病毒式传播效应。在互联网时代，粉丝群体往往会自发地参与到营销活动中，因为喜欢，所以会发自内心地宣传。

粉丝营销（fans marketing），顾名思义就是利用粉丝进行营销，具体是指企业借助优秀的产品、服务或企业知名度吸引消费者群体，扩大粉丝规模，利用粉丝相互传播的方式，达到营销目的的一种商业理念。现在这一营销方式也被用于电影营销方面，利用明星的知名度吸引观众观看影片，利用粉丝相互传播的方式，达到营销目的。

要想做好口碑传播，就要注重粉丝群体的培养。粉丝最早是对追星一族的称谓，在互联网时代，粉丝又指"狂热的痴迷者"。在新的网络语境下，粉丝已成为品牌的一部分，其数量不仅代表着品牌的影响力，还意味着经济价值。由于社交媒体的兴盛，大众传播方式发生了深刻的变化，全国乃至全球的粉丝们都可以参与品牌文化的创建、传播和演进的过程，粉丝们也可以通过互联网紧密相连。当用户对产品注入感情因素，即使是存在缺陷的产品，用户也会接受。因此在互联网时代，创建品牌和经营粉丝的过程已经逐渐融为一体。

那么应该如何培养粉丝群体呢？首先要树立以"用户为中心"的理念，与顾客建立信任关系。在社交网络中，信任是首要因素。要通过满足用户对产品和服务的基本需求，解决用户的痛点，使用户发自内心喜欢产品。如vivo拍照手机的语音拍照、自动美化图片等功能深受女性用户喜欢。其次是塑造情怀。锤子手机宣传的工匠精神、华为手机表达的爱国情怀能与用户产生共鸣，从而建立与顾客的信任关系。再次，能够持续产生有趣好玩的内容也能很好地吸引粉丝，如杜蕾斯幽默有趣的文案，江小白的"草根"风格的广告语等。最后，也最为重要的一点是用心对待用户，从产品设计、生产到销售，甚至售后服务，整个价值链都要把用户考虑进去，把用户培养成粉丝，把粉丝培养成铁杆粉丝，从而形成品牌的重要财富。当然，粉丝也需要用心经营，才能培养成为忠实粉丝。粉丝营销的核心是粉丝的互动和参与，没有粉丝的互动，就无法与粉丝建立信任关系；缺乏了信任关系，就很难通过粉丝进行病毒式营销传播。粉丝经营不是单向传播，而是双向互动。企业要注重通过网络社区、社群等粉丝聚集地用心经营粉丝，通过激发话题、与粉丝互动、考虑粉丝的参与感、注重场景化设计等方式加强与粉丝的互动，培养忠实粉丝。

互联网、社交网络和移动智能手机给人们的交流互动带来了巨大的变化，给了消费者更多的选择和更大的权利，并极大地改变了企业和消费者之间的关系。在新经济时代，粉丝营销的出现意味着企业不再拘泥于旧思维的创新尝试和探索，而是应该迸发出新的思维模式和思考方向。

案例：魅族手机，信任的力量

魅族手机在模仿中找到自己的路，倾听用户声音，在坚持基本品牌调性的基础上进行本土化发展。

1. 认真倾听粉丝的声音

在早期的MP3市场上，魅族就十分重视用户的意见，经常与用户就产品包装设计和性能体验交换意见，积累了魅族品牌的第一批粉丝。后来，魅族虽然更换了主营业务方向，但其与用户互动的企业行为并没有变，也由此获得了数以万计的"魅友"。这些"魅友"不仅会提出关于产品的建议，还会和其他"魅友"就某些功能与设计进行激烈的讨论。魅族似乎拥有了一个规模庞大的、热情高涨的"产品经理群体"。经过近两年的打磨，由魅族开发者和"魅友"共同设计的M8手机终于发布了。有的"魅友"甚至感慨"等了它两年"。M9手机上市后，不少"魅友"甚至连夜排队购买。

消费者如此痴迷于产品的原因，不仅在于产品本身的品质优秀，还在于参与设计的成就感。当用户参与度足够高时，产品面世就像自己的孩子出生一般，必然得到用户的满心期待与悉心爱护。

2. 搭建粉丝交流的平台

魅族的网站和论坛伴随着魅族第一款MP3的上市而诞生，正是这个平台将魅族推上了发展的快车道。魅族的创始人黄章是论坛最活跃的用户，每天都会花几个小时与"魅友"们探讨各种各样关于产品的问题。从2003年到2010年，他共发布了近6000篇帖子，平均每天3篇。通过产品的积累以及口碑的传播，魅族论坛注册用户不断增加，截至2015年年底，魅族论坛的注册用户突破3000万。这些用户多是消费电子产品的爱好者，比普通用户对产品有更深入的理解，因此，他们对魅族产品的改进起到了非常重要的作用。作为魅族粉丝的大本营，魅族论坛在其整体的网络营销中占据核心位置。利用互联网传播，魅族以较低的营销成本获取了很大的投资收益。

3. 建立服务升级的体验店

魅族的产品种类并不多，所以建立线下商店似乎并不是一个理性的选择。然而，在众多经销商的支持下，魅族还是实施了线下体验店战略。很多魅族的经销商也是魅族的忠实粉丝。线下体验店的建立不仅仅成为产品展示的场所，更成为"魅友"们交流的聚集地。除了产品的体验销售，在魅族体验店，"魅友"们还可以购买到各种手机配套产品，同时享受到剪卡、贴膜等附加服务。

魅族今天的成就至少有一半归功于粉丝的力量，这是信任的力量和企业的无形资产。这种力量来自真正倾听消费者声音、真正被消费者需求驱动的企业。魅族就是这样，小心翼翼地服务所有用户，把用户培养成忠诚的品牌粉丝。倾听粉丝声音，让粉丝通过不同渠道反馈意见，更好地实现了产品和粉丝之间的沟通与交流。在互联网时代，人是最为关键的一环，得人心者得天下，推广一个成功品牌的最好途径就是精心为用户服务，把用户培养成自己品牌的粉丝。

2. 创意促使主动扩散

如今，各种各样的营销方式层出不穷，企业想要通过创意出其不意地触及大众心理的某个点，与其产生共鸣。与此同时，消费者如果愿意主动分享，无形之中就已经加入了企业的营销团队，帮助企业进行推广。因此，缺乏创意的营销推广活动的效果会在大众的心里大打折扣。一旦营销创意能够与用户产生共鸣、带来乐趣，或者刺痛用户，用户就会自发地参与到营销活动中，通过社交媒体广泛参与转发、评论等环节，形成病毒式传播，产生不可小觑的影响力。如支付宝推出年度账单，引发支付宝用户通过微信、微博等社交平台转发和调侃。这意味着营销策划者必须着重分析消费者的行为习惯，策划富有创意和深思熟虑的活动，促使消费者参与营销传播，从而形成影响力。

营销学中有个词叫"情绪共鸣"，指的是当别人做的事情与你记忆中的情景相关联时，你所产生的积极情绪感受。但不是所有的情绪共鸣都会产生分享。无论是积极的还是消极的，人们都更愿意分享那些可以改变现状并指引行动的情绪。这类情绪被称为"高唤醒情绪"，也就是信息传播中最重要的助燃剂。

> **案例：成都春熙路"熊猫求婚"事件**
>
> 五一小长假的最后一天，一只"求婚"的熊猫瞬间点燃了成都人民的热情。这座高约6米的求婚大熊猫塑像，宛若绅士，举着钻戒单膝下跪，深情告白："一生只爱你一熊！"它的求婚对象，正是成都的"重量级网红"——IFS趴墙大熊猫塑像！两只熊猫一个深情款款，另一个翻墙而逃，互动感趣味十足。"一生只爱你一熊，做我老婆好吗？"——霸气而浪漫的告白引来了众人围观，当天数十万人聚集在此，一度导致现场无法顺利通行，更引起网络疯传。毫无疑问，钻戒品牌DR号称花费巨资打造的这件"求婚熊猫"塑像已经成功推倒了第一张多米诺骨牌，经由网络传播的链式反应引发全民热议。

最好的营销是让受众自发参与，形成心理"强关系"。以"熊猫求婚"为例，我们可以看到网络评论中，最经典的段子是："熊猫都脱单了，我还是单身。"结婚作为具有里程碑意义的人生大事，很容易激发人们心中羡慕、向往、失落、调侃等高唤醒情绪，这些情绪都会触发"说点什么"的冲动，引起朋友圈的关注和互动，从而助推营销事件的传播，最终形成现象级营销效应。

1.5 用户思维之长尾经济原理

"长尾"一词至今尚无正式定义，这一概念是由美国《连线》杂志前主编克里斯·安德森在2004年提出的，用于描述亚马逊这类网站的商业模式。简单地说，它是指许多小市场汇聚成一个大市场，那些过去被忽视的边缘化市场可以共同占据与主流市场相当的市场份额。随后安德森用真实发生的几件事勾画出了"长尾现象"：在线音乐平台Rhapsody里下载排行10万名以后的那些歌曲，在任何一家最专业的唱片店都找不到，每月下载次数只有几次、几十次，但所有这些歌曲的下载次数加起来却占总下载次数的15%；在线DVD租赁店Netflix销量排在末尾21%的碟片在任何一家线下碟店都找不到，这些冷门产品每种的销量都少得可怜，但因为品种数量庞大，加起来销售量却不少，这就是长尾。长尾理论生动而形象地反映了我们的经济和文化正在从为数较少的主流产品和市场（需求曲线的头部）向数量众多的狭窄市场（需求曲线的尾部）转移，并且这一趋势愈发明显。因此克里斯·安德森认为：只要存储和流通的渠道足够多，需求不旺或销量不佳的产品所共同占据的市场份额可以和那些少数热销产品所占据的市场份额相匹敌，甚至有过之而无不及。但值得注意的是，长尾理论也会带来不可忽视的成本增长。小批量、多品种的灵活经营模式不可避免地要求企业支付额外成本，因此企业在使用时必须谨慎。同时，与实体经济相比，互联网经济具有更大的成本优势，因此运用长尾理论，互联网经济具有更大的优势。

从市场定位来看，企业要找到并聚焦其目标消费者。互联网具有典型的长尾经济特征，处在互联网大潮中的企业要善用长尾理论，以服务好互联网时代的"长尾人群"。

1.5.1 互联网时代的"长尾人群"

曾经被认为是"互联网草根阶层"的普通大众也是典型的"长尾群体"。这一群体具有这样一些特征：希望被认可，具有自我实现的愿望，渴望被尊重。他们有强大的购买力并且拥有理性的消费观念。"互联网草根群体"对于产品的关注多集中在"质量、体贴和创造力"上，这提醒企业，追求高端、功能强大和"高档"的消费观已经成为过去时。"互联网草根群体"可能成为未来的主流消费者，并必然带来新的商机。从这一角度来看，游戏、视频、交友类App的火热也就不难解释了。

安德森认为，网络时代是关注长尾、发挥长尾效益的时代。过去人们大多只关注重要的人或事，例如用正态分布曲线来描绘这些人或事，可以理解为人们只关注曲线的头部，而将处于曲线尾部、只需要更少的精力和成本就能关注到的大多数人或事忽略。例如，在销售产品时，一些企业关注的是少数所谓VIP客户，却无暇顾及在人数上居于大多数的普通消费者。

而在互联网时代，由于关注的成本大大降低，人们有可能以很低的成本关注正态分布曲线的尾部，然而尾部产生的总体效益甚至会超过头部。

长尾理论告诉我们，任何时候都存在着一些在当时利润不高的长尾消费需求。互联网时代要求企业关注非主流的长尾消费需求，尤其对于初创企业来说，要瞄准暂时还是非主流的长尾消费需求，因为这个消费需求市场往往是被很多企业忽视或者不愿去占领的边缘市场。其实，很多成功的企业都是以一个不太起眼的边缘市场为切入点，一步步做大做强的。例如一个初创企业，如果直接跟大企业进行正面的直接竞争，它获胜的可能性很小，而如果从非主流的边缘市场入手，其面临的市场竞争就少得多，甚至有可能获得大企业的支持，从而得到飞速的发展。互联网的快速发展、网络平台的开放性，使得网民可以聚合起来形成强大的消费力和影响力。

1.5.2 互联网让"小众"变成长尾

1. 移动互联网促使长尾理论发挥效应

长尾效应在PC时代依然受制于"二八法则"。这个阶段的长尾价值更多停留在理论层面而非实践层面，幻想通过互联网方式，将传统企业、传统商业模式无法聚合的80%人群留出来的蓝海市场，进行切割和细分。但受制于当时的网络技术水平，未能将长尾理论发挥出更好的效果。基于移动端的发展，长尾理论不再依赖于传统商业模式，到了凤凰涅槃、浴火重生的时候。移动端和PC端的差别在于：移动端使用者的长尾画像更加稳定，长尾的在线时间无限延长，商业价值多样化。下面列举长尾效应带来的好处。

（1）改变卖方的主体资质。传统的商业模式中，尤其是在政府管控下的贸易行为中，卖方的主体资质其实一直存在一个门槛问题。如要将产品卖到欧洲，需要通过欧盟审核；乡下的大叔大妈卖自家猪羊，地方上的检验检疫站、市场里的工商城管等必须进行管理。其实这中间暗含了一个假设条件：不是人人都有销售商品的资质，这是另外一层意义上的"二八法则"。移动端的长尾效应可以通过连接的方式，将过去不具备销售资质的人群，导入销售竞争的平台。这一措施可以起到扩展销售资质的作用，以物权为核心，打破销售门槛。一方面争抢原有市场份额，促使原有销售主体提高服务水平；另一方面覆盖被原有市场忽略的80%碎片化人群，实现销售升级。如美团、滴滴打车等都是这方面的典范。

（2）改变买方的空间局限。互联网电子商务的发展，使消费者不再受制于空间限制。空间局限的打破，使得任何地方的产品和服务需求，都可以通过快递或者网络连接的方式满足。移动端时代对长尾效应的延伸体现在市场容量的扩大，消费者可以做出在原有空间中不会做出的购买决定。比如远离家乡的人，若想送礼物给自己的父母，只需要通过淘宝、京东等电商平台购买礼物，然后通过快递寄送到家里送给父母，随时随地可以尽孝心。而且，许多源自移动端的扫码支付方式，实际上改变了买家的货币物理空间，刺激了消费。

（3）改变贱买贵卖的交易属性。传统市场中，卖方市场的盈利主要来源于产品差价，贱买贵卖在大众的思想中根深蒂固，即使到了PC端时代，贱买贵卖依然是主流思想。但是移动端的风口来临以后，大幅度缩短了买卖双方的连接时间，提高了便利程度。无论是关键的20%还是长尾的80%，只要建立了买卖连接，卖方的营销到达成本就可以忽略不计。例如，大量的O2O企业都在大打补贴牌，试图抢占消费者的手机屏幕，最终目的是想通过长尾人群收取的额外收益来补偿额外付出的成本。

2. 从长尾消费人群中发展高端消费群体

从淘宝中诞生的天猫商城就是应用这一理论的典范。2003年5月10日淘宝网上线，起初只是吸引了会上网又想买便宜商品的人群，待时机成熟以后又分离出了定位中高端消费人群的天猫商城。2012年1月，淘宝商城正式宣布更名为天猫商城。天猫商城承诺提供100%品质保证的商品，提供"7天无理由退货""购物积分返现"等优质服务。如今，天猫商城的许多高端用户已经从原来的淘宝用户转型。许多曾经频繁访问淘宝的年轻人，虽然过去并不富裕，但随着年龄的增长和经济状况的改善，他们逐渐成为天猫商城的用户。在高端市场已经相对饱和的情况下，企业要格外关注长尾消费市场。更为关键的是，要在长尾消费者中培养高端消费者，并及时跟进高端消费的需求。

3. 互联网众包：激活长尾的创新潜能

为激活长尾的创新潜能，美国《连线》杂志记者杰夫·豪在2006年提出了一个新的专业术语"众包"，它是指组织利用互联网将工作分配出去，又通过互联网把人们的解决方案搜集起来的方法。众包模式是指公司或机构将工作任务以自由、自愿的形式外包给非特定人员或组织的模式，通常是一个大规模的大众网络。互联网众包有以下优势。

（1）众包模式不受时空限制，聚合众人的力量，实现资源有效配置。通过互联网链接，可以在全球范围内寻找众包，达到资源匹配的目的。比如对于技术问题，可以通过互联网众包寻求技术人员解决问题。通过众包的方式节省大城市技术人员高昂的薪资，寻找三、四线城市薪资相对较低的技术员来完成任务，极大地激活了三、四线城市人群的创新潜能。

群众是最有创造力的，众包可以把群众的智慧汇聚起来，进而产生巨大的力量。互联网时代的到来，使得每个人的智慧都可以通过互联网共享出来，帮助更多的人才崭露头角。更重要的是，互联网可以聚合众多有才华的人，他们的个人才智可能不足以取得巨大的成就，但借助互联网可以便捷地把他们的创意和劳动聚合在一起，产生一种聚合反应，从而创造更大的成果。

（2）众包模式可以利用人们的碎片化时间达到实时在线服务的效果。互联网众包最突出的优势便是充分利用人们的碎片化时间，这也是最能体现激活互联网长尾人群潜能的一点。我们通过一个简单的例子来说明众包模式如何利用人们的碎片化时间：如果有日均1万～20万不等的业务量，需要24小时处理，若是采用传统方式，则需要数量庞大的管理团队和高昂的管理成本。但是换成众包模式就大不相同了，如果一个业务对众包开放了接口，管理员就可以实时看到愿意提供服务的在线人数，可以把业务通过平台派给愿意服务的众包人员，这样就可以很轻松地完成庞大的业务量，也不会出现大的差错。如滴滴打车软件作为众包平台的典范，吸引着有车一族从互联网红利中分得一杯羹；专注于"美业"的河狸家，提供的上门美甲、上门美容等服务吸引了众多手艺人加入，激活了手艺人的空闲时间；专注于O2O同城配送的达达快递通过众包的方式吸引了众多闲散人群加入快递员配送大军，众包快递员可以通过平台实时接单和平台分派业务的方式来赚取配送费。互联网时代下的众包模式，解决了有效利用碎片化时间这一问题，通过整合人们的碎片时间，激发着人们的创新潜能，也为闲散人群带来了新的收入增长方式，从而有效激活互联网的长尾人群。

随着互联网众包的深入发展，互联网民众的生活也在逐渐改变。众包物流、众包设计、众包人才、IT众包等多种众包模式的兴起，吸引着众多人加入众包服务中，尤其是那些本来对互联网行业没有多少兴趣的人群，也加入到互联网业务中。众包，正在以强大的力量激活互联网的长尾人群，众包模式使得人们的力量能够集结起来，产生不可估量的威力。

参考文献

[1] 李卅立，路江涌. 突破用户思维的局限[J]. 销售与管理，2016(9): 66-70.

[2] HRoot. 2016, 零售业怎样应对消费者主权时代?[EB/OL]. (2016-08-08). https://www.toutiao.com/article/6316405426069963266/?wid=1648222089030.

[3] 周丽群. 从零售商霸权到消费者主权——移动互联时代的和谐消费关系[J]. 马克思主义学刊，2015(1): 184-192.

[4] 张蕴蓝. 未来是消费者主权时代 个性化定制是趋势[EB/OL]. (2015-08-11). https://sh.qq.com/a/20150813/020257.htm.

[5] Robot. 青岛啤酒董事长孙明波:消费者主权时代要满足多元化需求[EB/OL]. (2017-05-10). http://finance.jrj.com.cn/consumer/2017/05/10171522538570.shtml.

[6] 王立勇，黄荣. 拥抱消费者主权时代[J]. 中国商界，2013(4): 108-109.

[7] 厂商投稿. 为什么定制化才是电子商务的未来[EB/OL]. (2013-11-14). https://www.chinaz.com/news/2013/1114/326790.shtml.

[8] 钱鑫. 2015年消费趋势 个性化、私人定制成大趋势[EB/OL]. (2015-02-16). http://www.linkshop.com.cn/web/archives/2015/317741.shtml.

[9] 卢克·米勒. 用户体验方法论:最懂用户体验的人教你做用户体验[M]. 北京:中信出版社, 2016.

[10] 赵立阳. 都在强调用户体验,却没有几篇文章讲得这么深入[EB/OL]. (2016-06-16). http://www.managershare.com/post/266073.

[11] 高峰霞. 互联网思维做产品:用户参与式产品创新设计[EB/OL]. (2015-02-12). http://www.sohu.com/a/2377049_117770.

[12] 姜圣瑜. 从"受众时代"走向"用户时代"[J]. 传媒观察, 2011(4):24-26.

[13] 全中. 传媒开启"用户时代"——用户时代"信息服务为王"[J]. 新闻实践, 2013(11):11-13.

[14] 行走的斑马神探. 成都求婚熊猫跪了20天,520当天却转身要离去[EB/OL]. (2018-02-26). http://k.sina.com.cn/article_6443356731_1800dd23b001004t4t.html?from%3D.

[15] 关察, 小唐. 京东到家与达达合并,搅动格局也是抱团免死[J]. 计算机应用文摘, 2016(11):66-67.

[16] 风吹草低. 从用户体验的5个要素,对知乎App进行产品分析[EB/OL]. (2016-07-05). http://www.woshipm.com/evaluating/362780.html.

[17] 赵大伟. 互联网思维独孤九剑:移动商业时代的思维革命[M]. 北京:机械工业出版社, 2014.

[18] 黎万强. 参与感:小米口碑营销内部手册[M]. 北京:中信出版社, 2014.

[19] Sunny.《孤岛》首周票房刷新纪录 三方人士析成功秘诀[EB/OL]. (2011-07-12). http://ent.sina.com.cn/m/c/2011-07-12/16453358020.shtml.

[20] 叶开. 粉丝经济:传统企业转型互联网的突破口[M]. 北京:中国华侨出版社, 2014.

[21] 克里斯·安德森. 长尾理论[M]. 北京:中信出版社, 2006.

[22] 崔莉. "用户思维"VS"客户思维"[EB/OL]. (2017-12-19). http://www.jobplus.com.cn/article/getArticleDetail/27331.

[23] CHIEN H K, CHU C. Sale or Lease? Durable-Goods Monopoly with Network Effects[J]. Marketing ence, 2008, 27(6):1012-1019.

[24] 四喜. 时代抛弃了诺基亚,还是诺基亚放弃了时代?[EB/OL]. (2020-11-27). https://baijiahao.baidu.com/s?id=1684445049484912692&wfr=spider&for=pc.

[25] Heii2. 跟星巴克学客户体验管理[EB/OL]. (2015-03-18). http://www.360doc.com/content/15/0318/20/3175779_456265727.shtml.

[26] 刘明星. 魅族手机品牌重塑的案例研究[D]. 广州:华南理工大学, 2017.

第2章 简约思维

2.1 简约思维的古今趣谈

2.1.1 简约主义

"简约"一词我们并不陌生,很多人喜爱简约风格的产品,更有人以简约生活方式自居。这说明早在互联网时代之前,简约风格就已经被大众接纳和获得发展。同时也表明简约思维虽然在互联网时代比较流行,可是从古至今,人类早已表现出对简约风格的喜爱、赞美以及追求。这些追求就形成了早期的简约主义。下面就来介绍一下简约主义的发展历程,以及它是如何演变为互联网时代独特的简约思维。

1. 简约主义的起源

简约主义起源于20世纪初的西方现代主义,由欧洲现代主义建筑学派著名的建筑师路德维希·密斯·凡德罗提出的less is more演变而来,是指尽量减少建筑设计中各种纷繁复杂的项目,突出建筑材料的质感,往往能达到以简胜繁的效果。这既是一种潮流,也是一种哲学,更有可能是建筑师、画家、音乐家和作家等艺术家对当时"简"时尚的一种总结。

在对简约主义不断探索和完善的过程中,涌现出众多极简主义设计大师及其作品,这些设计中的简约主义逐渐形成独特的风格,例如法国的简约主义设计大师菲利普·斯塔克(Philippe Starck),德国的迪特·拉姆斯(Dieter Rams)、吉尔·桑达(Jil Sander),意大利的亚历山德罗·门迪尼(Alessondro Mendini),日本的原研哉(Kenyahara)、深泽直人(Naoto Fukasawa)等。

"简约主义"(Minimalism)一词原本是美国著名的艺术评论家巴巴拉·罗斯(Barbara Rose)用来形容美国20世纪60年代涌现出的一批年轻抽象艺术家的创作风格。简约主义也常被译为极简主义和减少主义。

2. 简约主义的发展

简约主义最初的核心思想内容是"少即是多""装饰即罪恶",这为后来的设计风格提供了思想基础。

后来,现代主义设计对"简约"的践行超出了基本的标准,对"摒弃烦琐装饰"的理解出现了偏差,一味追求极简,以至于走向了极端,过于追求极简的设计而影响到功能性,因此遭到了设计界和消费者一致反对。到了20世纪下半叶,西方设计开始多元化发展,"简约"再一次出现在大众视野中,同时,它顺应了第二次世界大战后民众对和平和安宁的渴望,发展迅速。随着环境问题进入公众视野,极简主义和环境资源保护得到了公众的赞扬并不断发展。最近,建立在简约主义的基础上的"可持续设计"又成为主流。

简约主义还不断延伸至其他领域。例如,在绘画领域形成了"极少主义",主张用极少的色彩和极少的形象去简化画面,摒弃一切干扰主体的不必要的东西。极少主义曾在20世纪60~70年代盛行于美国,又被称作最低限艺术或ABC艺术。在生活领域形成了"极简主义",这被认为是一种生活的态度,提倡简单的穿衣风格、简单的饮食习惯、简单的交流方式,日本流行的"禁欲系"设计风格、中国的"轻奢主义",以及欧美提倡的minimalist lifestyle(极简主义生活方式)都是极简主义在不同国家的发展。在音乐艺术方面,音乐家把简约作为一种技巧编入音乐中,用于强调较长时间段内缓慢变化的小单位的多次重复,抛弃了部分装饰尺度的配乐,让独奏音乐以持续和反复来引人关注和沉思。这些"极简"的音乐也被称为"复奏音乐""原声音乐"或是"冥想音乐"。

3. 简约主义的理念

简约原则涵盖了产品的外在与内在。艺术风格不会只关注于外在形式,在浮躁和烦琐的背后是人们更加渴望宁静与平和的愿望。因此,简约主义理念的主体在于人。无论是建筑风格里的空间规划,还是产品包装上的外形设计,人永远都是主体。简约体现了产品人性化的特点。所谓人性化,是要求从用户的角度出发,为用户考虑,提供更好的产品与服务。

艺术的表现形式丰富多样,拓展了人的思想,简约主义正是其中的一种表现形式。例如,人在使用室内任何设施时的方便性需求就是简约主义设计的核心要素之一,创作出空间舒适性和实用性远比华而不实的形式主义要更重要。

这是因为简约主义不仅是一种设计风格,更是一种思想,它既沉淀了古代传统文化和哲学的深刻内涵,又符合现代社会发展的价值取向,与此同时,它还与生命的本质和人类的追求有着内在的联系。简约主义代表着人们对生活的追求，通过去粗取精、避开纷争去追求内心的平和，以及把时间花在真正对自己重要的事情上，最终让生活变得轻松而简单。

2.1.2 中国传统文化中的简约文化

1. 简约思想

"简约"一词，在《辞海》中的解释为："简"是简单、简省；"约"是节约、简要。其实，简约主义早已内含于中国传统文化中，不同于西方简约主义涉及的建筑设计，中国的简约思想早已从人们的日常生活逐渐深入文化、艺术、哲学等层面。例如中国人一直追求的"天人合一"与"朴素自然"，反映的是中国人顺应自然、淡泊宁静、娴雅恬静的审美追求。中国的道家和儒家思想中都能找到一些简约思想的影子。

中国传统文化认为，真正具有价值的东西往往不需要多余的装饰，因为其本身就是美的。孔子就曾说过："丹漆不文，白玉不雕，宝珠不饰，何也？质有余者不受饰也。"在儒家思想中，对"质"和"文"关系的见解也尤为深刻："质胜文则野，文胜质则史，文质彬彬，然后君子。"若"质胜文"，则会导致设计缺少文采和审美意境，显得粗野；而"文胜质"则会使得设计落入浮华，显得华而不实。好的设计应当不偏不倚，"文"与"质"要和谐统一，相得益彰。这一思想体现了我国古代设计美学传统中强调实用，以用为本，这是以质朴为尊、以无装饰为贵、以质朴为雅、以华丽为俗的审美思想。

同时，道家提倡的是自然、无为的思想，"道常无名"是指"道"是无名的，是一种最原始的未经雕琢的物质，是本源，是真朴。《道德经》中提到："少则得，多则惑。"站在设计师的角度看，若是思维过于繁杂，想要表现的东西太多，则容易迷惑；而从消费者的角度看，当摆在面前的选择多了，或是产品体现的元素太多，则容易陷入选择的困境，看不到产品独特的吸引点，增加消费者的选择成本。反而是用简约思维设计出的产品，更能得到消费者青睐。这与西方"少即是多"的思想极为相似。同时，道家追求"天人合一"，人和自然的关系不是对立的，而是亲密相容的。这与简约主义中认为好的设计应像自然一样生息自由、灵动变化而又朴素无华的思想相匹配。

除了儒家和道家，墨家也曾用"非乐"主张厉行节约，"尚用"体现事物的本质美，从而反对过度的装饰，与简约主义思想一致。强调"万物归一"的佛教禅宗认为，复杂东西背后的单纯才是其本质所在，表现在设计上就是自然、简洁。

2. 简约艺术

中国的简约主义不仅存在于思想中，而且渗透到了生活的方方面面，包括艺术、工艺、文字和诗词等方面。

中国汉字的核心是象形文字，被称为古老智慧的符号，摹写了自然之形和人工创制的器物之形。它充分体现了中华民族人工创作的天赋，但是已很少有人能够认识和分析出古人造字时的思维。例如最早的甲骨文，"马"字就是一匹有马鬃、四腿的马，"鱼"是一尾有鱼头、鱼身、鱼尾的游鱼。繁体字被取代是因为它书写起来过于麻烦，而现代汉字在能够表达同样的意思的前提下，使用起来更加简约方便。

中华诗词滥觞于先秦，是有节奏、有韵律并富有感情色彩的一种语言艺术形式，也是世界上最古老、最基本的文学形式。中国诗歌具有许多特点：格律严密，语言简洁，结构紧凑，情感丰富，意象丰富。如果要用一个词来概括这些特征，那就是简约。例如"采菊东篱下，悠然见南山"，可见中国古诗词可以用一句话就展现出一幅美景。再比如"衣带渐宽终不悔，为伊消得人憔悴"，可见中国古诗词可以用千万种方式表达爱情。总的来说，简约的诗词记录的正是中国数千年社会文化生活的缩影。

中国的绘画艺术以"天真、自然"为美，"清水出芙蓉，天然去雕饰"是中国艺术最理想的目标。中国的山水画特别重视疏朗和空白，空白并不代表着虚无，反而赋予了绘画更强的生命力。留白的意境，艺术大师齐白石深有体会，齐白石画虾，湖水藏而不画，大面积留白与着墨相对比，凸显了绘画主体游虾。齐白石的画，道出人生最完美的境界，白似水天一色，更似一湖碧水。花鸟鱼虫，能在空白处彰显生机。正所谓"妙在无墨处"。在水墨画中，绝大部分不用色彩，只有纯一的墨色，极少用到其他颜色，即便用到其他颜色也仅仅是一个点缀。而中国画的艺术精神体现在笔墨形神、意境营造、写意抒情等方面，都受到儒家思想、庄子哲学的深刻影响，可以说自古尊简之道。中国画的简约并不是将物象表现减少，而是通过提炼、概括来获得丰富的艺术效果。最终，这些绘画所追求的简约之美，也完全符合山水画意象表现的精神内涵和意境追求。

宋代的瓷器、明代的家具等深受中国人喜爱的工艺作品，都具有简洁大方的特点，这也与西方简约主义设计思想相通。宋代瓷器是中国瓷器艺术的顶峰，以其典雅、古朴的特点而著称。宋瓷器中官窑瓷器多是青白素色，并无装饰，而这类官瓷只供王公贵族使用，反映出当时统治阶级的审美要求，也可见简约和清雅的审美理念是当时的审美主流。此外，明式家具讲究"优雅""朴素自然"的精神内涵，无论是硬木、木漆还是实木家具，造型都十分简洁，没有过多的装饰，亦呈现出古朴大雅、简练自然的审美效果，是简约思想在传统艺术中成熟的体现。

总的来说，简约思想早已深入中国人民的日常生活中，一方面，展现了人民对于美好简约生活的追求和向往；另一方面，简约思想也在历史进程中不断被认可、吸收和升华，逐渐成为中国传统艺术文化的一部分。

2.1.3 国外的简约文化

1. 欧美简约文化

简约主义作为现代艺术流派，自20世纪60年代以来，在欧美流行设计时尚界始终占有一席之地。追本溯源，欧美的主流文化来源于盎格鲁-撒克逊文化、地中海中欧文化及北欧文化。在这些文化中，北欧文化注重自然生态化的生活方式，在这一点上，和简约生活文化有着一定的联系。北欧文化呈现出一种简练、质朴的风格以及"与自然和谐共处"的哲学态度。在20世纪中期，西方各国盛行现代功能主义设计时，北欧设计注重简约优雅的自然造型，采用天然质朴的材料，使产品具备手工艺品般精细的品质、清新的色彩等，这种象征自然和生命力的设计特点受到用户的喜爱和关注。这种简洁、实用、新颖别致又充满人情味的现代美学也一直风靡至今。

2. 亚洲简约文化

亚洲汇集着超过1000个不同的民族，不同的经济生活、风俗习惯、语言文字和地域特征都影响着各民族的文化。例如，古印度文化孕育出佛教，强调事物单纯自然的本质。中国黄河流域的文化形成了道家、儒家等文化，也包含了简约文化中以质朴为尊、天人合一的思想。而日本文化善于学习，扬长避短，吸收融合世界上其他民族的文化。同时，日本的传统文化深受中国传统文化的影响，从日本的文字、茶艺、服饰到"禅意"的思想，简约文化也被融入其中，尤其是日本在融合西方文化后，逐渐形成了表达简约主义的独特方式，即"空寂、优雅、低调"，这些简约思想的体现，大到建筑设计，小到碗筷设计，都以"空""无""静"作为指导思想。

3. 非洲简约文化

非洲作为世界文明的发祥地之一，从文字到语言的传播，都影响着人类发展的进程。非洲的文化大体可以体现在音乐、饮食、建筑风格、服饰等几个方面。一方面，非洲的日常生活总是伴随着音乐进行的，许多劳动往往与音乐相伴，音乐成为人们生活中不可缺少的重要组成部分，在许多仪式中也扮演着重要角色。而崇尚自然原始力量的非洲在历史发展进程中创造出了许多空灵的音乐，是简约音乐的一个分支。另一方面，在非洲中南部，到处可以看到铁器时代的遗迹，还可见到古代梯田和人工灌溉工程的遗址。建有数千幢房屋的恩加鲁卡古城遗址、建于公元500年左右的大津巴布韦石头建筑物等遗址都是非洲中南部古代文明的标志。非洲建筑风格特征是：粗犷狂野、原始朴拙、简洁有力。这些原始简洁的建筑风格也在一定程度上影响着现代非洲的建筑艺术。另外，非洲的服饰特点鲜明，而服饰鲜明最早是为了融合大自然的颜色，方便狩猎和伪装保护，这与简约主义中强调自然质朴的思想也不谋而合。

2.2 简约思维的内涵

每种思想在不同时代会表现出不同的意境，简约主义在艺术界各个领域开枝散叶，形成"极简生活""原声音乐""轻奢主义"等风格。如今，简约主义也影响到了互联网。事实上，一部分现代企业在管理及运营上已经逐渐显现出简约主义的影子，甚至将简约主义上升到简约思维的高度，这些其实都可以定义为在日常生活中对简约主义使用的归纳总结。简约主义之前大多影响的是艺术层面，如今被上升到了思维的高度，肯定有其独特的原因。下面就从互联网的角度出发，来审视简约主义是如何潜移默化地影响互联网，同时互联网又是如何通过深刻的变化来影响简约主义的发展。

2.2.1 从简约主义到简约思维

1. Web 1.0 打开简约思维的大门

简约主义既然起始于艺术设计，那么最先接触的也是互联网中包含艺术设计内容的部分，即网页界面。在门户网站时代，互联网产品追求的往往是大而全，即一个网站或者一个客户端满足用户的所有需求，网页界面就是人机互动的窗口。商业社会繁荣发展的背景下，大众的生活品质逐渐提高，互联网代表着一种崭新的信息交流方式，其中网页作为互联网传播信息的主要媒介，对于网络信息的传播意义重大。在信息爆炸的时代，有效的信息传播是网页设计的核心，一方面过于烦冗复杂的界面容易使用户反感，另一方面过去追求的精美图像以及特效显示已经不符合信息过量的现状。门户网站发展到现在，已经将设计焦点集中在简单的界面和能够被用户一眼看到的内容。

实行简约主义的网页设计可以很好地避开这些问题，例如排版的对称、平衡，色彩搭配的效果，空间的有效利用等。网页体现出的清淡、平衡、互动和细节之美都会对网络信息的浏览者产生影响。这些影响会体现在用户的认知上，而认知的过程就是感觉、知觉、记忆到思维。互联网出现之前，人们在艺术、建筑及音乐等领域就存在对简约风格的喜爱，而网页的简约设计不过是简约风格在另一个载体上的应用。"思维"其实是分析、综合再分析、再综合总结的一个过程。而网页进行简约主义的设计可以帮助用户更有效地对内容作出分析和判断。

总的来说，简约主义在互联网页面设计上的应用，就像是 Web 1.0 对世界做出的改变。如果说 Web 1.0 为简约思维的发展打开了大门，为信息的获取和传播途径创造了一种新的可能，那么接下来由 Web 2.0 所产生的新的生活社交方式更是推动了简约思维的发展。

2. Web 2.0 推动简约思维的发展

Web 2.0 时代，互联网功能日益丰富和多元化。互联网不再仅仅作为信息储存和传播的工具，更成为人们生活中的重要工具，为人类创造了丰富多彩的生活和巨大的商业价值。

当智能手机开始普及时，各种千奇百怪的智能应用也随之进入人们的日常生活和工作中，如何获取更多的用户资源成为商家们思考的重点问题。移动互联网时代的到来，在解放空间的同时使时间变得更加稀缺。因此，企业需要思考如何降低用户的时间成本，如何让用户能够用最简便的操作来参与活动，如何满足用户的需求。答案就是要足够简约，摒弃掉复杂的使用方法。例如各种手机、电脑管家出现了"一键安装""一键杀毒""一键清理"等功能，这些操作都具备操作简单、方便的特点，而这些特点正符合大部分用户的需求。与此同时，在各式各样 App 盛行的时代，微信、Facebook 为何能够吸引众多的用户？其中一个重要原因就是它们的页面足够简洁，使用方法足够简单。简便的分享功能、点赞设计，满足了大众的社交需求。同时，留有足够的选择余地，让用户参与分享，选择自己社交的内容，给予用户发挥的空间，包括后来的微信支付、AA 收款等，都是简约思维在互联网应用上的体现。

简约即是留白，就像是一幅山水画，画中展示了美丽的山水，而剩下的留白不仅可以给观看者留下更多的想象空间，还可以起到烘托意境的作用。再加上用户参与，那就是画面中人们梦想的水边的房子、江中的小船以及山上的风景了。

3. 互联网创业企业的"简约"

众所周知，互联网思维的核心是"人"和"创新"。在互联网时代，一批又一批的创业企业通过运用简约思维而诞生，这些企业从萌生想法到落地实现经历的时间十分短。这种简约的创业模式被称为"精益创业"。这种创业模式把所有创业企业面对的困难简化了，在此，我们不讨论其利弊，而是聚焦于简约思维。

所谓精益创业，是指产品不断吸取用户反馈，实现快速迭代以更好地满足用户需求、占领市场。简单来说，精益创业企业将找到市场、满足客户需求作为最重要的关注点，把一个创业企业的创业过程简化到极致。第一步，转化创业产品，用最简约的方式开发第一个产品，最好能够以极低的成本展现出产品的优点，解决用户的痛点；第二步，获取用户反馈，这里强调"以人为本"的思考，衡量产品给用户带来的价值，并确定企业下一步的发展方向；第三步，加速成长，在不断获取用户反馈的情况下，快速迭代自己的产品，不断适应新的需求环境。埃里克·莱斯的《精益创业》一书中特别指出，推动加速成长的三种引擎是：增强客户黏性、病毒式口碑增长、付费式增长（要么降低获取用户的成本，要么提高来自每位顾客的收入）。

2.2.2 简约思维的体现：做减法

简约意味着做减法，因为你不可能为所有人做所有的事情，正如苹果公司曾经通过简化生产线的方式为自己带来了新的转机。做减法，才能专注于正确的事情，找到自己的竞争优势。思维是寻求事物本质的思想方法，简约主义的内涵在于寻求事物的本质，并非草率平凡的简单。而简约思维显然是把简约主义抽象到了另一个高度。本节首先介绍简约思维在日常生活中的体现，然后引出简约思维的本质。

1. 用简约思维审视我们的生活

在谈论简约思维之前，我们先仔细审视一下自己的生活，我们是否耽误了很多时间、错过了很多风景。可能我们自己的生活并没有太糟糕，但也不是很好；没有不良的生活习惯，但是缺了点儿精气神；工作休息有规律，但是总觉得劳累。

其实很多人只是看上去很忙而已，仔细回想一下今天做过的事情，是不是都是有意义的？是不是能够创造价值？比如花了很多钱买来的衣服却从来不穿，花费很多时间收拾房间，为需要修理的车操心，抑或是看到乱七八糟的书桌而心烦，等等。这些事情无时无刻不在占用你的时间、金钱和精力。生活半饱即好，极简的生活方式，其实是一种舍的智慧。面对越来越丰富的生活，物质本身成为一种牵绊。选择保留必需品，这样不仅能够为生活腾出更多的空间，也为生活带来许多新的灵感。我们要给生活做减法，简约的生活能够帮助你实现这些。

给生活做减法，才知道什么对自己最重要。首先，扔掉你不想要的东西。保留下来的物品越来越少，你会越来越清楚什么才是你真正在乎的。其次，减少生活中不必要的通知与打扰，专心致志地做事。最后，找到生活中对自己重要的东西，家庭、事业、朋友、信仰，哪怕是最近迷恋上的爱好和运动都可以。简约思维即是如此，在明确目标后，抛弃一切无关紧要的事情，全心全意地向着目标前进。

2. "少"与"精"

简约主义里说"少"即是"多"，这里笔者更想强调的是"多"的另一种理解，即"精"。汉语中"简约"的意思是"简略；不详细；简省"，通俗地说就是"少"，但是少并不意味着简约，距离"简约"还差一点，就是缺少"精"。简约思维所做的减法其实就是减去了与主要业务无关的东西。工业革命解放了生产力，大规模生产由此开始，物资开始丰富。互联网革命解放了需求，选择变得更多，定制生产变成主流。同时，互联网时代时间的稀缺，让我们知道简约不是一味地舍去，而是有把握的选择。因此，需要明晰用户需要什么，企业才能针对性地呈现什么，基于用户的行为和观点来设计产品或服务，并观察用户体验，坚持以用户为中心来展开简约思维。

因此，有把握的选择是十分必要的。不少人认为，多存点东西总是好的，总是下意识地收集各种新旧物品，以备不时之需。但问题是，"不时之需"真的存在吗？东西多得像在仓库一样，即使真的遇上紧急情况，这堆东西可能依然没有用，因为根本来不及整理，有用的还是只有那几样。"少"的过程就是筛选出有用物品的过程。减少不必要的物品，从而减少对生活的干扰。

"精"就是要在剩下的物品中再次筛选，筛选出让自己体验最好，或者说最适合自己的，找到专属于自己的竞争力。同时，"精"也绝不代表着奢侈，要在自己的可承受范围内，不要在无意义的物品和事情上花费时间、精力、金钱等，能够让自己的体验最好即可。

3. 简约思维的本质：减轻认知负担

简约主义主要强调的是对于生活中的物品、各种元素以及思想进行简化，比如产品去掉某些功能，再上升到思想。

对于简约思维的本质，这里借鉴并总结了互联网上众多"大V"对于简约思维的理解。区别于简约主义，简约思维的本质是减轻了人们的认知负担。为何这么说呢？曾经有人评价为什么那么多人喜欢苹果公司的产品："因为用起来简单。"我们每天无时无刻不在接受着外界的信息，而有的信息对于我们来说已经习以为常，有的已经默认为无用，比如马路上的汽车声、办公室里同事的聊天声，这些无用的信息都被大脑过滤了。简约思维就是简化掉那些毫无用处的信息，让用户使用产品时不费力，接受服务时无须多想，降低复杂度和减少操作步骤，提高用户的使用效率。

2.2.3 简约思维的运用

为什么许多人喜欢使用苹果公司的产品？因为他们觉得苹果公司的产品简单易用，具有产品设计简约与用户操作简化两个特点。简约思维要求企业在产品规划和品牌定位上力求专注、简单；在产品设计上，要力求简洁、简约。由于在互联网时代信息爆炸，消费者的选择太多，而选择时间又太少。那么，企业该怎样做才能在短时间内抓住消费者的心，才能从互联网的竞争中脱颖而出呢？

在商界，简约思维的运用最早可以追溯到"运作管理"，是指对产品制造和提供服务的过程中各种运作活动的计划、协调和控制。对外，通过对产品和服务的高效设计和采用营销手段扩大市场和提高利润；对内，通过协调、优化员工、设备以及有效地分配资源来降低成本。而这些手段的核心就是减少企业运营过程中不必要的环节以及不断地优化对企业重要的环节并重新分配资源。

1. 品类的简化

以前人们对于企业扩张的观点是，市场的扩大、品类的扩张以及品牌的延伸，随便哪一点做到了，都可以起到增加销量、壮大企业的作用，同时获得良好的经济效益和社会效益。从战略上讲，这叫作多元化经营，世界上有许多成功的多元化企业，然而绝大部分企业在扩张的过程中都遇到了各种各样的问题，甚至导致扩张失败。企业界和学术界在迈克尔·波特提出的定位战略的基础上研究发现，最主要的失败原因就是企业缺乏自己的核心竞争力，尤其是在互联网解放了消费者需求后，与传统的多元化经营扩张策略相比，聚焦于单一产品或品牌更能够赢得消费者。包括在20世纪70~80年代，许多美国和欧洲企业，如摩托罗拉和通用电气都选择退出了当时他们认为利润高昂、成熟的电视机业务，通过精简业务结构来聚焦于自己更擅长的领域。

案例：特斯拉——简约时尚的设计胜利

特斯拉（Tesla）是一家美国电动车及能源公司，该公司第一款电动汽车产品Roadster发布于2008年，到目前为止共发布了6款汽车产品，始终追求更强的性能、更漂亮的外观，所以其产品十分具有吸引力。特斯拉汽车拥有圆润简约的线条，并流畅过渡至尾部，营造出厚重的流畅动感的效果，短而精干的尾部，加上微微上翘的碳纤维后扰流板，运动感十足。这种简约流畅的设计，使其被称为汽车界的"苹果"。

首先，特斯拉拥有品类上的简约，几乎每两年才出一款新品，所以能够花费更多的时间在设计、创新以及技术优化上。同时，特斯拉汽车的市场定位准确，从高端电动车市场切入，花费高昂成本来打造汽车外观以及内饰的简约风格。这种简约风格被特斯拉设计师强调为一种有未来感的简约。简约并不意味着廉价，简约是一种风格、一种理念。特斯拉汽车在追求外观简约的同时，还追求内在配置的简约，这种简约不是偷工减料，而是务实的简单。首先，特斯拉把车辆灯光、车辆用电状况，以及导航、音乐、电话等功能集于一体并可分屏显示，操作简便。其次，特斯拉拥有先进的电池管理系统和完整的产业链，拥有快速充电功能，并且能够满足用户方便充电的需求。

2001年，杰克·特劳特[①]的"定位理论"击败了瑞夫斯的"USP理论"、奥格威的"品牌形象理论"、科特勒的"营销管理理论"，被美国营销学会评选为有史以来对美国营销影响最大的观念。杰克·特劳特在《重新定位》一书中认为，消费者逐渐对简单有好感，并从复杂的审美中脱离出来。对于消费者来

---

① 杰克·特劳特（Jack Trout，1935—2017）被誉为全球最顶尖的营销战略家、"定位之父"。

说，一般只能接受有限的信息，而对于品牌的印象也不会轻易改变。例如肯德基和麦当劳都属于美式快餐，并没有细分到具体单品。但站在消费者的角度，二者的品类区别十分明显：肯德基代表炸鸡，麦当劳代表汉堡。虽然肯德基也卖汉堡，麦当劳也卖炸鸡，但双方各自的核心产品却十分鲜明地被区隔开，因特色鲜明而形成了品类与品牌的对应关系。肯德基和麦当劳就是定位理论的出色诠释：消费者以品类去思考，以品牌来表达品类。

品类的简化十分重要，很多企业只想通过提供更多品类的产品来占领更多的细分市场，但没有意识到的是，消费者在面对具有相似功能的产品时，会进行价格比较，比较市场上的产品，选出一款性价比最高的，而剩下的产品就会被淘汰。这里消费者的认知负担就是决策成本，因此，品类的减少不但能够避免企业同质化产品的互相竞争，还能够减轻消费者的决策压力。

初创时期的企业不需要采取开发多种产品打入市场的策略；相反，减少或者剔除同类型的产品，只专注于一款产品，用一款核心产品或服务来打动顾客，可能会更有利于企业打入市场。例如，深圳本地餐饮品牌老碗会主打陕西手工面，于2014年创立，经过两年时间就成长为拥有15家连锁店的面食品牌。再反观以前很多陕西面馆，餐单大而全，品类涵盖西北菜、羊肉、面食、小吃、凉菜等。这种沉重的模式对快餐而言，不仅浪费后厨的产能、增加备货成本，还会造成顾客就餐时间延长、出品多而不精的局面。老碗会将产品结构简化，主打面食，搭配西北小吃，一方面能够对消费者塑造品牌认知，强化他们的记忆，另一方面在聚焦西北面食的同时，搭配小吃，保持了差异化和新鲜感。

2. 流程的优化

随着我国经济水平的提高，服务业在国民经济中所占的比重越来越高。企业也逐渐意识到业务流程的优化对于企业保持竞争优势是非常重要的。艾利·高德拉特[①]创立了TOC理论（瓶颈理论），认为任何系统都至少存在着一个制约因素/瓶颈，否则它就可能有无限的产出。所以系统的强度并不是取决于其最强的一环，而是取决于其最薄弱的一环，因此企业想要提高产出，必须打破系统的瓶颈。相同的道理，可以将企业或机构视为一根链条，每个部门都是这根链条上的一环。如果企业想达成预期目标，必须从最弱的一环，也就是从瓶颈的一环下手，才有可能实现显著改善。

---

① 艾利·高德拉特(Eliyahu M. Goldratt, 1947—2011)是以色列企业管理大师、哲学家、教育家，勇于挑战企业管理的旧思维，善于打破"金科玉律"，以崭新的角度看问题。

因此，看似复杂的问题往往有简单的解决办法。梳理、完善和改进现有工作，从产品或服务的关键环节（如质量、成本、速度）寻找突破点，这其实和简约思维不谋而合。改进甚至减少那些不必要的无效环节，聚焦于创造价值和利润的环节上进行突破才是根本。换句话说，简约一个企业或组织的流程以提高工作效率，必须从克服系统瓶颈着手，才能以更快的速度在短时间内显著地提高系统的产出。

在简约思维盛行的时代，国家也意识到只有为群众提供优质、高效、便捷的公共服务，才能激发市场活力和社会创造力。为公民提供公平、可及的服务，应该切实提高公共服务的针对性和实效性，进一步提高公共服务质量和效率。在互联网时代，流程的优化体现在与消费者接触、进行互动的环节，顾客才是服务创建中不可分割的一部分。企业逐渐意识到，消费者和企业的价值共创成为新的利润点。决定顾客扮演什么样的角色，如何分配客户的责任、权利以及利益，如何处理服务中的矛盾，以及如何有效激励客户更多地参与到他们所扮演的企业角色和活动中，共同创造价值和利润，成为企业争相研究的问题。

案例：《王者荣耀》——操作简约的游戏胜利

自从上线运营至今，《王者荣耀》已吸引1.6亿日活用户，注册用户突破5亿。除去游戏本身采用的高效的营销手段、新媒体的传播力量以及众多加分的游戏设计，简约的操作感和随时随地能够玩的即时性也是这款游戏成功的关键。

我们知道，移动互联网时代的特点是即时性、快节奏、碎片化时间。智能手机逐渐成为人类接收互联网信息的重要工具。人们发现时间越来越碎片化，自己越来越缺乏耐心了。因此，用户正襟危坐地在电脑前，花超过一小时的时间去玩一局游戏，这种情况越来越少了。在这个全民游戏和社交为王的时代，所有游戏都朝着更容易上手的方向发展。接下来我们从游戏设计角度分析，《王者荣耀》为什么这么火？

首先，《王者荣耀》能够吸引大批游戏玩家的重要原因是易上手。在即时战略类游戏中，从《星际争霸》等多单位角色控制到多人在线战术竞技游戏的单角色控制，都需要键盘和鼠标共同操作。而《王者荣耀》则降低了默认控制方式的难度。《王者荣耀》采用了双轮盘（左右两边各一个操控区域）的操控方式，玩家通过左右两边的虚拟按钮进行控制，默认由系统设定角色的攻击范围。新手玩家默认由系统辅助攻击，这种把精准的操作要求模糊化的处理使新手玩家可以比较容易上手游戏。其次，节奏快。《王者荣耀》通过缩小游戏地图、减少基地建筑、增强AI能力、加快游戏角色成长，甚至把可投降的时间限定为6分钟，这样快的节奏与手机用户的时间碎片化特征相吻合。用户随时随地可以玩一盘，游戏流程变得非常简洁。

总而言之，《王者荣耀》无疑是近年来手游中较为成功的一个例子，它成功利用快节奏和易上手的特点占据了玩家的碎片化时间，培养了一批又一批成功"入坑"的玩家。《王者荣耀》的成功可以说是以舍弃传统游戏中更高的复杂性、策略性、多变性甚至是公平性为代价的，这也让我们重新思考简约带来的标准化和自主性之间如何取舍的问题。

新时代的消费群体是在互联网时代相对丰富的物质条件、便捷高效的互联网环境以及追求简单快捷的个性因素等条件下形成的。因此，除了产品之外还需提供更加完善简洁的配套服务，让消费者动手动脑的事越少越好。这里顾客认知的负担就是冗余的环节、烦琐的流程和操作。

流程的优化，对顾客和企业都具有重要意义。一方面，对顾客来说，能够降低操作的难度，帮助他们更好地理解产品或服务要传递的价值；另一方面，对企业来说，可以更有效地组织营销活动、搜集数据，并有效地整合资源，不断改进。例如，社交类App简洁的交互设计、自由的内容创作加上简洁的操作，使用户能轻松方便地与人交流。火爆的移动端手游之所以能吸引大批玩家，是因为它具有精美的画面，结合简捷流畅的打击感和快速反馈响应，既不会让用户感觉难以上手，又具有较强的可玩性，满足了用户游戏娱乐的需求。流程的优化使用户不必为那些他们不在意的事项烦恼，直接获得他们最想要的东西。

3. 信息的对称

无论是产品还是服务，消除不必要的环节和品种都能够为企业带来更多的利润和效益。互联网思维的出现，产生了巨大的影响，它不仅在企业产品和服务行为层面产生影响，而且创新和改变了企业的商业模式。因为互联网极大地提升了沟通效率，所以那些提供相对不透明服务的传统企业会逐渐被淘汰。在商业模式中，顾客认知的负担可以理解为信息不对称。

（1）从用户的角度看世界：用户与企业之间的距离被消除，企业或者工厂能够通过自己的渠道接触到消费者，同时消费者能够作为用户体验的创新者为企业做出更多的贡献。第一，企业和品牌可以直接与消费者接触，消费者基于信息不对称的信任转变为基于用户参与的情感。第二，资金流移动速度加快，没有中间商的存在，厂商能够进一步降低成本和零售价来吸引消费者，消费者也能够从中获益。举例来说，尚品宅配采用工厂直营模式，工厂生产的家具产品能够直接通过物流第一时间送到消费者手中；同时，消费者也能够通过在线反馈系统向企业提供关于家具产品的创新和改进措施，帮助企业提升品牌形象，企业也能够更好地服务消费者。

（2）统一"商业距离"：线上与线下的距离被消除。O2O（线上到线下）模式出现之前，网店、消费者及实体服务店都存在弊端：网店缺乏实体店与消费者连接，消费者缺乏足够的忠诚度，实体服务店也无法获得网络渠道的客户流量。在线支付的兴起，催生出O2O模式，打破了这一层壁垒。美团、滴滴打车等O2O平台将线上客户流量转化至线下体验或消费，消费者再也不用满大街地寻找美食、等出租车，减少了寻找搜索成本，让出行、美食、旅游变得简单。可以看出：第一，线上、线下的距离消除融合了消费者的日常需求，让线下消费者避免因信息不对称而遭受"价格蒙蔽"，同时实现线上消费者"售前体验"。第二，O2O模式使商家对商业活动（营销、运营活动）能够进行直观的统计和评估，得到数据并精准地维护和运营客户，O2O模式提供丰富、全面、及时的商家折扣信息，也使消费者能够对商家进行评价，促进电子商务良性发展。

（3）去中介化到无中介化：用户与用户间的距离被消除，可以充分发挥用户价值，例如淘宝网、拍拍网、安居客等。互联网企业从传统企业利用信息不对称来赢利的策略转变为注重功能化、个性化和用户体验。第一，这类企业提供了一个双边平台，使供求双方在平台上进行交易，促进了移动支付的发展。第二，双边市场扩大了行业容量，之前难以被关注的长尾产品被搬到互联网上，扩大了消费者的选择范围。

总体来说，互联网打破了企业与消费者之间的壁垒，实现透明化，不仅极大提高了沟通效率，也催生出了众多具有互联网思维的新兴企业，同时鞭策传统企业展开新的思考。但是"简约"并不等同于"简单",企业在追求品类的简约、流程的简化以及商业模式的简约创新过程中要时刻注意不要跌入"简单"的陷阱中。

2.2.4 简约而不简单

简约而不简单,是一种生活态度,更是一种人生境界。在互联网时代,从产品到服务,追求的都是简约。而这种简约,像是简单的石头经过打磨雕琢后变成美玉一样,体现的是专注,产生的是魅力。要做到简约而不简单,首先要有约束有目标,其次才是提供能减轻认知负担的"上档次"的产品和服务。

1. 有约束有目标

第一,清晰、理性、目标明确。企业的一切活动都是为了实现企业的愿景、使命与目标,这个目标必须是清晰理性的。战略的方向性非常重要,如果使尽全力在错误的方向上,结果只能是南辕北辙,因此最开始确定一个正确的目标是非常必要的。

黑莓手机对信息安全的承诺,使得该产品一度很受商务人士欢迎。然而随着智能手机在消费市场上的不断扩张,黑莓公司想要从中分一杯羹,于是把产品同时定位为消费产品和商务产品,希望抢占更多的市场份额,然而就是这一转变,使得黑莓手机最终走向了失败。黑莓手机在与更受追捧、以消费者为中心的苹果手机和安卓手机的竞争中失败了。原黑莓公司CEO(首席执行官)海因斯总结说:"我们自己无法做所有事,但我们可以做我们擅长的事。"现代社会已经进入了一个高度专业化分工的社会,任何企业都不可能完全掌握所有品类的生产或供应链的所有环节,过度地分散企业精力反而会使企业失去核心竞争力,而坚持做擅长的事、用整合的思维调度资源、协同作战才是制胜的关键。

第二,想要简约而不简单需要有约束。约束是束缚、限制、管束的意思。大自然很神奇,猫喜欢吃鱼,却不能下水,鱼喜欢吃虫,却不能上岸。世间万物都是这样,一边拥有一边失去,一边选择一边放弃。因为有约束,没有人可以面面俱到,所以需要专注于自己的核心领域,集中优势发展。

怎样做到有约束?就是定位一定要清晰理性,前文提到企业运用简约思维,可以理解为减少品类、优化流程等。从结果上看似乎很容易实现,但在如今大众兴趣多变、专注力降低的时代,一旦产品定位不精准,营销成本就会变得巨大，并且结果不一定符合期望。对于产品一定要有明确的定位，你不可能满足所有的消费者，就像你不可能让所有人都喜欢你一样。理性放弃那些不合格或者不适合当前消费者口味的产品，一方面能够更清晰地了解自己的目标用户群，另一方面能够让企业更专注于自己的核心竞争力。更深层次来讲，约束性简化使企业失去了一些业务，但也使企业内部和外部的关注点更加清晰，通过加深对运营瓶颈和内部问题的理解，企业可以持续快速发展。

2. 上档次

想要体现简约而不简单，就需要提升档次。这里所说的"上档次"不同于我们平常生活中所理解的"高大上"，可以通俗地理解为亲民、美观又实用。因为不是每个企业都能够像苹果公司一样，靠一款产品打天下。苹果公司采用精细化设计路线，运用简约思维，减少品类，注重外观艺术性与功能简约性的和谐统一，设计师甚至会注重核心材料、体验手感，这已经不仅仅是简约，而是做到了极致，苹果公司所走的极致简约路线，会在第3章阐述。

随着互联网时代消费新势力的崛起，小众需求、"懒人经济"、产品故事等已经逐渐成为互联网时代的消费特征，这些消费群体以追求个性化和分享为潮流，而上档次的小众产品和服务能够很好地满足追求个性化的消费者。亲民的产品和服务，通俗地讲就是要性价比高、实用性强。这类产品和服务恰好符合中国消费人群中逐渐更新的消费观念。由此可知，能够在让消费者减轻认知负担的同时给予消费者实用性强的产品和良好的体验，是简约而不简单的关键。

案例：无印良品的简约而不简单

无印良品的设计理念在设计界已经是老生常谈了，我们对它的通常印象都是简约的风格与质朴的设计理念，这几乎成为无印良品的两大标签。互联网时代模仿大行其道，很多家居、服装品牌都开始模仿无印良品的简约而不简单的设计理念，然而几乎都没能复制无印良品的成功。

我们更应该借鉴的是无印良品成功背后的东西，无印良品的基本理念是通过对制造流程的简化创造一批极其简单、低价的产品，但是无印良品还是保证了产品的高质量。同时，无印良品的简约设计体现在"无设计"上。所谓"无设计"，并不是真的没有设计，相反，它有着严格的设计原则，如色调选用基础色系，无印良品的产品均充分表现了对色彩和装饰的克制，产品整体色调干净，强调简洁性，除了深红色的"MUJI"标志外，几乎看不到纯度高的色彩。在原材料方面，无印良品一贯秉承回归自然的理念，大量运用环保材质，展示产品最自然的状态。这就是前文提到过的有约束，这种约束能够让无印良品在保持高品质的同时，提升用户的自由度。在简约设计的基础上，既可以延续简约也可以繁复，既可以实用也可以增加趣味性。

无印良品能够做到简约而不简单的另一个重要原因就是重视产品的实用性，无印良品的设计理念可以概括为：返璞归真，崇尚自然，平实好用，以人为本。其中，最重要的就是平实好用和以人为本。纵观无印良品的产品，小到一支铅笔，大到一个家居空间，其产品设计的体贴之处数不胜数。例如，无印良品生产的晴雨伞，在伞柄处设计了凹槽，方便人们使用之后将伞悬挂起来，每一个细节都体现了对消费者需求的重视。又如，很多人想不出在床头灯的设计上还能增加什么功能，而无印良品创新性地将床头灯设计成凹槽状以方便人们放置眼镜。就是这些生活中最细小的动作，给予了无印良品很好的产品设计灵感，使它的产品设计更加贴合用户的需要，从而更好地引领人们的生活。

总结来说，无印良品不仅注重产品外观的简约，更注重这些产品背后的使用细节，正是这些不简单又实用的细节帮助无印良品在家居市场站稳脚跟。

2.2.5 标准化VS个性化？

流程的优化给用户带来了舒适的使用体验，但这样往往难以提供更加个性化的服务。当我们一味追求简约的同时，也许应该重新思考，我们是否因为太懒惰而失去了自己的个性？前文中提到了简约思维能够最大限度地精简信息，减轻顾客的认知负担。这些流程的简化带来的便利体验和优势都会不可避免地削弱顾客的自主性。即使我们强调用户参与、大规模定制，不可否认，这些还是不能完全弥补流程简化造成的损失。标准化是指在经济、技术、科学和管理等社会实践中，对重复性的事物和概念，通过制订、发布和实施标准达到统一，以获得最佳秩序和社会效益。与之相对的则是个性化，常用来指具有个体特性的需求和服务。

标准化和个性化的取舍是企业始终需要面对的一个问题，二者之间存在很大差异，同时又能够相互映衬。标准化和个性化都是企业为了最大限度满足客户需求而做出的选择，但由于满足的需求不同，二者之间存在一定的矛盾。从工业时代的大规模生产到如今的定制化生产，说明是生产效率的提高，带来了生产盈余，从而才能满足个性化的需求。因此，个性化是源于标准化，并高于标准化的存在，只有在标准化的基础上，才能更上一个台阶，实现个性化。同时，使用逆向思维思考，个性化不应该排斥标准化，例如尚品宅配也是利用相同的机器同时生产不同规格的板材后，才能够满足消费者的个性化需求。因此可以认为，标准化的流程和产品配件是基础，个性化服务和产品组装才是目的和成果。

让我们回到前述问题，生活在现代社会的我们是否因为越来越懒惰而失去了个性呢？其实，我们追求个性，但并不排斥标准。虽然现代社会分工更加明确，简约思维让我们减轻认知负担，减少了思考，但是生活中依然有很多需要我们独立思考的事情，简约思维减少的不过是生活中那些本来就不太重要的部分，而那些由于我们所处的角度、技能高低、社会经验、人生阅历的差异所带来的思考，我们是不会轻易放弃的。

参考文献

[1] 袁熙旸.新现代主义设计[M].南京：江苏美术出版社，2001.

[2] 孙清华.西方国家的工匠精神及其当代传承[J].思想教育研究，2016（10）：41-44.

[3] 牛俊峰.西方音乐中的简约主义[J].交响：西安音乐学院学报，2007，26(1)：62-64.

[4] 陈高明，蒋琨.既雕既琢复归于朴——简约主义设计在中国[J].北方美术：天津美术学院学报，2008(1)：73-75.

[5] 张高德.从"简约主义"看中国传统文化蕴含的朴素、简约之美[J].艺术教育，2008(2)：127-135.

[6] 任犀然.彩图全解道德经[M].北京：中国华侨出版社，2014.

[7] 孙媛媛.文人艺术朴素美的哲学渊源[J].南京艺术学院学报：美术与设计，2004(2)：103-105.

[8] 戴吾三.马鬃有多少根？——古代简约思维谈[J].装饰，2008(8)：75-75.

[9] 刘宁.留白的意境：中国画构图之"求其空灵，虚中求实"的理解和运用[J].艺术教育，2014(8)：158-159.

[10] 李瑛.浅谈中国传统艺术中的简约美[J].四川戏剧，2008(5)：141-142.

[11] 王敏.基于"简约主义"思想的产品设计研究[D].武汉：武汉理工大学，2015.

[12] 徐超.探究简约主义的网页设计[D].上海：上海师范大学，2012.

[13] 埃里克·莱斯. 精益创业:新创企业的成长思维[M]. 北京:中信出版社,2012.
[14] PRAHALAD C K, HAMEL G. The Core Competence of the Corporation[J]. Harvard Business Review, 2006, 68(3): 275-292.
[15] GOLDRATT E M. What is This Thing Called Theory of Constraints and How Should It Be Implemented?[M]. Croton-on-Hudson: North River, 1990.
[16] 博爱者.《王者荣耀》为什么会火?[EB/OL]. (2017-01-19). https://www.zhihu.com/question/53811783/answer/141738175.
[17] 戴夫·柯本,特蕾莎·布朗,瓦莱丽·普里查德,等. 互联网新思维:未来十年的企业变形计[M]. 北京:中国人民大学出版社,2014.
[18] 路客汽车. "繁>简"设计理念的胜利 上汽大众ID.6 X对比特斯拉Model Y[EB/OL]. (2021-07-16). https://www.zhihu.com/zvideo/1399406842133479424.
[19] 小易时尚雷哥. MUJI用20年的时光告诉你什么才叫简约而不简单[EB/OL]. (2016-11-17). https://www.sohu.com/a/119178754_130998.

第 3 章 极致思维

3.1 极致思维的前世今生

3.1.1 拥抱拥有极致态度的工匠

正如前文所阐述的简约主义是简约思维的前世一样,互联网时代的极致思维也能在传统的工匠精神中找到影子。极致思维要求抓住用户的痛点,超出顾客的预期去满足用户需求。工匠精神指人们在工作中追求精益求精的态度与品质,这些独特的品质在中西方文明的发展过程中均有所体现。总结起来,工匠精神应该包括两个方面:一方面是对于产品质量精益求精的追求和热情;另一方面是在极致追求的背后体现出来的坚持不懈、持之以恒的韧性。

1.中国文化中的工匠精神

中华文明的发展过程中,有众多工匠代表,例如,中国古代有像鲁班、庖丁这样把工艺做到极致的工匠代表。中国古代的工匠精神体现在"精巧"二字上,"精"即为精湛和精密细致,这种精湛在丝绸、刺绣、陶瓷等工艺品上体现得淋漓尽致;而"巧"则为巧妙,中国古代各种建筑、家具、器物,其构思巧妙的设计让人不禁感叹古人的智慧。中国工匠所追求的工匠精神乃"道技合一",这一点与儒家思想中简约与自然合一类似,工匠已经超越了对精湛技艺的追求,而是希望通过手中的技艺领悟人生的真谛,也就是所谓的"工匠精神"。

2.西方文化中的工匠精神

西方发达国家中以德国和瑞士最为典型,它们在制造业方面具有良好的口碑,拥有众多的长寿企业和享誉世界的著名品牌。西方发达国家的工匠精神侧重遵循标准程序,讲究精准实证,强调执行和遵循。总的来说,西方文化中的工匠精神有以下几种表现。

首先,重视质量,眼光长远,愿意静下心来沉淀。现代化社会中人们的生活节奏相对较快,易受外界干扰,这种环境中容易滋生浮躁、功利的心态,但对于制造业来说,想要由"大"变"强",需要依靠时间沉淀出的执着与专注。

其次,遵循程序,执行标准。西方发达国家非常重视标准的约束性,同时在制定标准方面十分严格,要求严格按照制定的流程和标准生产制造。例如当一个供应商得到了一个企业的订单,这并不意味着洽谈的结束,而是一个全新的开始,订货方会对供应商的生产流程、企业制度、生产环境等多方面进行检验,最后在验收货物时也会严格对比各项指标,如果没有达到事先约定的标准,可能供应商就会失去以后与其合作的机会。

3. 用工匠精神审视我们的生活

当我们从工匠精神的角度来审视日常生活,有些道理也很容易理解。比如,同样从事一份工作,为什么有的人总是原地踏步,而有的人却能干得得心应手、风生水起?造成这种不同结果的原因,也许就是对工作的认知和对待工作的态度。工匠们把工作当作一场漫长的修行,始终秉持"爱一行,干一行,精一行"的态度,力求实现自己的价值。正如马修·克劳福德[①]所说的那样:"工匠精神简单地说,就是自愿把事情做好,因为这代表一种荣誉。当没能做好时会感到憎恶和耻辱。"

(1) 爱一行干一行:对于个人来说,人生的时间不过短短几十载,世界上与自己做着同样工作的人很多,那为什么有的人干得好,而有的人干得却不顺心?那是因为干得好的人能够享受工作的快乐,从而更加努力工作,而干得不顺心的人只是迫于现实的无奈而默默地做着一份自己并不喜欢的工作。越早找到自己喜爱的工作,越能够打破陈规、着手创新。

(2) 干一行精一行:当你认定了自己喜爱的职业,就应该全身心地投入工作中。干一行就应该明白自身的位置和价值。有一类人兴趣广泛、热情很高,他们好像对什么都喜欢,但总是"三分钟热度",认为没从事过的工作总是魅力无穷,但真的从事之后又觉得索然无味,到头来只是竹篮打水一场空。这对于我们的启发就是多分析自己工作中值得改进的地方,以执着又富于创新的思

---

① 马修·克劳福德(Matthew B. Crawford,1965—)是美国芝加哥大学政治哲学博士,著有《摩托车修理店的未来工作哲学:让工匠精神回归》一书,这是一部为工匠精神正名的作品,它颠覆了鄙视体力劳动者的传统教育价值观,以一个新的视角重新探索和思考人类生活与工作的意义。

想来把工作改造成自己喜欢和认可的样子。

（3）工作是一种修行：工作其实是一场漫长的修行，在人的一生中，大约二分之一到三分之二的时间都奉献给了工作，因此你对待工作的态度，会潜移默化地影响你的人格和气质。翻一翻史书，我们可以看到庖丁是怎样游刃有余地解牛，驼背老人怎样利用竹竿粘捕知了如拾物一般，也可以看到卖油翁怎样地让油从钱眼里穿过而不溅出一滴。把工匠精神的态度融入工作中，全神贯注地做一件事，在日复一日的工作中思考、沉淀，最终你会发现工作也是在为自己做事，而不是在为别人做事，修行都是内求。

3.1.2 在互联网时代寻找工匠精神

1. "唯快不破"与"精益求精"

互联网时代追求的是快速迭代、个性化和交流互动，而工匠精神讲求的是精益求精、潜心钻研的慢思维。这种"唯快不破"思维与"精益求精"的工匠精神碰撞在一起，不可避免地会产生问题。

很多人误认为工匠是那种机械重复的工作者，其实，工匠有着更深远的意义。他们代表着一种精神：坚定、踏实、执着、专注、精益求精。虽然工匠不一定都能成为企业家，但如果仔细观察，会发现大多数成功企业家身上都有这种工匠精神。工匠精神的核心应是：不再把掌握的技术和技艺仅仅当作赚钱的工具、谋生手段，而是寄予专注、执着、热爱的精神，将情怀与工作相融合，以技艺为基础，以精神为支持，秉承着精进的精神去打造好的作品。

当我们仔细分析后会发现，互联网追求"快速"的背后其实是极致的用户体验，而用户体验又来源于极致的产品质量和服务，所以本质上工匠精神才是支撑用户享受"快速"服务的基石。然而工匠精神作为一种传统精神，在现代化的浪潮中遭遇了一些困境，因为许多人在快节奏的时代洪流中，一时眼花缭乱、不知所措，难以静下心来认认真真地做好一件事，缺乏耐心、专注、细心和持久力。

2. 努力：工匠精神立足于实际

著名畅销书作家格拉德威尔[1]在《异类》一书中提出了"一万小时定律"："人们眼中的天才之所以卓越非凡，并非因为他们天资超人一等，而是因为他

---

[1] 马尔科姆·格拉德威尔（Malcolm Gladwell，1963—）是加拿大记者、作家。2005 年，他的两部作品《引爆点》和《决断两秒间》同时位居《纽约时报》畅销书排行榜精装本和平装本第一名。

们付出了持续不断的努力,一万小时的锤炼是任何人从平凡变成世界级大师的必要条件。"一万小时大约需要十年的时间,这不禁让人想到中国的古话"十年磨一剑",二者其实是同样的道理。人们都羡慕那些成就非凡的弄潮儿,殊不知在任何一个行业中,只要用心、下功夫,付出常人所不能及的努力,每个人都可以成为掌握精湛技艺的工匠,而不同的只是前面修饰的定语。

最近一些互联网金融企业接连倒地,圈钱的公司终于被撕下伪装,露出贪婪的真面目。其实这样的故事在互联网时代一直在上演,圈钱、营销、再圈钱,直到难以为继。这样的短视行为正在将互联网污名化,仿佛互联网就是浮躁的代名词。工匠精神能够在社会上激起如此巨大的反响,说明大众开始反思了。虽然人们常说"站在风口的猪都能飞",但是能飞多久就得看自己的真本领了。互联网所蕴含的无限可能,激发了每个人心中潜藏的梦想,大家都想找到改变命运的机会。如果说互联网是热情的号召,工匠精神则是温和的勉励。我们不仅需要互联网的热情"顶天",更需要工匠精神的沉淀来"立地"。静下心来,将事情做到极致才是应有的态度。

互联网时代始终围绕"以人为本"这个中心,如何满足用户的需求是产品和服务追求的重点。著名的企业家稻盛和夫给大家讲述了他成功经营企业的建议。"付出不亚于任何人的努力",他说,"除了拼命工作之外,不存在第二条通往成功的路。"当你比周围的人付出的更多时,你离成功就更近。90%的工作内容都是枯燥乏味的,但为什么那么多人仍然能在工作中找到乐趣?总结下来主要有两点:①把工作细分成一个个小块,管理好时间,在工作中寻找感兴趣的内容,一旦找到了触动内心的部分,工作便会充满无穷乐趣。②集中精力的同时对工作注入感情,这种感情态度是多种多样的,它可以是热情的,也可以是冷静的,但是它总会拉近你和工作的距离。

选择越多,同时失去的也越多。世间鲜有从始至终只专注于一件事的人,大凡此者,都是成功的人。并非说他在所专注的事上一定有所成就,而是他锲而不舍的精神本身就是一种成功。正如德国哲学家费希特[1]所说:"我们必须严肃认真地对待一切事物,切不可容忍半点轻率和漫不经心的态度。"

3. 创新:工匠精神发扬于创新

"创新"和"快速"是互联网时代的热词,前者代表了社会的主旋律,后者则代表时代的最强音。比如制造业其实更喜欢谈的是工业4.0、智能制造,

---

[1] 约翰·戈特利布·费希特(Johann Gottlieb Fichte,1762—1814)是德国作家、哲学家,古典主义哲学的主要代表人物之一。

互联网技术、物联网技术的发展都为智能制造创造了条件，很多传统的家居制造业开始颠覆自我，实施制造升级。一些新兴的互联网企业也开始以互联网为入口，以智能制造为基石，通过信息化、深度融合和自动化实现制造智能化。在追求高效、智能的背后，其实也是工匠精神的追求和践行。这种追求也就是创新精神，这些企业坚信只有经过成百上千次的专注研发才会创造出高效快速迭代并且让用户喜爱的产品。

在互联网时代，工匠精神的创新（创造）内涵是最为显著的，这是因为创新意味着风险，但同时也意味着非常规行为和打破界限。一切创造活动都是面向未来不确定性的行为，这也正是工匠活动的本质。

工匠精神并非固执守旧、一味恪守传统，它应该是与时代的完美融合，通过结合现代理念与传统精神，形成可延续并具有创新性的工匠精神。善于用创新的精神去精雕细琢产品，从而做出最好的产品，才能体现出工匠精神最大的价值。只有具有工匠精神，设计研发人员才会对产品不断钻研思索、不停打磨探寻，在一点一滴的积累中实现技术和工艺创新。创新不可能一蹴而就，更多的创新是从细节中发现，是对每一个工作环节优化后的重建，创新实际上是工匠精神的延伸。那么如何培养创新精神，并运用到工作中呢？首先要选对行业，然后以对待人生的态度投入工作中，最后让工匠精神升华，把创新精神融入日常工作中。

4. 工匠精神的回归

西方发达国家已经意识到，制造业基础地位的弱化不仅会危害经济发展，还会对创新能力造成长期损害。在经历互联网泡沫、金融危机后，人们逐渐认识到，"去物质化"的概念并不能成立，人们始终还是生活在砖石瓦块食品汽车构成的现实世界中，人们所需要的物质不是在减少而是在增加。

一方面，世界最核心的部分依旧是制造业。高附加值的服务业在脱离制造业后，根本无法立足。很难想象一个只剩下银行业人员、程序员和导游的国家应该如何生存与发展。因此人们开始重新思考创新和制造之间的关系。人们曾经认为制造业是依靠机器劳动（体力劳动）来创造低附加值的产物，创新活动则是依靠脑力劳动（知识劳动）创造高附加值的活动。互联网时代提倡的工匠精神正是把二者融合到一起，在研发的同时进行制造。

另一方面，社会的主旋律是和平与发展，消费者个性化要求成为时代主流，但人们在追求审美的同时并没有放弃对品质和精细化的要求。互联网搭建的平台，让过去的"匠人"被发现、被认可，找到了被认知的机会。工匠精神中那些永恒不变的内容——对工作的热爱、专注极致、精益求精更多来自人性本身的选择。每个时代都会赋予工匠精神新的意义，而这个时代工匠精神连接的更多的是互联网新的生产方式、组织形式乃至于思考方式，而这些就被称为极致思维。

3.2 极致思维的内涵

3.2.1 从工匠精神到极致思维

1. 工匠精神与极致思维的异同

工匠精神在极致思维层面得到了延伸，极致思维不仅延续了工匠精神中追求卓越、勇于创新的精神，还彰显出时代特色。前文中介绍了工匠精神追求精益求精，更多是在态度层面，而极致思维是将工匠精神纵向展开，不仅在生产制造环节做到精益求精，在社会活动的各个环节，包括营销、服务等都要做到极致。从另一个角度看，工匠精神是专注于探索自己已知的领域，而极致思维更多的是表现在对未知领域的思考极致化，对未知领域的探索就要求快速进入。要得到就必须付出，要付出就要学会坚持，工匠精神教我们学会坚持，极致思维教我们正确地寻找方向。

在互联网强化竞争的时代背景下，极致思维与工匠精神的不同还体现在极致思维强调快速进入。面对互联网这个目前最为开放的竞争平台，保持质量并不是取胜关键，只有保持速度第一才能赢得市场，位居第二都可能面临失败。极致思维是对服务的概念进行深化，把产品和服务做到最好，超越用户的预期。互联网时代是消费者主权时代，消费者面临无数的选择，并且可以在不同的选择之间实现低成本的转移，能够留住消费者的东西才是企业的核心价值和核心竞争力。产品的壁垒已经不再是技术等硬件设施，要借助极致思维对人性进行解读，实现消费者需求的超预期满足，把控用户体验的深度，提升用户黏性。

2. 只有奢华才能带来极致吗？

影视剧里，皇帝出场时总是伴随着奢华的宫殿、华丽的服饰，前有百万大军开道，后有佳丽三千随行，这是极致享受的一种表达。说到极致，似乎总是会和奢华联系在一起，譬如迪拜极致奢华的帆船酒店，这座闻名遐迩的七星级酒店内部装修金碧辉煌，每层楼都有多名私人管家，提供优质的服务。于是奢华仿佛成了极致的代名词，让人以为有钱才能做到极致。其实能够做到极致的方式有许多种,例如,神乎其技的钢琴家可以谱写极致的乐章,才华横溢的画家可以勾画极致的美景……其实世间万物都可以做到极致。

极致更像是一种追求,食物要求做到极致的口感,房间要求布置得极致舒适,就连手机打开App的时长以及手机的外观都要保持极致的速度和手感。这些极致并不能通过奢华来实现,而是源自互联网时代对顾客需求的快速响应和研究。从极致的本质来看,人人都能够享受极致,只要能够满足用户独特的需求,就能够带给顾客极致的体验。

3. 极致思维的本质:最大限度满足用户需求

工匠精神从传统的手工业发展到现代的制造业,再到如今逐渐聚焦于互联网行业,都体现着要做就做到极致这一点。在享受互联网带来的便利的同时,我们应该思考,如果社会各行各业都能够拥有这种极致思维,就能发展得更好。

而在现实中,具有工匠精神的诺基亚却在时代的发展潮流中被淘汰了。有人认为是苹果淘汰了诺基亚,但实际上诺基亚的失败是行业发展的必然。苹果和诺基亚的发展方向区别在于"升维"和"降维",苹果智能手机的出现对整个功能机行业形成了巨大的打击,而诺基亚由于无法适应智能手机的快速发展,迅速被淘汰。苹果公司带着互联网思维颠覆了整个手机行业,而只有摸准了时代发展脉搏的企业才能生存下去。例如,跟着苹果做"升维"的三星,如今依然保持强劲的竞争力。从某种意义上讲,在互联网时代,是否具有互联网思维决定了企业能否在发展的潮流中立足,而是否具有工匠精神则决定了企业能做多好、走多远。

在这个时代,只有能满足客户显性和隐性需求的企业才能生存和获利,而最大限度满足用户需求就是这些企业的看家本领。这些看家本领对应的是对消费者的洞察、了解、倾听、提问,使得企业能深入了解用户的痛处与痒处。

3.2.2 极致思维的表现

互联网时代,极致思维带来的是对市场的聚焦,实现极致的产品和用户体验。按照通俗的理解,聚焦是专注于一个擅长的领域。实现极致的产品体现在让用户使用产品时得到极大的满足;实现极致的用户体验,则是通过服务让顾客感到惊喜无比。下面就详细阐述极致思维在产品、服务市场上的表现。

1. 抓住迫不及待的顾客——聚焦独特的市场

在群英荟萃的互联网时代,极致思维不仅对产品和服务有要求,还要求企业具备快速发现市场、占领市场的能力，并要做到细分行业第一，才能得以生存。想要快速发现并占领市场，首先要找到自己擅长的领域，然后深入挖掘领域内的细分市场，在决定进入细分市场后就要集中资源争取做到本地区第一、区域第一乃至行业第一。

1）专注于自己的核心领域

专注于自己最擅长的领域，并把产品和服务做得比竞争对手好，这其实和工匠精神中"爱一行干一行"的理念如出一辙。无论是个人还是企业，只有做到"爱一行干一行"，才能够把热情、精力和专注力投入所做的事情中，专注于擅长的领域。

从20世纪70年代开始，日本企业逐渐在某些领域超越美国企业。在这种情形下，美国企业家开始反思，为什么明明比日本企业拥有更先进的技术以及优秀的管理者，还是无法在竞争中取得优势？最终，他们发现竞争优势的基础，是拥有一个清晰的战略意图和战略框架，并聚焦于自己的核心竞争力。那么企业该如何识别核心竞争力呢？

首先，核心竞争力能够为企业提供进入相关市场的潜在机会，比如企业能够凭借在显示系统领域的竞争力参与众多市场，例如计算器、微型电视、笔记本电脑显示器和汽车仪表板等市场，这就可以解释卡西欧公司为什么能进入手持电视市场。而在互联网时代，拥有进入其他市场的潜在竞争力能够帮助企业更快地实现创新和获取资源。

其次，核心竞争力应该能为企业延伸出一系列相关的领先产品和服务。例如本田公司在发动机和动力传动系统方面的核心竞争力使其在汽车、摩托车领域具有显著的优势，该公司可以依托这一核心竞争力进行产品创新和市场开拓，并带给客户最大的利益和价值。

最后，核心竞争力必须能够建立起行业壁垒，让竞争对手难以模仿。尤其是在互联网时代，信息共享成为普遍现象，合作共赢被大力提倡，单纯的技术壁垒已经无法使企业保持领先。企业需要将生产技术与运营管理有效融合，形成对手难以模仿的企业文化和运营机制。

在互联网全球化时代，核心竞争力能够帮助企业发现对自己最有利的市场，但由于互联网时代消费者所具有的复杂性和自主性特点，企业想要满足消费者的多种需求，需要不断地创新。同时，企业还需要不断地挖掘用户需求，抢先开发市场。

2）寻找用户需求

经济学中把需求定义为在一定的时期，一个经济主体对一件商品或服务的效用，通常跟他/她的收入有关。1943年，美国心理学家亚伯拉罕·马斯洛在其论文中提出"需要层次理论"，他认为人类存在从低到高五种不同的需求[1]。从本质上讲，其实需求是用户想要的东西，所有的商业活动都是为了满足用户需求而存在的。例如，高档奢侈品满足用户自我实现需求和尊重需求，食物和房子则满足用户的生理需求和安全需求。

既然如此，用户的需求似乎显而易见，那还需要挖掘什么呢？一方面，随着世界的发展和时代的进步，人们的需求也随之发展变化。我们可以看到，社会互动和获得尊重的需求在这个时代已经开始凸显。另一方面，互联网的发展和大数据技术的进步为人们提供了进一步挖掘用户深层次需求的机会和能力。以前人们嘴上说"我要买一把锤子和一些钉子"，但心里想的是"我要买一把锤子和一些钉子，方便把结婚照和其他相框挂上去"。我们可以看到更深层次的需求其实是完成家里的装修和布置。

市场上总有人聚焦于不同的领域，这其实就是聚焦于不同层次的需求。但是现代社会中人们对于需求的不满足，渐渐发展成为"欲望"。挖掘深层次的需求其实就是不断地挖掘人们的"欲望"。例如，企业告诉顾客，自己的产品更好，不仅可以满足用户需求，而且功能更丰富、使用更方便、具有更高的地位象征意义等时，就是在挖掘用户的欲望。这就是互联网极致思维中挖掘顾客需求的重要一步，不断地满足客户的欲望，而不是仅仅局限于满足用户的基本需求。

如何挖掘用户深层次的欲望呢？首先，具备一个有解决问题能力的市场是基本前提，这就是前面提到的核心竞争力市场。这个市场能够满足基本的生理和安全需求，例如身体健康市场，当大多数人的基本医疗需求已经可以得到满足时，企业就要往深层次发展。其次，找到影响用户行为的关键信息，获取这些信息的来源就是体验，一般分为直接体验和间接体验。直接体验很容易理解，就是体验自己的产品和服务。而间接体验就是从消费者处获取的反馈，例如消费者的吐槽、评价、留言和异常数据等，这需要大数据技术的支持。比如我们发现病人检查身体的同时还关心养生、饮食、健身，即希望提高身体素质

---

[1] 亚伯拉罕·哈罗德·马斯洛（Abraham Harold Maslow, 1908—1970）是美国社会心理学家，人本主义心理学主要创建者，1943年在论文《人类激励理论》中提出人类由低到高的五种需求：生理需求、安全需求、社交需求、尊重需求和自我实现需求。

和生活质量，由此可以催生出养身、健身房等行业继续发展。而用户更深层次的需求可能是提高社会地位、延长寿命、实现人生价值等。但是，仅仅找到需求是不够的，还需要进一步挖掘用户的痛点。

3）挖掘用户痛点

伴随着互联网思维的广泛传播，"痛点"一词也频繁地出现在大众视野中。那么痛点究竟是什么呢？许多人在家中都遇到过这样一种情况：三线插孔和二线插孔距离太近，无法同时工作，大多数用户都感到很无奈：这是什么愚蠢的设计师设计的？这种感觉就是痛点。根据美国心理学家威廉·詹姆斯[1]的自我认知理论，一个人最初的自我意识一旦受到阻碍，他就会产生一种极其不愉快的感觉，这种感觉就是痛点。比如安全感受到侵犯，或者成就感被破坏，或者价值感得不到满足时，就会具体表现在物质自我、社会自我以及精神自我中。这里参考网上的一种观点：痛点就是让目标用户采取某种行动的最大阻碍。

很多人会把痛点误理解为需求，其实不然，痛点与需求之间应该是小于或等于的关系。需求是以目标为导向的，而痛点来自需求，是以问题为导向的。当你试图实现某个目标（需求）时，你经常会遇到来自四面八方的障碍。不同的产品用于满足不同用户的需求，例如某些手机专注于拍照功能，较好地满足了一些消费者对于拍照的需求。这些需求的背后往往是用户某个方面的痛点或者痒点，这些痛点和痒点可能来自商品的价格、设计、性能、便利性等多个维度。这个痛点的强度越大，改变这个痛点的想法就越强烈，需求也就越强烈。

过去的企业依靠空间和物品的稀缺性，以及用户的转移成本过高，可以利用一个个痛点不断地获得用户。但如今这种方式被互联网淘汰了。为什么在互联网时代要不停地寻找痛点？因为互联网时代用户的需求和行业的变化速度大大加快，过去被所有人"想当然"地认为是痛点的属性，可能很快就不再是痛点，而当大多数企业一窝蜂地聚焦于"曾经的痛点"时，一旦你挖掘出了新的痛点，就可能逆流而上。那么如何发现用户的痛点呢？

首先，必须确定自己的目标市场和自己的核心优势资源。其次，明确用户与产品或者服务发生关系的过程，比如人们要购买火车票，那么订票、取票、

---

[1] 威廉·詹姆斯（William James，1842—1910）被誉为美国心理学之父，是美国机能主义心理学派创始人之一，也是美国最早的实验心理学家，代表作品有《心理学原理》。

坐车等就是发生关系的过程。再次，分解用户使用这款产品或者服务的最终目的，比如"省时、省力以及省心"。再重新组合它们之间的矛盾，痛点就显而易见了。例如春节回家，回家是需求，但不是痛点。坐火车买票难、时间长，这些才是坐火车的痛点。那么坐飞机呢？飞机票贵、去机场太远，这些是坐飞机的痛点。购票系统解决了买票难的问题，用携程等App购买特价机票解决了机票贵的问题，都是解决了用户的痛点，说明不同产品可以对应同一个需求的不同痛点，从而吸引到更多的用户。

在极致思维的影响下，企业为用户考虑得越来越周到，但用户也随之越来越难以满足，那么除了提升核心竞争力、深度挖掘用户需求和痛点，还可以怎么做让产品变得更吸引人呢？

2. 提供无法抗拒的产品——导入差异化的感受

在企业明晰用户的需求和痛点之后，需要提供相应的产品来满足消费者，这些产品就充当起企业与消费者之间的媒介。一方面企业通过产品传递自己的价值，不断引导消费者，让他们养成使用习惯；另一方面，消费者也通过使用产品，了解产品性能，在不同的产品之间进行选择，并引导着企业不断朝着提升用户满意度的方向进行改进。对一个好产品的界定是它不仅可以满足企业赚取利润的目的，同时能以用户为中心，满足用户的某种或多种需求。那么极致思维是如何体现在产品上的呢？

1）给用户带来价值感

极致思维要求企业充分理解客户，深入思考如何设计出让用户无法拒绝的产品。首先需要弄清楚一个问题：用户为什么要选择你的产品？产品的功能、特性、品质、品种与样式，不管是其中的哪一项，只要对消费者有帮助，能够带给他们价值感，就能吸引到消费者。

在经济学中，商品具备着一个重要属性——价值，它代表着商品能够在交换中得到多少信息，通常用货币来衡量商品的价值，也就是平时所说的价格。新古典主义经济学中进一步解释了价值取决于对该物体的需求。而用户的价值感是什么呢？一般认为，价值感就是用户对这个产品的态度。前文说企业需要聚焦于不同行业不同市场，然而，即使在同一市场中，每个个体对于同一产品的价值感都是不一样的。过去，有的客户聚焦于产品的性价比，有的客户关心产品的价格，有的客户希望产品拥有更多的功能等，这都是价值感的体现。

在互联网时代，有一个具有重要意义的改变：一方面，互联网提升了沟通效率，让世界变得透明；另一方面，互联网在带来物质富裕的同时也导致了时间的稀缺。如此一来，在这个时代用户衡量价值的方式就是两个关键词：时间和金钱。衡量产品或服务是否有价值，就要看用户愿不愿意付出时间，或者是否愿意付出金钱。

根据这两个目标，企业开始思考如何带给用户极致的价值。对于关注价格的这一部分用户，企业多以"性价比"一词来形容这类消费者对产品的欲望，他们对产品的基础要求很高，只有在产品性能要求满足他们需求的前提下，才会继续关注产品的价格。作为一家新兴的创业企业，小米公司在市场上的巨大成功不仅在于其成功的营销模式，还在于其产品的极高性价比。再以 iPhone 为例，苹果公司践行极致设计理念，使得用户愿意为产品超出预期的价值付费，这是值得每一个企业去学习的。即便苹果公司使用的材料不是最好的，但是其设计一定充分考虑了用户的习惯，最大限度地方便用户操作，同时赋予产品极致美感。在信息超载的互联网时代，时间已经成为最宝贵的东西，谁能为用户节省时间，让他们在最短的时间内获得最有效的信息，谁就会获胜。简单易懂、操作简单的功能设计已经成为产品设计趋势。知识分享平台知乎也是通过以最便捷的方式为用户提供有价值的信息、极致的内容以及极致的操作体验，获取了大量高黏度用户。

在互联网时代，克莱·舍基[①]用"认知盈余"（Cognitive Surplus）一词来解释用户参与企业活动和众包的动机，包括获取金钱报酬、获得使用价值、获得间接或长远收益、满足个人兴趣爱好、证明个人能力、获取知识，以及获得尊重等。

2）让用户产生优越感

极致思维不仅表现在让用户得到价值，还表现在可以让用户产生优越感，这种优越感说明一个产品向外展示出了极致的价值。这也是一个产品能够持续向外传播的原因，是企业扩大市场、源源不断获得客户的原因。

前面说价值感是人们对一种产品的态度，而优越感的实质则是人们所向往的事物，这种事物所呈现出的巨大差异取决于人们的生活背景和经历表现，这种差异都来源于一个词——"攀比"。心理学指出，人们天生就有攀比的心理，这种攀比心理来源于人们永远无法满足的愿望，由于愿望无法满足导致的挫败感会不断增强。尤其是当个体发现自己与参照个体发生偏差时，会产生一

---

① 克莱·舍基（Clay Shirky，1964—）是一位研究互联网技术的社会和经济影响的美国作家，他提出的"认知盈余"讲述随着在线工具促进了更多的协作，人们该怎样学会更加建设性地利用自由时间也即闲暇，来从事创造性活动，而不仅仅是消费。

种负面情绪。因此，如果产品能让用户感受到乐趣、意义和价值，那么这个产品就足够让用户欣喜了。也就是说，当用户认为别人不如自己时，其存在感就会增强，优越感就会被触发。奥地利心理学家阿尔弗雷德·阿德勒[①]认为，人的总目标是追求"优越性"，是要摆脱自卑感以求得到优越感。他认为人的生命动机来源于追求优越感、摆脱自卑感。比如：有的人会认为别人是愚钝的，自己是聪明的；有的女孩喜欢找条件不如自己的另一个女孩做朋友，其心理动机就是想提升自己的优越感。当人们使用或购买一款能产生优越感的产品，势必区隔开了许多没有这款产品的人，也为企业带来了更多的口碑，以及更多希望拥有它的潜在客户。

人类艰苦奋斗的拼搏精神，推动着人类社会的不断进步。在信息高速传播扩散的互联网时代，微博、Twitter、Facebook等社交平台让人们能够看到那些自己内心向往的生活，例如，世界上最优秀的政治家、科学家、音乐家和艺术家的精彩生活全部映入我们眼帘，刺激着我们敏感却又脆弱的神经。那么在互联网时代如何让用户产生优越感呢？

优越感通常是一种"虚荣"的心理状态，具体可以表现在生理方面（体形、相貌或体力等）、心理方面（智力、知识、技能等）以及其他方面（金钱、财富、权力、地位等），想要优于别人、强于别人。最能体现优越感的商品就是奢侈品，无论在哪个时代，奢侈品都能象征地位、财富。在互联网时代，人们的欲望被不断地挖掘，优越感就成了一个相对概念。随着人们整体素质的提高，金钱的攀比不再是主流，相反，舒适的生活、健康的体魄以及有趣的灵魂成为新的对比对象。企业想要让用户产生优越感，首先要为用户设计便捷的使用环节，让用户不用为了产品的使用方法而烦心，以此给予用户使用产品的优越感；其次要满足用户的个性化心理，借用之前网络上流行的一句话"好看的皮囊千篇一律，有趣的灵魂万里挑一"，在这个产品越来越同质化的时代，消费者越来越容易为喜欢而买单。

3）给用户带来安全感

虽然具有价值感和优越感的产品和服务就足以吸引用户，但想要让顾客成为企业的忠诚用户，就需要让用户沉淀下来，即企业需要给用户带来安全感。

[①] 阿尔弗雷德·阿德勒（Alfred Adler，1870—1937）是奥地利精神病学家，人本主义心理学先驱，著有《自卑与超越》《人性的研究》等著作。

安全感作为一个重要的概念，最早见于弗洛伊德①关于精神分析的理论研究。弗洛伊德假定：当个体所接受到的刺激超过了本身控制和释放能量的界限时，个体就会产生一种创伤感、危险感，伴随这种创伤感、危险感，人会产生焦虑体验。当这些焦虑消失后，安全感就会出现。随后，人本主义心理学家马斯洛根据其需求层次理论，认为生理需求被满足后，人就会产生安全需求。马斯洛指出，安全感是"一种从恐惧和焦虑中脱离出来的信心、安全和自由的感觉，特别是满足一个人现在（和将来）各种需要的感觉"。

通常认为用户对产品的安全感是用户能够接受产品的底线。安全感实际上也是用户对产品的信任感，使消费者在选择产品时能够将原有的顾忌和焦虑降到最低，达到安心的效果。例如，顺丰速递带给消费者的安全感就是保证包裹能够以最快的速度安全到达目的地；微信的安全感就是给予消费者一个相对封闭的社交环境，充分表达自我而不会被铺天盖地的垃圾广告打扰，等等。

如何创造出产品的安全感呢？首先，有安全感的产品定位要能被用户预测和控制。用户对产品有掌控感以及操作符合预期时，才有可能获得安全感。当人对事物缺少了解时，就会产生慌乱、犹疑，即因未知而产生恐惧，这也正好符合马斯洛对于安全感的解释：安全感来源于掌控和信心。其次，有安全感的产品需要表现出专业性。"因为专业，所以信赖"，这句广告语早已被大众熟知。如果企业能够在产品设计上针对用户的需求和痛点表现出专业性，将进一步增强用户的安全感。

极致的产品能够给用户带来价值感、优越感和安全感。那么极致的服务能带给用户什么呢？

3. 超越欲罢不能的服务——带来震撼的附加值

美国营销学家帕拉休拉曼（A.Parasuraman）、赞瑟姆（Valarie A. Zeithamal）和贝利（Leonard L.Berry）于1985年提出了服务质量差距模型（Servqual Model）：Servqual分数＝实际感受分数－期望分数。同时，他们提出用户期望是优质服务的先决条件，优质服务的关键就是要超越用户的期望。服务质量差距模型将服务质量分为五个维度：有形设施（服务设施、员工整齐的服装）、可靠性（准确地履行服务承诺的能力）、响应性（帮助顾客并迅速提高服务水平的意愿）、保障性（员工的礼节性基础服务和知识）和情感投入

---

① 西格蒙德·弗洛伊德(Sigmund Freud, 1856—1939)是奥地利精神病医师、心理学家、精神分析学派创始人。他开创了潜意识研究的新领域，促进了动力心理学、人格心理学和变态心理学的发展，他于1899年出版的《梦的解析》被认为是精神分析心理学开端。

（个性化服务）。

在竞争异常激烈的互联网时代，有形设施和保障性似乎已是企业的必备要素。因此企业想要获得竞争优势，就需要在可靠性、响应性和情感投入上花费更多的心思。第一，基于可靠性给用户带来意料之外的惊喜；第二，在响应性上让用户感受变化；第三，在个性化服务上讲究微服务创新。

1）意料之外的惊喜

有研究人员做过一个有趣的实验，每天固定给猴群中的每只猴子3根香蕉。当偶尔一天给每只猴子5根香蕉时，猴子们都会变得兴高采烈。有一次，实验人员给了每只猴子10根香蕉，随后再从猴子手中收回2根香蕉。虽然猴子们实际获得的香蕉数量超过以往任何一次，但是它们并没有表现得兴高采烈，反而是对于实验人员拿走它们手里的2根香蕉感到非常愤怒，并且由此所产生的激动情绪在几个小时后仍不能平复。人类与猴子相比，能够更理性、合理地控制自己的情绪。诺贝尔经济学奖获得者丹尼尔·卡纳曼[1]提出的"预期理论"表明人们失去100元钱损失的效用比得到100元钱增加的效用要大得多。其中，边际效益递减规律揭示了为什么消费者购买商品越多，商品价格越低，但消费者得到的效用反而越少，这也解释了为什么需要通过商品更新换代来促进消费。

这是人性中一个有趣的特点，却往往不为人所注意，这也能解释为什么很多企业投入了大量的人力、财力和物力在市场营销活动中，却仍然不能达到满意的效果。根据消费者行为学的解释，人们在购买行为中对产品服务的认知会存在一个阈值，而这个阈值会随着商家对产品或者服务的承诺而发生变化。

案例：极致服务——海底捞的核心竞争力

关于海底捞，你听过哪些故事？据说有客人想把吃剩的切片西瓜打包带走，海底捞的服务员说切好的西瓜不能带走，并提过来一个完整的西瓜说："但是没切的西瓜可以带走。"另一个故事是海底捞服务员看见一位顾客来吃饭，就抱了一个玩偶放在她对面的座位上，说是可以让顾客看起来不那么孤单。很多人在微博上回复表示，海底捞员工恨不得直接帮你付钱了。

---

[1] 丹尼尔·卡纳曼（Daniel Kahneman，1934—）是美国普林斯顿大学心理学和公共事务教授，专注于实验科学和行为决策，提出"预期理论"，并于2002年获得诺贝尔经济学奖。

海底捞除了拥有四个大型现代物流配送基地外，还有自建的原材料生产基地，采用最好的食材。海底捞还拥有"家"的企业文化以及人性化的管理晋升制度。这些基础的有形设施（舒适优雅的就餐环境）和保障性服务（员工必须微笑）带来了海底捞服务的升华，使他们的员工乐于主动服务，并创新服务、深度服务。

就餐前有停车、擦车服务；排队时有美甲、陪玩、打扑克、送点心服务；就餐中，每桌都有一位服务员提供无微不至的服务，细致到下菜、剥虾壳等；洗手间甚至有专人负责递纸巾。这些服务使消费者对海底捞产生了有意思、有特色的印象，提升了消费者的忠诚度，更能够宣传品牌；在深层次的心理层面提升了顾客的感知效用。由于海底捞创新服务很多，所以这些惊喜并不是常态服务。但正是这些不时出现的惊喜和感动为海底捞带来了稳定的消费者群体。

举例来说，当商家对消费者做出高承诺，并且这种承诺超过了现实情况时，即企业不能完全兑现承诺，就会造成消费者的失望，而这种失望带来的后果便是消费者离开该品牌，而这种离开与因为有替代商品竞争或特殊原因造成的暂时性离开不同，这种失望后的离开意味着消费者有80%的可能性不会再回头；而当商家宣传的承诺能够兑现时，则会赢得消费者的满意。满足消费者的需求是大多数产品和服务都能做到的，但是在消费者主权时代，简单地满足消费者功能性的需求是无法赢得市场的，只有当企业能够提供超出消费者预期、带给消费者"意外"、"物超所值"的产品和服务时，才能真正留住消费者。

额外的惊喜对于新用户来说就是吸引力，而对于老用户来说则能提升他们对于企业的忠诚度。那么如何给用户带来额外的惊喜呢？从心理学和实践来看，可以从两方面给用户带来惊喜：第一，降低用户的心理预期，让客户主动降低预期值，只对用户的产品或服务做出最低限度的保证，然后充分履行承诺。第二，提升用户的感知效用，让客户感到惊喜，也就是前面所说的给消费者额外的利益，打破消费者原有的心理平衡。第三，时不时带给用户惊喜，这种惊喜事件不能发生得太频繁，否则就会变成常态服务。从长远来看，只有持续为顾客创造惊喜的企业才是卓越的，例如海底捞总是以令人惊喜的细节服务不断吸引客户。只有这样的企业才能聚集大量具有高忠诚度的顾客追随，迅速发展壮大。

2）让用户感受到变化

前文提到现代工匠精神需要创新，创新的作用有两点：一是促进企业和个人更好地发展，二是让用户感受到变化。没有哪一种产品和服务能够保持一成不变，改变需要创造，更需要被发现。著名管理大师肯·布兰佳在《极致服务》一书中说极致服务"就是企业通过一系列举措，令顾客感觉到备受关心，以此来实现极致服务"。所以，要大胆地让顾客去感受企业为了提供极致服务而努力做出的变化。

一系列新的商业模式随着互联网发展不断涌现，如今，企业争夺用户流量的方式已经转变成为线上、线下结合，企业不仅会在线上争夺用户流量，同时，在线下也会利用"体验"来争夺客户。线下获取用户的一个关键词就是"体验"，在商业模式中正被越来越多地提及，从最初在客户消费过程中提供单一的服务体验，发展到现在为用户提供一体化的、完整的、交互体验过程。从消费者的角度看，用户体验中感受变化的过程可以分解为概念、知觉、判断力和想象力。如何让用户感受到变化？例如从概念角度来说，就是要降低用户的认知难度，"淘宝"这个概念就降低了用户的认知难度，从而让消费者记住了"淘宝"。再如知觉，当你走在大街上，一阵风吹来令人垂涎欲滴的烤肉香，这个香味就成功调动了你的嗅觉，从而让你潜意识地认为这烤肉一定很美味，很可能就会循着味道找到这家烤肉店。餐饮行业可以通过加快上菜速度，让用户感受到等菜时间的变化来提高服务水平。

"体验"模式的改变表现在多个层面，包括营销活动、商业模式等。例如家居行业开启了新的购物模式，以线上、线下互动的模式帮助厂商从传统的"以产订销"模式转变为"订单销售"模式，同时配以线下家居体验馆让客户感受到变化，这就是"线上消费线下体验"模式的基础。同样，如阿里巴巴开设的无人超市，也在用户体验上做出了改变，使用户能够感受到无人超市相比于传统超市带来的变化。

3）微服务创新

前面提到了创新能够让用户感受到变化，改变用户知觉是其中的一个重要环节。在此基础上我们提出微服务创新，这和前文介绍的给用户带来意料之外的惊喜有什么不同呢？

在重视服务的企业之间，并没有太多的技术壁垒。服务细节决定着服务水平的高低，往往可以通过衡量其服务能否留住客户，来判断一个企业是否能在激烈的市场竞争中立于不败之地。三只松鼠是一个完全基于互联网诞生的零食品牌，在和客户的互动中提供了新颖别致的服务体验，从而在与竞争对手的厮杀中脱颖而出。从产品本身来看，三只松鼠和其他零食品牌并无太大差别，但是其服务的细节等软性竞争力使得其口碑飙升，成为出色的互联网零食品牌。

意料之外的惊喜强调的是产品或服务超出用户预期，而微服务创新更注重服务细节，这类细节更加强调服务的态度，要让用户能够感受到服务的用心程度。一般情况下，用户不会特别在意产品或者基础服务之间的差距，因为这些基础部分在实际中往往差距并不大，用户真正关心的是企业是否用心地为他们服务，通常就是依据微服务中的细节来衡量企业是否用心。

3.2.3 极致思维的价值

在互联网时代，稀缺的是用户的注意力，因为产品的差异已经变得很小了，一旦找到用户的痛点，就要在这一点上做到极致，给用户最好的体验并超出其预期，让用户对产品产生离不开、舍不得、放不下的情愫。在互联网时代，产品已是企业发展的第一驱动力，企业如果没有高品质的产品，单纯依靠噱头炒作吸引眼球的销售方式，最终只能是自取其辱，因为消极传播的力量远远超出积极传播的力量。雷军曾经说过："我过去20年都在跟微软学习，强调营销，其实好公司不需要营销，好的产品才是最大的营销。"

当你的产品或服务做到极致时，就会产生品牌溢价。2012年8月，苹果公司处在最高峰时，仅凭一款产品iPhone，就实现了市值相当于微软、谷歌、Facebook和亚马逊这四家科技公司的市值总和。iPhone每年只发布一款，相当于苹果公司每年只靠研发一款手机就打败了四家顶级科技公司。极致是互联网产品的核心，只有做到极致才超越用户的预期，形成口碑效应，给后期推广带来极大的便利。

案例：极致思维的价值——Apple Park

Apple Park是苹果公司总部，位于美国加利福尼亚州库比蒂诺市。其环形的外表很像一艘宇宙飞船，十分壮观。Apple Park建设耗时8年之久，占地面积26万平方米，采用智能控制系统来管控其内部环境。

让我们看看Apple Park是如何做到极致：这款产品首先是极致的大，埃菲尔铁塔都可以在里面翻跟头，而为了建好这个极致的圆形建筑，建筑商专门制作了872块精确度达0.88毫米的巨型曲面玻璃，远低于行业平均值3毫米，这些玻璃需要14小时才能烧制完成。园区内种植了超过9000棵树木，并使用循环水来浇灌植物，高达80%的植被覆盖率使Apple Park成为世界上"最绿色的建筑"之一。在内部设施方面也把乔布斯的极致要求体现得淋漓尽致，门把手必须融合门框内，材料还要和MacBook Pro铝合金质感相同，门槛内外地面必须衔接，不能有突起或者分割。这样做到极致的细节还有很多，如耗资7000万美元建成的健身中心、可以升降的白橡树木办公桌、5500平方米的员工餐厅、拥有59个天窗的超大咖啡馆。

有人会问，苹果花费重金打造总部，除了满足虚荣心和夸张的极致还有什么用？环型主楼采用创新的建筑结构实现自然通风，一年中9个月的时间无须使用空调，极大地减少了能源消耗。整座大楼的顶部铺设了光伏发电系统，每天产生的电量能在高峰时期提供75%的用电量。门槛平滑的衔接以及大面积的绿化是为了避免打断苹果公司的工程师们的灵感，使他们保持良好的状态。所有这些极致的设计，就是为了让员工对苹果公司产生强烈的归属感。员工在这样舒适优雅的环境中工作，能产生更多更好的创意和灵感，为公司创造更多的价值。

3.2.4 极致而非极端

与工匠精神相比，极致思维更深入，但是在发散的同时也更容易走向偏激。前文中提到企业想要有极致的发展，就要有独特的差异化定位，投入资源，快速获得市场反馈，同时要了解竞争对手，把握行业态势及用户核心需求。虽然极致并非极端，但从实践来看，有的企业能够做到极致，而有的企业却在极端的道路上越走越远。

《现代汉语词典》中这样解释"极端"："事物顺着某个方向达到的顶点。""某个方向"并没有明确是什么方向，可以设想，如果这个方向是错误的，那么所到达的极端的"顶点"反而变成了预期的反面，或是原本是好的初衷，最后却造成了坏的结果。从词语意义的角度看，"极致"与"极端"既相似又相反，相似体现在极端是极致的一种表现形式，相反则体现在极端是方向错误的极致，在一定条件下，两者可以相互转换。

极致和极端有两个方面的不同。一方面，极致追求的是一种意境上的享受，它是开放的，是海纳百川的欣赏与包容，是与外界和谐相处的美丽的风景。而极端则正好相反。极端是闭塞的，是极度自我的苛刻与计较。另一方面，极致多集中于细节，把每一个值得锤炼的地方都打磨得尽善尽美。极端则不同，人们常说："看问题要全面，不要走极端。"这里的意思就是要考虑到每一个值得挖掘的细节，从而更好地满足消费者。

1. 包容开放

极致思维更多强调的是热情的服务态度和极致的用户体验，并未抛弃创新精神。极致思维认为不能总是循规蹈矩地做事，在追寻极致的同时思维要开放，这也是其不同于极端思维的一个重要方面。极致思维讲究的是立足于实际，用追求极致的态度、创新的理念和包容的态度，带来极致的产品、体验和满足感。

而极端的思想通常可以理解为偏激的思想。虽然知道目前选择的方式或方法对于解决问题不是最合适的，但他们宁愿一条道走到黑，也不愿意想想别的办法或者包容其他人的思想。

2. 考虑细节

想要达到极致而非极端的效果就要考虑细节，完善的细节能给用户带来更好的体验，这是因为要做好细节本身就需要尽可能细致周到地考虑到产品开发和使用过程中相关的人和事，从他们的角度审视产品设计。

例如，为什么要让用户在创建密码的时候浪费那么多时间呢？现在很多网站都会让用户创建较为复杂的密码。安全固然重要，但是开发者就不能设计出一个比大小写混合加数字及符号更好的解决方案么？当客户发出这种疑问时，也就表明企业没有很好地从客户角度出发设计方案。史蒂夫·乔布斯说过，减少苹果电脑的开机时间就是节约用户生命，即使只节约10秒钟，对于数以百万计的用户每天开机数次的操作来说，就是节省了很多用户的生命。另外一个考虑细节的设计就是"记住我"功能。曾经有很多开发者抱怨需要密切关注设计的细节、完善用户界面、优化编辑内容，然而只要能够让系统记住用户重复使用的设置，并帮助用户快速处理就可以达到良好的使用体验了。

案例：喜家德的简约极致

为什么选择喜家德的案例来介绍简约思维和极致思维？首先，喜家德属于餐饮行业，它需要同时满足客户的产品需求以及照顾客户的服务需求。其次，喜家德二十年来稳步发展，在全国已开设了超过700家门店，成为中国现包水饺领导品牌。最后，喜家德发展跨越时间较长，并不是一开始就具有简约思维和极致思维，也是一步步从无到有逐渐实现的。因此这里希望通过喜家德的案例来进一步说明简约思维和极致思维的应用。

1. 极致的市场定位

喜家德于2002年创办于黑龙江省鹤岗市，始终秉持着良心品质、尊重标准以及创新学习的核心价值观，从品质到标准再到创新体现出了在互联网时代的新工匠精神。

首先从喜家德的定位开始分析。喜家德并没有盲目地加入中式快餐这个较为大众的细分市场，而是聚焦于更加细分的营养简餐市场，并提供了与定位相匹配的舒适干净的就餐环境。同时，喜家德在2006年之后意识到我国的中产阶层逐渐兴起以及消费者个性化需求的出现，因此，其门店开始集中于CBD（中央商业区）、Shopping Mall（购物中心）、商业街等区域，可以说是实现了极致的市场定位。同时，配以中国传统文化为底蕴的品牌形象，抛弃了原有的洋快餐形象，进一步增强了用户对品牌的认同感。

2. 品类简约+产品极致

喜家德刚成立时，提供的水饺种类十分丰富，但在品牌升级后，反而将种类削减至5种。喜家德最终明确聚焦了三款特色产品：日销万盘的"素三鲜"饺子、鲜香不腻的"喜三鲜"饺子，以及由整只鲜虾包制而成的"鲜虾馅"饺子。三鲜水饺是北方水饺中大众熟知的品种，而虾是较高档次的水饺食材，并以鲜美著称，二者的结合，使得这个品类对于消费者而言既熟悉又有高档感，加上宣传推广，极易与消费者形成共鸣，热销属于意料之中，这不仅实现了品类简约，还将产品打磨到极致，原材料浪费和出错率降到最低。

3. 流程简约

2007年，喜家德建立了第一个中央厨房，正式形成集约化、标准化的操作模式。只有经过换装、风淋除尘、手部及靴鞋消毒等多道必须环节的工作人员才能进入中央厨房。中央厨房每天制作当日所需馅料，凌晨3点上班，7点开始配送，9点保证到店。每个加工环节都有明确严谨的工艺流程和加工标准，细化到温度、时间、先后顺序等环节，层层严格把关，确保馅料和其他食材的品质安全和一致性。例如喜家德虾仁水饺在处理食材的环节是这样的：虾仁经过工作人员手工3次挑选，挑个头、去虾壳、除虾线，确保虾仁均匀饱满、品质稳定。所有蔬菜在加工时必须用刀切除根部1~2厘米，以避免根部入馅影响口感。经过3洗3控的韭菜根据口感需求全部切割至4~8毫米长的精细颗粒，再经过三次脱水处理，这样既能保证食用时的口感，避免塞牙，又能有效锁住食材营养成分。这些加工流程完全是标准化的运作方式，例如和面有用水标准、用盐标准、时间标准和温度标准。此外，喜家德的厨房里配有三个水龙头的定制水槽，分别对应三种水温和水质，在清洗蔬菜和馅料的不同环节中对应使用。还有煮饺子的炉具，每一口锅都对应一种口味的饺子，且自带定时功能，精确到秒。有了设备的技术加持，每个饺子的烹调都更加细节化，一方面实现了流程简约，另一方面也给用户带来了极致的产品体验。

4. 极致服务

喜家德在产品创新上多方面体现了追求极致的思维：首先，饺子形状创新性地改为"一字型"，有效解决了用筷子不易夹取饺子的问题，同时便于顾客直观地看到饺子馅料。其次，在面皮形状上创新性地改成"草帽状"，将原来需要6杖半擀皮缩短为4杖擀皮，极大地提高了擀面皮的效率。再次，喜家德不再使用传统煮锅，而是采用申请了专利的专业煮锅，煮饺子的时间比一般锅要快2分钟，保证顾客等待的时间最短。最后，为了避免顾客吃完饺子后，嘴留余"香"，喜家德还贴心地为顾客准备了口香糖。

总结来说，喜家德餐厅之所以能在快餐市场中占有一席之地，光是依靠上述简约的品类、标准化的产品、极致的定位服务以及大胆的创新是不够的，更多是依靠其独具匠心的企业文化以及对饺子精益求精的态度，这也是为什么饺子易模仿，而"喜家德"品牌不易被模仿。

参考文献

[1] 肖群忠,刘永春.工匠精神及其当代价值[J].湖南社会科学,2015(6)：6-10.

[2] 孙清华.西方国家的工匠精神及其当代传承[J].思想教育研究,2016(10)：41-44.

[3] 张培培.互联网时代工匠精神回归的内在逻辑[J].浙江社会科学,2017(1)：75-81.

[4] 韩一丹,黄健.在互联网时代寻回工匠精神[J].杭州：生活品质,2015(10)：23-25.

[5] 盖·兰道尔.创客时代——3D打印、机器人技术、新材料和新能源的未来[M].北京：机械工业出版社,2015.

[6] 曹祎遐.创新：工匠精神的延伸[J].学习月刊,2016(9)：1.

[7] 陈洁.互联网时代,为什么我们还要谈工匠精神?[EB/OL].(2017-01-03) http://jiaju.sina.com.cn/news/20170103/6221885434646299252.shtml

[8] 老美.产品的核心竞争力到底是个啥?[EB/OL].(2016-01-08) http://www.woshipm.com/pd/264315.html.

［9］Nario. 一张图教你发现用户的痛点［EB/OL］.（2015-08-19）http://www.woshipm.com/pmd/191214.html.

［10］混沌学院. 车和家CEO李想：想要产品不死，得先满足这三个衡量标准［EB/OL］.（2017-05-29）http://36kr.com/p/5077670.html.

［11］董洁林，陈娟. 互联网时代制造商如何重塑与用户的关系——基于小米商业模式的案例研究［J］. 中国软科学，2015(8)：22-33.

［12］伊卜生. 是什么决定了你的产品价值［EB/OL］.（2016-05-10）http://www.woshipm.com/operate/333730.html.

［13］PARASURAMAN A, ZEITHAML V A, BERRY L L. A conceptual model of service quality and its implications for future research［J］. Journal of Marketing，1985，49(4)：41-50.

［14］史光起. 如何为你的顾客创造"惊喜"?［EB/OL］.（2011-05-18）http://www.chinavalue.net/Management/Article/2011-5-18/195161.html.

［15］肯·布兰佳. 极致服务：如何创造不可思议的客户体验. 北京：中国人民大学出版社，2015.

［16］更好时代. 三分钟带你看透用户认知到底是个什么东西［EB/OL］.（2017-03-20）https://www.douban.com/note/611835079/.

［17］郑刚，郑青青. 三只松鼠：如何凭借创新异军突起?［J］. 清华管理评论，2017(6)：106-112.

［18］奚欣华. 日本国民思维：极致还是极端［J］. 学术界，2014(5)：128-140.

［19］吕值. 喜家德：15年攻占50多个城市，开出420多家门店［EB/OL］.（2017-03-01）https://www.sohu.com/a/127559769_111268.

第 4 章 流量思维

互联网时代，网红经济、粉丝效应、分享经济、长尾理论等各类新型经济现象层出不穷，纵观其根本，无一不是依靠庞大的流量支撑。网红需要依靠粉丝数量的支撑，产品效应以顾客背书为基础，分享经济项目的寿命需要巨额流量的引入才能得以延长，同时长尾需要借助众多冷门小众的沉淀才能超越前面的头部市场。更有许多互联网企业凭借各自超高的流量红利赚得盆满钵满，Hao123是一家拥有庞大用户基础的互联网导航公司，它赚取了高额的广告费用；papi酱和罗振宇等人凭其极具人气的内容创业收获千万投资；滴滴在和快车、Uber等打车软件的烧钱赚流量的较量中成功杀出一条血路；腾讯和阿里巴巴分别依靠QQ和淘宝的群众基础发展成为如今难以复制的社交王国和电商王国。在今天愈加纷繁复杂的商业环境里，无论是什么行业什么产品，争取尽可能多的用户的关注和好感成了企业生存和发展的必需。而流量思维就是这样一种关于认识流量（用户行为和消费环境的改变）、获取流量（吸引用户注意力）、变现流量的方法和能力的思维。很多关于互联网思维的著作都将流量思维作为互联网思维的重要组成部分，将企业对流量的追求上升到一种思维的高度，由此可见流量的重要性。

4.1 认识流量

流量是什么？为什么它在当今的商业环境中如此重要？认识流量，不仅是认识流量的本质和表现，更要认识全新的商业逻辑。以创业为例，以前的创业思路是定项目—拉融资—做产品—卖出去，无论前三个阶段完成得多出色，如果最终没有足够的流量（用户）去消费，项目也会被认为是失败的。如今的创业思路将最后一步调转到开头，率先完成流量的获取和经营，以此作为融资和变现的基础。譬如大众熟知的小米公司，当初其第一款爆红产品小米手机1问世之前，先是开发出MIUI系统和米聊软件，在论坛上收获一大批精准流量并利用互联网的低成本施以"穷养",为次年第一款产品的问世集聚了大批"发烧友",不仅预先获取了一部分流量,甚至无意中做了流量的分层,将核心流量牢牢抓在手中,打好了流量变现和口碑传播的基础。从小米公司以及其他很多互联网企业身上都可以发现,玩转流量已经逐渐成为互联网时代应对激烈竞争的必胜法宝。

4.1.1 流量思维的内涵

1. 定义

互联网时代的流量就是指所定位的顾客,只是在不同的渠道空间内呈现出不同的计量形式。2016年春,戏称"集才华与美貌于一身"的女子papi酱凭借其短视频自媒体突然蹿红,并在不久后获得1200万元的投资。对此现象,逻辑思维的创始人罗振宇颇有感触:"我花了3年多时间,才实现粉丝积累到600万,papi酱仅花了4个月时间便实现粉丝1000万。我们团队上百人,一年收入2亿余元,现在估值13亿元。你只有一个人,还什么也没开始卖呢,就已经估值3亿元。你叫叔怎么能睡得着?"是的,papi酱的3亿元估值并非毫无依据,浅显地说,估值3亿元的依据并不是她的才华,也不是她的商业计划书,更不是什么过硬的产品,而是那1000万个粉丝造就了这种让人惊叹的"papi酱现象"。1000万人对于中国这个人口大国来说并不算多,但在互联网如此发达的时代,1000万人就意味着1000万个自媒体,每一个个体都有可能爆发出惊人的传播实力,由此反映出papi酱所具有的超高的商业价值。对网红来说,粉丝的数量决定了他们的人气;对App来说,用户下载量决定了其价值;对网页来说,用户访问次数、点击量等决定了其广告业务发展的盛衰;对一些互联网产品来说,注册用户数、活跃用户数等决定了企业的估值和发展⋯⋯这些粉丝数、点击量、下载量、注册数、访问次数等,就是线上渠道体现出的流量。

实际上,流量并不是互联网时代的产物,更不是互联网企业的专属,传统企业对流量的追求早已有之。大街上派发的传单、电视上播放的广告、网页旁蹦出的商品信息,这些都是商家为了吸引更多顾客、提高进店率、获取流量和成交量所采取的措施,线下渠道的流量可以通过进店率、试用量、排队人数等数据来体现。

2. 本质

流量的本质不是一成不变的,而是随着互联网的发展和行业竞争的加剧在不断变化。对于流量圈有一个很形象的比喻:如果将互联网比作池塘,流量就是池塘里的水，企业是生活在水里的鱼。在互联网商业环境形成之初，互联网这个池塘里的鱼数量还很少，但每时每刻都有水源源不断地从闸口流入池塘。这个阶段一般只要在线上投放个广告，就会吸引大批的新用户，早年很多企业就是依靠在百度搜索里投放广告而发展壮大的，当时的流量就是用户的关注。只要用户多下载一个App，多订阅一个公众号，多点击一个商品网页，这些来自用户的关注对企业而言都是潜在的财富指标。

随着互联网的深入发展，人们愿意花费大量的时间在互联网上生活、工作和消遣，与此同时，各行各业在互联网上抢夺流量的竞争日益激烈。随着互联网商业环境日益成熟，消费者数量也逐渐趋于稳定，这意味着池塘的进水口不再有新的水流入，而池塘里的鱼却越来越多，比如微信公众号的注册量在2015年就已超过1000万个。互联网的体量虽然无限，但用户的时间是有限的，每个人一天只有24个小时，上网的时间更有限，再加上直播、视频、游戏等耗时量大的"流量杀手"存在，可以分配给其他企业的时间少之又少。在这种形势下，一部分以微信公众号、新闻客户端为首的内容服务商发现，流量的本质已演化为对用户时间的抢夺。那些能吸引用户更高频次地使用和更多关注时间的企业，往往会被认为在商场上会有不凡的表现。

3. 意义

流量与成交量之间有着千丝万缕的联系，足够多的流量是足够多的成交量的必要不充分条件。流量作为潜在客户数量的刻画尺度，不可避免地影响着产品的交易量。企业或产品的流量越多，意味着潜在客户越多，所能达成的成交量可能也越多。2010—2012年是互联网流量红利当头的黄金时间，赶上这个红利期的淘宝店都赚了不少。例如韩都衣舍，作为一家产研销一体的女性服装企业，从2008年开始在淘宝上销售女装，2013年便实现了销售额超过10亿元；同样是服装品牌的茵曼在2010—2013年四年间，销售业绩从7000万元增长到11.2亿元，实现了近15倍的增长佳绩。如果没有互联网助力下的低成本、大批量的流量导入，这些从零起步的企业恐怕难以实现这样的逆袭。

电商对实体店的打击实际上是线上流量对线下流量实力碾压的一种表现形式。位于最繁华的街角的店铺，一天内的到店流量至多几百上千，但淘宝上的一个店铺，以韩都衣舍为例，每天的点击率都可达到5000左右，若是联合商家做营销活动，点击数可达10万。2014年"双十一"期间，韩都衣舍的天猫旗舰店每日访客超过1800万人，浏览量突破9000万人次，在"双十一"当天，韩都衣舍第一分钟的销售额就突破了千万元。互联网跨越时空的限制将地球村连成了一片，将流量的价值推向了新高度，流量不再局限于店铺附近的人口数量、店面的大小和有限的营业时间，只要操作得当，全世界的顾客都可以随时"到店浏览"，于是"大流量"成为线下实体业无法比拟的痛点。

流量是如今互联网企业重要的估值指标。近年来众多风投机构将目光聚集于移动互联网、线下O2O、大数据以及各种便民的社交、生活类应用上，现有注册用户数、活跃用户数、用户访问频率，以及产品将来对流量的吸引力在一定程度上直接反映了投资项目的价值。papi酱虽然没有任何产品和赢利，但依然可以凭借吸引了1000万粉丝成功获得1200万元融资；新美大（合并后的美团网和大众点评网）凭借已有的强势流量基础轻轻松松获得33亿美元融资，并估值180亿美元；分众传媒凭借在120多个城市拥有的150万块电梯海报和23万台电梯电视，让5亿人次城市主流人群的日均到达变现成市值千亿元的中国传媒第一A股。凭借强大的引流能力，众多企业获得了可观的融资额度。

越多的流量意味着越大的赢利空间。在竞争激烈的环境中，企业能够获得的用户关注量越多，占据用户的时间越多，不仅能提高企业自身的溢价能力，同时能够极大地推动企业的业务发展。假设一个拥有100万注册会员的社交平台做广告推送服务，每个会员每天登录两次，每登录一次推送一次广告，每推送一次获得广告商1分钱的酬劳，一个月的广告收入大概就是30×0.01×2×100=60万元。要知道，淘宝的注册用户数在2012年就达到了8亿，百度移动搜索的月活跃用户数达到了6.65亿，微信的月活跃用户数达到了12.68亿[1]。这些拥有海量流量资源的商业帝国就算不计其他商业运作的收入，单是推送广告这一项业务就足以获得可观的利润。

4.1.2 流量成长的烦恼

1. 网络市场换代，流量红利不再

2011年时，中国的网民增速为12.2%，到了2016年，虽然网民规模达7.31亿，但增幅仅为6.2%，互联网用户增速几乎减半。来自CNNIC（中国互联网络信息中心）的报告显示，2016年手机网民规模6.95亿，增幅为12.1%，但相较于2013年19.05%的增幅，可以看出移动互联网的流量红利正在随着时间的推移逐渐消退。

流量红利的消失，意味着互联网市场整体由增量市场向存量市场转变。当

---

[1] 来源于腾讯公司公布的2021年度业绩报告。

互联网还处于增量市场阶段时，市场中的每个企业都能在不挤占原有市场主体利益的前提下轻而易举地获取流量，实现良好的自然增长；但到了存量市场阶段，流量的马太效应凸显，此消彼长、你死我活、弱肉强食成为这个市场竞争的主要特征，从而出现移动端挤压PC端、市场主体间相互挤占市场份额的局面。在这个阶段，企业从流量处可以获得的机会和空间越来越少。一些依托天猫崛起的淘品牌（在原淘宝商城平台上起步的网络原创品牌）的浮沉一生就是流量经济更迭的典型代表。除了电商生态，其他以流量为生的企业也面临同样的困境，特别是以内容资讯为主的互联网企业，不仅各内容平台的流量少了不少，还被视频、直播、游戏等应用抢占了很多用户时间。

材料：互联网手机从增量到存量的转型之路

随着流量红利消失，市场增速放缓、竞争加剧，一些小的手机品牌纷纷面临生死大考。通信专家麦浩超指出，2014年前中国约有500个智能手机品牌，2015年年底减少至约100个，而到2016年年底，市场上常见的互联网手机品牌已不到20个。

被逼洗牌、转型求存

手机市场的需求持续上升让众多通信企业以及互联网企业嗅到其中的商机，小米率先爆发，成为互联网手机品牌的典范，随后华为旗下品牌荣耀、中兴旗下品牌努比亚、酷派独立品牌大神，还有一加、美图等品牌都采用相似的模式开发和营销：开发ROM（用户界面）、电商销售为主的线上渠道、粉丝经营为主的营销手法。

随着智能手机市场的逐渐饱和，同质化产品层出不穷，虚假宣传随处可见，过度营销持续泛滥，这些问题在互联网手机市场上已经成为常态。大可乐、小辣椒等曾经吸引眼球的品牌已逐渐淡出人们的视野。手机中国联盟秘书长王艳辉表示，中国智能手机市场依靠增量拉动业绩的日子已经结束，能在激烈竞争中存活下来的手机品牌寥寥无几，互联网手机正进入大洗牌阶段。

回归线下，挑战加剧

在电商发展一片大好的时候，一些行业巨头纷纷宣布布局线下，加快线上、线下融合。小米线下渠道疯狂扩张、京东百万便利店计划等都是将线下流量作为战略布局重点。凭借线下渠道打开市场的OPPO、vivo手机品牌跻身中国市场前五，进一步印证了线下渠道的重要性，互联网手机品牌也不能再依靠单一的线上渠道。线下渠道受众相比于线上结构更加复杂，需求更具有多样性。互联网品牌在线下布局不仅是对渠道的探索，也是对如何推出更好地满足消费者喜好的产品的探索。因此，回归线上，更多的是挑战。

市场扩张、进军海外

中国市场竞争的白热化使得一些大的手机厂商开始开拓海外市场，华为凭借实施多年的全球化战略，将荣耀手机卖到了全球74个国家和地区，并依靠其强大的国际市场营销能力和多年来开拓的国际渠道，不断扩大市场份额，打开了欧美市场。小米在2017年1月推出的红米note4成为"印度销量最高的智能手机"，单月销量突破400万台，使得印度成为小米最大的海外市场。

2. 企业竞争加剧，强者态势显著

随着中国互联网的快速发展，互联网企业竞争又出现了两种新形态：拉新补贴和收购兼并。

拉新补贴已然成为众多企业竞争蓝海、抢占市场的重要手段。两强一旦相争便会陷入价格补贴的竞争胶着状态，竞争越激烈也代表着补贴最猛烈。去哪儿曾花费30亿元抢占市场份额，滴滴在整合快的和Uber前，两度开启"烧钱大战"；而饿了么并入阿里巴巴后，与美团的双雄对决仍在继续。有别于传统企业所采用的电视广告轰炸、地面传单乱发的线下竞争方式，互联网将企业间各种价格战、补贴战、免费战等竞争形式推向了范围更广、效果更好的高潮。

对于互联网巨头来说，收购兼并已经成为企业开拓流量、扩张业务的主要方式。一方面，互联网巨头占据了绝对的资本优势，有能力完成各种收购。同时，互联网巨头们拥有巨大的网络市场规模，例如腾讯、阿里巴巴、百度和字节跳动四大巨头已经占据了中国移动互联网77%的使用时长。[1]另一方面，像共享单车、网约车、外卖等以价格补贴方式发展壮大的互联网行业，若没有一个强有力的一线企业依靠，业务的拓展很难持续下去。在这种"你情我愿"的情况下，并购不断发生，随着后续整合的推进，互联网巨头顺利实现收购兼并。

---

[1] 数据来源于玛丽·米克尔（Mary Meeker）发布的2017年互联网趋势报告（Internet Trends Report）。

材料：学成文武艺，卖给BAT

BAT分别是百度（Baidu）、阿里巴巴（Alibaba）、腾讯（Tencent）三大互联网企业首字母的缩写。作为如今中国互联网行业中的三大巨头，BAT分别掌握着信息、交易和社交三大类型的数据，然后利用资本优势不断兼并后起之秀。

BAT投资不断

投资成为互联网巨头扩张和进入新领域的有效方式。BAT充足的现金流使得其布局多样化流量入口成为可能，同时，被并购的企业可以借此提升品牌影响力。过去的几年中，BAT三家巨头已经投资了几百家企业，追溯其投资脉络，整个互联网市场中的很多企业背后都能看到BAT的身影。他们的投资领域覆盖了智能硬件、人工智能、文娱、出行、游戏、金融等多个行业。腾讯从产业链协同角度出发，常常投资在某个领域领先的创业公司，为了布局电商和零售业务先后入股京东、永辉超市等行业独角兽，腾讯除了是京东第一大股东外，也是58同城第一大股东，持股占比超过22%。阿里巴巴则采用产业链投资的方式，渗透衣食住行、娱乐社交等人们日常生活的各个领域，曾高溢价投资了高德、UC、新浪等，更是在2016年4月收购了优酷土豆（合一集团）。百度则重视"概念"和"量化"的平衡，围绕百度的几亿用户，打造"手机百度+O2O"的一体化服务，百度是携程网第一大股东，占比超过10%，同时百度拥有爱奇艺超过50%的股份。目前BAT三大巨头各建城池，拥有自己的商业模式，未来他们将继续围绕自身核心竞争力扩大自己的商业帝国版图。

卖掉自己也光荣

很多互联网创业企业希望自己能最终被像BAT这样的互联网巨头收购。对于他们来说，BAT意味着巨大的流量、雄厚的资金。例如，腾讯2021年财报显示，腾讯拥有自由现金流超过1000亿元，超过了很多大型投资机构管理的资金规模。庞大的现金流和现金储备带来了巨大的安全感。而百度、阿里巴巴和腾讯本身拥有的庞大用户基础以及支付等实现用户连接的产品更是众多创业公司成长的理想沃土。小微创业企业想要凭借一己之力赢得竞争实属不易。在互联网巨头看好的行业或者想要投资的领域，小微创业企业想要生存下去基本不可能，因为相比较而言没有任何竞争优势。因此，加入互联网巨头阵营也成为不二之选。互联网巨头同样需要用最快的速度进入最新、最有潜力的行业，当规模足够大之后，整合资源的实力就变得更加重要。小到人们"吃穿住用行",大到人工智能等科技前沿领域,BAT都通过投资的方式不断扩充阵营。美团、大众点评、滴滴、58同城、苏宁易购这样有实力的企业都最终被纳入其体系之内。360公司的周鸿祎感慨说:"BAT太大之后,他们用了一种非常综合的手段,看到哪个小家伙有可能颠覆,有可能在自己不擅长的领域发展,他就去买下或者投资,滴滴和快的就变成两个巨头的角力。"如今的中国的互联网创业圈最盛行的一句话是"学成文武艺,卖给BAT"。

3. 顾客地位提高,消费信任降低

在互联网时代,消费者的地位得以提高,主要体现在三个方面。

首先,消费者拥有更多自主权。网络能够承载足够多的商品信息,这些信息能够跨越时空的限制,以较低的成本展现在消费者面前,消费者拥有广泛的选择。而且在互联网世界中,消费行为不会被市场所束缚,顾客往往以客观需求为依据,按照自己的主观意愿进行自主选择。

其次,消费者需求更加个性化。在工业化时代,企业以生产制造为核心,以规模经济效益制胜,人们想要获得个性化产品和服务,需要付出很高的成本。随着互联网技术的发展,生产方式变革,实现了小批量、多品种的柔性生产。同时,互联网能够让具备同样个性化需求的消费者聚集在一起形成一定规模,让每个人彰显自己的个性成为可能。结合数据挖掘和数据分析技术,能够及时捕捉和了解用户的个性化需求,使得个性化产品和服务定制不断完善和实现。

最后,消费者口碑力量增强,使企业更加不敢"得罪"。以往顾客对于某个产品或服务不满意时,由于信息不对称,企业还暂时可以对其置之不理,若无其事地继续发展。现如今很多企业会因为消费者的一个差评而万分紧张。因为互联网不仅让企业和消费者之间更加亲密,也让消费者与消费者之间的联系更加广泛和紧密。一旦某家企业被点名曝光,再经过网络的一传百、百传万的传播发酵,企业将蒙受重大损失甚至可能因此倒闭。

随着消费者市场地位的提升,其对商家的要求和期望也日益提高,相应地对一些企业的信任度也在降低。当前的消费环境可以用鱼龙混杂来形容。一是随着网络社会的发展,创业门槛和创业成本不断降低,滋生出了一些不良企业。产品图片和信息都可以直接盗取,线上交易又不像线下交易可以看得见摸得着,因此很多次品和劣质品在线上以次充好、蒙混过关。二是网络环境下滋生出新的社会问题,网络隐私问题和网络财产安全问题就是其中的典型。例

如，一些小企业打着免费的幌头骗取用户信息，转而卖给有关利益人，并且网络上的很多浏览行为都可以采用一定的技术来挖掘用户信息，这样就侵害了消费者的隐私权。三是一些不良商家造假手段多样，刷好评、买黄钻、好评返现等各种手段齐发，对于消费者识别优质产品提出了较大挑战。

4. 流量渠道分散，流量成本上升

在互联网时代，最明显的变化就是消费者流量的碎片化和流量成本的上升。企业营销最关注的两点分别是消费者的信息渠道和消费渠道的变化，它们分别反映了消费者如何做出消费决策和如何消费。

随着人们获取信息的渠道增多，市场推广、获取流量等面临着不断变化的挑战。网络信息渠道的发展，促使市场推广渠道从电视报纸等传统主流媒体向搜索引擎、视频网页等互联网渠道发展；后来以碎片化、垂直化、多样化的各类新媒体为基础，衍生出了与各类新媒体、新平台合作的推广途径；有的企业还深入消费者内部，利用意见领袖、种子用户、铁杆粉丝等群体的口碑力量进行精准营销。从主流媒体到细分媒体、垂直媒体和特定人群（如种子用户），流量已经极度分散。

流量成本，也可以理解为获取客户的成本，是指企业每获取一个用户所要支出的市场费用。过去几年内，仅主流媒体的流量成本就增长了十倍，如今流量成本依然在攀升。2010年的时候开一个淘宝店，几乎不需要任何宣传和推广，流量自己就会源源不断地流进店铺，赚钱相对容易；2012年开淘宝店，可能得开个"淘宝直通车"、购买竞价排名；随着卖家越来越多，电商的交易模式越来越被消费者认同，淘宝的流量越来越贵，最终可能会上升到和线下一样高的成本。尽管有很多新的营销渠道和新的广告形式出现，但流量成本在大幅上升是不争的事实。前阿里巴巴搜索引擎研发工程师、现任Wi-Fi万能钥匙副总裁的陈晓光在2017年全球智慧出行大会现场，提到移动互联网流量获取的成本趋势正在发生变化，线上获取成本已然超过了线下获取成本。

材料：流量之贵

愁云惨淡的流量买方

一位从事出境旅游的企业运营总监表示："2013年时，市面上获得一个付费用户的成本大约是230元，到2015年已经上涨到520元，买流量已经是'贵得玩不起的游戏'。"

某母婴类垂直电商创始人表示："同行们线上买流量的效果都非常不理想。"他表示企业曾做过监测，因为"百度竞价排名必须要有持续的投入才会有效，应用市场刷榜也不是几万块钱就能解决的"。因此他们决定不购买线上流量，转而发展微商。

在游戏领域，形势更加严峻。一家长期和大流量平台合作联合发行的游戏开发商表示，起初他们获取一个下载用户的成本是四五十元。但从2015到2016年，他们的有效获客成本翻了一倍还不止。目前如果要推广一款游戏，前期至少要配备500万元的流量采买预算。

金融领域的流量价格，则是获客成本的顶峰。根据某第三方平台的数据，在金融创业领域，2013年一家互联网金融创业企业的投资获客成本为300~500元，到了2016年就上涨为1000~3000元。因此，很多投资人甚至已经放弃了对这一领域的角逐。

对于少数有流量或者有资本的中大型互联网公司，同样承受着流量成本上涨带来的巨大压力。曾有中大型互联网公司的市场部高管，为了争抢一个奇虎360的广告位，跑去对方公司围堵，一定要其答应把这个广告位加价卖给自己，而不是对手。

春风满面的流量卖方

对比愁云惨淡的买方们，主宰流量的卖方市场显得春风满面。如屡创新高的百度广告营收，2012—2015年这3年广告营收为640亿元；从2012年到2015年，微博的广告收入涨了近8倍；2015年，今日头条的广告收入达到30亿元；类似的，还有一直保持广告价格和营收上涨的优酷、爱奇艺等流量大平台。

可以说现在的流量已经成为少数企业的游戏，BAT、字节跳动和视频网站等几家互联网巨头差不多占据了80%的流量市场份额，剩下的创业公司因为买不起流量，未入局已出局。进入后资本寒冬时期，流量会越来越贵，资本的考核会越来越严，创业者的日子只会更艰难。

5. 流量造假频现，破坏网络生态

在广告界有这样一句名言："我知道在广告上的投资有一半是无用的，但问题是我不知道是哪一半。"尽管这句名言已经诞生了几十年，但从如今的数字广告看来，依然要面对同样的问题。一方面，虚假流量已成为互联网行业中尽人皆知的秘密，甚至发展出了一条产业链：视频网站的播放量有水分，直播

网红粉丝数有水分，自媒体公众号阅读数有水分，网店成交量有水分，等等。在互联网上，只要是与流量相关的指标，可以说大都存在水分，区别只是多少而已。另一方面，在流量争夺战场上厮杀的创业者们，不仅要担心不断上涨的流量价格，还要面对羊毛党、内鬼、流量中介、黑客等各方的进攻，其中流量劫持无疑是流量生态中必须面对和解决的问题。

1）何为虚假流量

根据侧重点的不同，虚假流量可以分为三种类型。①作弊流量（fraud traffic）：作弊流量的产生涉及多个主体，各自有着不同的目的。例如对于广告主体而言，可能是为了消耗竞争对手的预算；对于广告代理而言，可能是为了保证达到合同要求，增加收入等。某些代理或媒体为了提升收入，通过程序变更设备信息及模拟人类行为，以"人工+程序辅助"的方式实现重复下载、篡改应用程序、定制化开发模拟器等操作，批量制造流量。②非人为流量（no-human traffic）：即不是由实际用户操作产生的流量，而是用机器代替人类操作从而产生更高效、更大规模的虚假流量，出现了自动评论机器人等非人为流量产生工具。此前曾有研究发现，互联网上有51%的流量来自非人为操作。③非激励正常流量（no-incentive traffic）：对于用户而言，获得红包、优惠券、游戏点卡等都可能成为其点击引导页面进入目的页面的动机，这部分流量尽管是实际用户点击产生的，但由于其动机明确，实际转化率非常低。

2）虚假流量盛行缘由

广告业务模式一般包括用户、媒体、交易平台、广告商、广告主。流量造假具有收益高、风险低的特点，因此各方都会为了追求自身利益最大化而纵容这一作弊行为。

（1）造假成本极低，毫无技术含量。

广告刷量并不需要特别强大的技术支持，只需要有一台服务器、几个技术和算法人员就能完成全部操作，尤其是人工刷量，更加没有技术难度，只要通过奖励诱导用户来完成刷量即可。

（2）广告乙方的自我夸大。

DSP（demand-side platform，需求方平台）是起源于欧美国家的网络广告模式，这种模式以精准营销为目标，通过统一的综合操作平台，整合、优化及管理不同渠道的流量。DSP支持实时竞价，允许多个广告客户通过竞价方式获得广告位从而实现产品和服务的曝光。DSP的优势和劣势是并存的。一方面，DSP给广告主带来了很多好处。例如实时竞价使得整个过程透明化，有利于广告主合理投资、制订预算；购买流程的简化使得广告主有更多时间优化预算，提升广告效果；广告主可以通过平台全面掌控广告投放情况，等等。另一方面，在DPS快速发展的同时，更多的DSP公司开始夸大其宣传效果以获取利益，对于行业来说，这是不健康的方式。

（3）丰厚的利益促使。

对于广告主来说，一般结算广告收入、考察广告效果是依据CPM（cost per mille，千人成本）、CPC（cost per click，点击成本）等模式，所以某些广告商为获得更多的广告收入，会采取流量刷量和点击量刷量等方法造假。

（4）广告甲方的急功近利。

在市场中，很多广告主在抱怨市场竞争不公平的同时，又抵挡不住低价流量广告的诱惑，于是盲目地进行广告渠道投资。这些广告主往往是对正常流量来源解读不够，并没有通过正常的途径去分析流量来源构成以及各种营销手段的转化率，忽视了数据分析在营销中的重要性。有的广告主为了取得好的效果，急切地想通过简单粗暴的方式获取流量实现转化，这往往会适得其反，不仅将资金浪费在了完全无用的广告流量上，同时还扰乱了整个行业的正常秩序。

（5）监管的技术和成本。

通过行业的规范和监管，虽然不能做到完全清除广告欺诈活动，但是可以很好地防控此类违反市场规则的行为。如果放任此类行为的滋生，不采取监管措施，不仅广告主需要增加广告预算，蒙受不必要的损失，互联网广告行业生态也会遭到破坏，正常的经济活动和行为也会受到影响，结果可想而知。

3）何为流量劫持

所谓流量劫持，是指利用各种恶意软件修改浏览器、锁定主页或不停弹出新窗口，强制访问某些网站的行为。例如，明明想要打开网站A，却莫名其妙地跳转到网站B；明明想要打开一个应用，却跳出一大堆杂乱的广告；明明想要下载某一款软件，下载后却发现根本八竿子打不着……诸如此类都是流量劫持给用户带来的烦恼。

流量劫持不是一种复杂的商业运作和模式设计，而是通过技术手段实现的，只需要拦截用户操作并使其点击进入目的网页，就可以控制用户、获取流量。这些网页往往不是用户真正想看到的，而是劫持者想让用户看到的。"不是用户真正想看的网页"按照实现方式可分为三种。第一种是直接与劫持者合作，将用户直接"劫持"至交易方的网站。第二种是跳转劫持，即是当用户点击其想要进入的网页时，反而跳转到其他网页。中国第一例流量劫持案件就是采取跳转劫持方式。2013年年底到2014年10月，两名被告人租赁了多台服务器，使用恶意代码修改互联网用户路由器的DNS设置，用户登录2345.com等导航网站时，就会跳转到他们设置的5w.com导航网站，两人再将获取的流量出售给5w.com导航网站所有者杭州久尚科技有限公司。第三种是框架合作，这种方式是先将用户劫持到自己的网站，网页内容呈现购买方的信息。

按照劫持级别分类，有以下几种。

（1）运营商级别的流量劫持。

替包：用户本要在A应用商城下载App，却被运营商重新定向到另一个渠道地址B，使得A应用商城本应获得的推广费用被付给了B，甚至用户后期的激活、注册等一系列行为产生的推广费用都被B收入囊中。整个过程中，运营商起到了核心作用，他们将流量重新定向或直接替换数据实现"替包"行为。

替换展示广告：视频类的网站和App上会经常出现这种劫持，是指利用技术手段将原来广告的展示位替换为自己的广告进行展示。

插入自己的广告：有些流量很大、用户活跃的App，本身可能并没有开展广告业务，然而运营商通过特殊的技术手段在App内部嵌入弹入式广告，推送给部分用户。

（2）终端级别的流量劫持。

互联网发展孕育了很多新的商业模式。过去，终端厂商多通过终端变现，而如今的变现方式却大大不同，其中一种方式就是不断降低硬件售价，甚至通过免费的方式先占领市场。厂商对终端用户的掌握使得其可以通过终端进行流量的劫持，随意改变App来源。市场上甚至出现终端厂商向主流渠道收取"保护费"的违法行为，不缴纳费用就将用户的下载的App换包，这种行为实际上是扰乱市场秩序的违法行为。

（3）操作系统级别的流量劫持。

一些技术组织或者手机分销商也可能成为操作系统级别流量劫持的操作者。这是因为获取了ROOT权限的手机或者经销商刷系统ROM后的手机，容易成为操作系统级别流量劫持的工具。

（4）应用层级别的流量劫持。

包括安全助手、浏览器类、工具类App在内的一些有操作系统级别权限的软件，同样也能实现流量劫持。当一个App没有进行广告付费合作时，这些拥有操作系统级别权限的App会对自然流量进行替包操作，替换成付费的流量来增加收益。

4.1.3 流量时代的革命

在繁荣的流量红利时期，企业可以用较低的成本获取大量的流量，一个具体的场景、一款爆品、一位红人、一场促销、一个话题都会带来大量的流量，因为它所提供的内容，能够吸引消费者的注意力。而现在市场已经进入供过于求的时代，用户大部分的刚性需求已被满足。随着流量红利的消失，互联网巨头把持了市场上的大部分流量，流量成本持续攀升，传统的"为流量而流量"的粗暴模式必然会慢慢失效，各种力量都在推动流量时代发生变革，进入一个商业的后流量时代。

1. 流量革命的发展

1) 流量1.0时代：泛流量

泛流量是一个流量集合的概念，是指通过多种营销渠道引入的流量总和。企业引流的方式往往不限于一种，可以通过网站直接投放、社交媒体传播、SEO（搜索引擎优化）、竞价推广等多种方式将不同流量群体统一引到企业的产品和服务上。在互联网发展初期，当计算机技术还不够先进、一些网络灰色手段尚未成熟、网民的安全意识以及辨识能力还未增强的时候，泛流量随之兴起，并成为有效的引流方式，多渠道引流的结合降低了获取流量的门槛。以谷歌为首的广告联盟从网络引流中尝到了甜头，也为其现在的成功做好了铺垫。互联网上很快便形成了"流量就是金钱"的说法，有流量才是王道，"有流量的地方就有金钱"的泛流量时代就此诞生。时至今日，虽然大家已经意识到"精准流量"的重要性，泛流量也已经不像过去那样有效，但泛流量依旧是许多品牌建设和创业初期进行市场推广的重要方式。

2) 流量2.0时代：精准流量

现代社会，消费者对粗暴广告的排斥心理不断加强，因此通过粗犷的推广方式获取流量从而变现的方式已经逐渐被淘汰，只有不影响消费者体验的广告才能真正立足，精准流量才是未来发展的方向。精准流量强导向、高转化的优点能够帮助企业形成良好的口碑和品牌形象，这种流量不仅注重满足自身需求，也注重传播的分享价值。精准流量的获取主要体现在更加垂直细化的渠道选择和精准客户群体的锁定上。比如卖化妆品，就加入很多美容群、论坛或者自己建立线上平台投放广告；卖保健产品，就与养生领域公众号、保健领域的"大V"合作，推介自己的产品和服务。

3）流量3.0时代：信任流量

信任流量的诞生是以用户对于广告不感兴趣、对部分意见领袖的信任为基础，借助自身的专业性、熟人特质等因素让顾客产生信任以及做出消费的选择。精准定位用户群体已经不再是流量成交的决定性因素，而是用户信任发挥着更重要的作用。比如做导游行业，就要建立博客，并且在自己网络空间发布一些可玩景点、特产介绍等文章，再搜集一些旅游攻略免费赠送，通过博客和潜在游客们互动交流，慢慢得到旅游爱好者们的信任，然后就可以自己组织旅游团队来赚取收益，而不用通过旅游公司等获取报酬。这几年非常火的"自媒体"正是信任流量的有力媒介。如微商、网红、一些知识平台转型的电商平台等，都有信任流量的影子。

2. 流量革命的理念

1）从经营商品，到经营人

后流量时代的本质是对流量的经营，需要重视流量的质量以及流量的存留。过去的方式是将信息传递给更多人，获取更多流量。但随着流量红利的消失，人成为流量活动的关键，对用户的经营成为企业核心工作，流量的转化也变得越来越重要，品牌带给用户的不应该仅仅是产品的价格和性能，还应该向用户传递情感价值。对于性价比高的产品，用户可能会在短时期内因为其带来的实际价值而接受，但很难长期认可，用户的长期认可必须是基于品牌的文化和价值理念。只有抓住了用户的"心"，才能留住用户，提升用户满意度和回购率。

2）品牌和消费者之间友好、忠诚、合作的关系

要维护好品牌和消费者的关系，必须同时关注延续性、深入性、全方位三个特性。如何理解这三个特性呢？首先是延续性：目前很多品牌通过App、官网、论坛、社区、微信公众号/服务号等多种方式建立起与用户的联系，圈住用户，期望通过与用户直接的互动和联系增强用户黏性，和用户建立起长期的信任关系。其次是深入性：即用户和品牌交互的程度。互联网时代的"粉丝经济"就是基于品牌和用户之间关系的深入性，接受用户意见和反馈，让用户参与到产品的设计和定制中，培养用户的主人翁意识，提升用户对品牌的认同感、归属感。用户在与品牌互动的过程中形成的关系甚至能为品牌搭建起一个紧密的营销组织网，形成稳固的口碑传播。最后是全方位：全方位体现为通过对用户的全面认识，去满足用户的多样性需求。随着大数据技术的发展，数据挖掘技术越来越成熟，可以为每个用户量身定制产品。基于用户的消费数据分

析用户的消费行为和消费偏好，为用户精准推送产品信息，精准满足用户需求。品牌全面地了解用户，不仅能够更高效地实现价值的转化，更能因为"懂"用户而提升用户对品牌的认可度。深入理解品牌与客户关系的特性，能够在后流量时代经营好用户，从而获取利润。

3）在变化中拥抱变化

过去引流的方式非常单一，一般认为塑造品牌形象最好的方式就是邀请当红明星，在中央电视台和各大知名卫视做广告宣传。随着互联网的发展，很多品牌逐渐意识到网络的重要性，于是花费重金投向百度竞价排名，希望能够为品牌带去大量的流量。而如今，人们接触信息的渠道发生了巨大变化，消费者可以通过网络媒体、社交平台、电商社区等多种渠道获取信息，过去单一的宣传方式已经不能满足企业发展的需求，同时也不能满足用户对信息获取的需求。消费场景的变化要求品牌必须打通线上、线下渠道，建设全方位的引流渠道。

3. 流量革命的能力

1）经营IP（知识产权）和内容的能力

企业建立品牌的核心首先是需要弄清楚这些问题：我是谁？我做了什么？我做的和竞争对手有什么不同？消费者为什么会选择我？这些问题的答案集合就是品牌的内核，即品牌定位。品牌传递给消费者的信息会在很大程度上影响消费者的消费决策，想要吸引目标客户，就必须具备对品牌的IP或内容的经营能力。在IP时代，IP可以为品牌赋能，品牌应该结合自身的定位寻找能够支撑发展和相得益彰的IP内容。IP是品牌的外延和最直接的表现形式，能够最生动形象地展现出品牌的调性。从多个角度为消费者带来创新的体验，搭建高价值体系，从意识形态方面引起消费者的高度共鸣，为品牌带来具有价值的流量，这就是品牌价值所在。

2）数字化连接消费者的能力

在过去的传统商业模式中，受时间和空间的限制，企业和消费者之间的联系只能发生在特定的时间和场景，是偶然的、不可持续的。而在互联网时代，特别是在移动互联网时代，网络的全方位覆盖为企业和消费者连接提供了基础设施保障，各种智能硬件的接入为连接提供了更多的触点，数据分析和数据挖掘为连接提供了黏合剂。多渠道获得的用户数据能够以店铺为单位沉淀下来，用于充分挖掘消费者的价值。比如，消费者进入店铺就能连接店铺的Wi-Fi，通过移动端完成点餐、下单、支付等流程，通过长期的数据沉淀，企业能够分析客户的消费偏好，实现最优推荐。同时可以通过数字化的连接，借助平台不

断加强与消费者的互动，提升消费者满意度以及忠诚度。

3）场景的构建和引导能力

当电视广告、网页广告铺天盖地，惹得消费者心烦意乱时，一个创意新奇、能将消费者引入场景的广告在消费者心中会获得更高的认可。场景营销和一般单向的营销方式有很大区别，例如视频广告的受众往往是被动的，从用户角度分析，没有用户愿意在看一部精彩的电视剧或综艺节目时突然插入一则广告，也正因为如此，视频网站才会设计VIP会员跳过广告等服务。而场景营销的受众多是主动的，用户会被场景吸引，从而主动参与到场景活动中，甚至将参与的活动和感想分享到各大社交平台，创造更广泛的营销效应。场景构建的三个关键要素分别是消费者、产品和使用场景。首先需要挖掘出用户的真正需求，设计符合用户预期的产品或服务，再从视觉、听觉、嗅觉等多维度感官调动用户体验，构建用户使用产品时的真实场景，并注重和用户的互动和用户体验，从而打动用户，引导用户实施消费行为。比如体能训练机构壹季跟耐克、李宁、阿迪等很多运动品牌合作，在他们零售店里构建瑜伽、跑步等运动场景。对于壹季来说，充分利用这些品牌的线下流量，起到了引流和宣传的作用；对于运动品牌来说，改变了传统零售单一的销售模式，加入了场景体验，更好地提升了消费者体验，实现了双赢的跨界场景合作。

4）数据挖掘和分析的能力

数据挖掘和数据分析在企业营销中扮演着越来越重要的角色。在传统市场中，消费者基于功能需求清楚地知道自己想要消费什么。而在当今市场，一方面消费者面对太多的选择，以至于都不清楚自己到底想要什么；另一方面海量的信息加上有限的时间，使得消费者难以在最短的时间内获取最有效、最直接的信息。企业如果能帮消费者解决这两方面的问题，必然会得到消费者认可。企业通过为消费者提供差异化的产品和服务可以很好地解决第一个问题；第二个问题的解决则需要企业具有强大的数据挖掘和分析能力，基于数据对用户进行画像，从而更好地实现精准营销。简单的数据挖掘和分析可以节省消费者的时间，比如电商基于消费者的网上浏览行为分析消费者偏好，适时推出一些具有高匹配度的产品广告；新闻客户端可以根据用户的每一次的新闻阅读，不断优化下一次的内容推送，从而实现定制化的个人新闻端。当企业能够通过更全方位的数据对用户画像时，那么为用户构建定制化的营销场景也就成为可能。

4.2 获取流量

获取流量，是企业一直都在进行的关键工作，也是需要不断发展创新的能力。首先是流量获取时机的创新。企业发展涉及研发、生产、营销和售后等环节，传统企业通常是将流量的获取放在整个项目流程的中后期，在营销阶段大量引流，完成价值交换。而如今，可以说流量的获取已经贯穿企业的各个环节。实际上，许多企业的发展就是如此，它们从研发和生产阶段就开始在各个平台造势与互动（如某些众筹产品），在测试阶段就大搞"饥饿游戏"，在售后阶段告知消费者有推荐新用户领优惠等活动。对创业企业来说，要在全面获取流量的同时采取积极、迅速的行动，在目标市场上占据先导优势。其次是流量获取手段的创新。简单的广告投放和植入已经不能满足大部分企业的需要，更多新鲜潮流的媒介平台和内容是如今获取流量的重要推力。

4.2.1 全渠道引流

从最初的搜索引擎，到网页广告、社交媒体，再到目前的自媒体，企业如今有了众多广告渠道。《中国媒介转型——2015媒介全触点调研报告》一文指出，从"接触点影响力"分数来看，2010年品牌仅需要9个接触点便能达到的品牌体验水平，到2014年，已经增加到需要14个接触点，全方位全渠道引流已然成为这个时代的营销特征。

1. 全渠道的含义

1）单渠道

单渠道是指商品通过单一销售渠道到达消费者手中。单渠道营销则是指商品信息通过单一的营销渠道传递给消费者，过去广告的方式比较单一，电视广告是企业进行产品营销的有效渠道，除此之外，还有邮件、电话、收音机等方式。单渠道策略本身具有一定的优势：有利于企业快速布局，集中精力突破发展，管理较为简单。但它也存在一些缺陷，比如单渠道覆盖范围小、限制了客户群体的多样性。但是对于市场来说，单渠道营销容易导致品牌垄断。在电子商务发展以前，企业大多只能通过实体店铺这一渠道销售商品；在电子商务崛起之后，企业更加趋向于采用双渠道和多渠道销售模式。

2）多渠道

多渠道是指企业拥有两个或两个以上营销渠道的模式，使商品能通过不同的方式到达消费者的手中，也可以将多渠道理解成多个单渠道的集合。多渠道营销则是指通过多种渠道和消费者互动,将企业和商品信息传递给消费者。每个渠道都能单独承担起传播信息和销售的功能,可能面对具有不同消费特征的消费群体,各个多渠道模式的盛行,市场上也出现了一些渠道冲突的问题,为了使利润最大化,企业面临着渠道协调的问题,需要制订出适当的策略协调冲突、解决问题。从功能上讲,多渠道模式是单渠道模式的扩充和延伸,相较于单渠道覆盖了更大范围的消费群体,有利于满足更多消费者需求。但是多渠道的管理对于企业来说具有更强的挑战性,企业的渠道管理能力对于渠道运营管理的效率影响非常大,企业必须提升这方面的能力才能布局多渠道。

3)全渠道

全渠道是以多渠道为基础,形成的一种更加全面的渠道模式。全渠道营销与多渠道模式下各个渠道间相对独立有所不同,它更加注重渠道间的协同和整合,全渠道模式下各个渠道间的关系实现了质的飞跃。企业通过多渠道加强与消费者的互动,实时交流成为必备,以客户为中心的理念全面提升了客户的体验。全渠道的外延也同时实现了扩展,数据信息、企业、商品、下游的消费者之间都形成全渠道的关系。企业全渠道数据挖掘和分析为企业的营销策略提供了更具参考价值、更有效的依据,企业全渠道营销使得商品全方位地被顾客了解和获得,同时实现全渠道互动,极大提升了整个系统的运转效率和价值。科技是在不断发展和创新的,也必然会产生更完美的营销策略与更高明的技术手段。

2. 现有渠道类型

全渠道模式打通了线上、线下渠道,覆盖线上的网络、电视、移动端以及线下的公共交通站点广告、实体店铺广告、电梯广告等多种形式。在进行引流时,并非不同方式的简单排列组合,而是不同渠道的融合协同。

1)实体渠道类型

(1)实体自营店:传统大型企业的常规做法是直接接触消费人群。大品牌企业更加青睐于在人流集中的黄金地段建立直营店,例如商场内部的专柜。在互联网高速发展的今天,经历了电商渠道的繁荣发展之后,一些大型互联网企业也逐渐回归线下,布局线下店铺,以期与线上渠道形成互补,提升用户体验。

(2)实体加盟店:加盟是指通过缴纳一定的加盟费用,获得所加盟企业总部的形象、品牌和声誉的使用权。在现代的实体消费中，加盟和个体户私营、企业直营一起构成了终端消费主体。

（3）异业联盟：顾名思义，异业联盟是由不同的行业、企业或商家所形成的联盟合作关系。在行业联盟中，企业与企业之间会有或多或少的竞争关系，而异业联盟中的企业或商家之间更多的是协同关系，往往能够相互促进、互惠共赢。异业联盟需要通过共用的虚拟平台来共享信息和资源，聚集大量的消费群体，实现共赢。

2）电子商务渠道类型

（1）垂直电商平台：越来越多的传统企业建立了自营的电商渠道。例如个人电脑市场的戴尔、联想，手机市场的华为、vivo等，都建立起了自己的官方商城，通过电商渠道直接接触终端消费者。目前很多互联网企业如小米等也主要通过自己的官网销售智能硬件产品，并取得了可观的销售额。垂直电商平台将成为未来电商发展的一大趋势。

（2）综合性电商平台：可以将其理解为一个多元化的电商平台，即招聘企业或者个人卖家入驻，为大量买家和卖家提供沟通交易的"场所"。国内的综合电商平台巨头淘宝、天猫、京东，国外的亚马逊等均属于这种类型，他们还为卖家和买家提供网关基础设施、支付平台等。

3）移动商务渠道类型

移动电子商务渠道是伴随移动互联网发展而兴起的，主要有以下三种类型。

（1）自建App商城：企业自主开发App商城，在销售产品的同时实现和消费者的互动。

（2）微商城：是第三方开发者基于微信研发的一款社会化电子商务系统。微商城同时也是一款七网一体化的企业购物系统，包括：传统互联网、移动互联网、微信商城、易信商城、App商城、支付宝商城、微博商城。消费者只需要进入微商城平台，就可以实现商品查询、选购、体验、互动、订购与支付的线上、线下一体化服务。

（3）进驻移动商务平台：即利用移动端的电子商务平台开展自己的销售业务，如萌店等。

3. 全渠道的特征

全渠道具有三大特征：全程、全面、全线。

（1）全程：全程是指从时间维度把控渠道，也就是说企业的营销渠道和销售渠道应该实现消费者从产生消费动机到最后评价产品的全过程覆盖,在消费者产生消费动机阶段,企业必须有全面的营销渠道让消费者能够了解并找到企业的产品,引导消费者完成后续比价、下单、体验和分享的全过程。

(2)全面:全面是指从横向信息维度把控渠道。以消费者为中心,全渠道搜集消费者信息数据,再对搜集到的信息数据进行挖掘分析,进一步了解消费者特征,最终在为消费者提供个性化建议的同时,制订个性化的营销计划,全面提升用户体验和用户感知价值。

(3)全线:全线是指全渠道覆盖线上、线下"两线"的特性。目前的渠道模式已逐渐从过去线下的单一渠道向线下、线上多渠道发展,覆盖了实体渠道、电子商务渠道和移动商务渠道等渠道模式。

案例:大润发的全渠道营销探索

大润发是始创于中国台湾的大型量贩连锁超市。1997年在上海成立大润发有限公司,自此开始在中国大陆的零售市场迅速发展。2010年,大润发以营收404亿元超越零售巨头家乐福,成为中国大陆最大的零售百货公司。面对电子商务对传统零售业的冲击,大润发于2013年6月正式成立综合电商购物网站"飞牛网";2015年,大润发线下门店扩张至335家;2016年开始,大润发着力于线上、线下的全渠道融合,利用线上平台实施线上、线下深度融合的O2O战略,发挥实体品牌效益的同时,提升核心竞争力;2017年11月,大润发与阿里巴巴、欧尚零售正式宣布达成新零售战略合作。

线下入口,线上整合

众多企业在打造O2O渠道融合初期,多采用"线下体验、线上下单"的模式。而大润发在探索O2O初期,采取了"线下下单、线上送货"的方式,以实体店为入口,通过互联网的便利性满足顾客的不同需求。大润发在线下的门店引入智能触摸式询价机,一是提升线下用户的体验,二是推动线上平台飞牛网向线下延伸。在询价机上,顾客可以挑选喜欢的商品,并自主付款,付款完毕后无须自己提货,商品均可由飞牛网直接配送。特别是在购买较重商品时,顾客的购物负担大大减轻。通过这种方式,实体店(线下)的顾客被有效地转移到了线上,而线下有限的商品被转化为线上范围更广泛的商品。

调动感官,提升体验

智能触摸屏能够为顾客提供更多商品信息,智能数字广告则为消费者提供更完美的信息展示。在一些食品区域，可以借助数字广告展现食品的来源和制作过程，全方位地呈现食品细节，这不仅能够向用户传递食品安全理念，同时也为顾客提供了关于食材更加全面的知识，精彩纷呈的食品制作视频可以充分调动顾客感官，达到促进消费的目的。利用智能媒介，让顾客身临其境、清楚地了解食材来源及制作工艺，有效地提升了顾客体验。

科技助力，升级管理

供应链的管理是零售百货业最大的挑战。库存管理、货架管理以及员工的管理都是零售百货企业必须重视的问题，商品和人员的监管成为大型商超的重要工作。引入新技术实施场内管理是零售百货业发展的必经之路，也是大润发采取的重要举措。全方位的影像监控不仅可以记录商超每时每刻发生着什么，同时能够进行数据采集，从而实现对商品和人员的有效管理。其门店通过智能终端设备不断加强与线上平台飞牛网的紧密互动，通过可视化工具提升顾客体验，将大润发一步步发展成为现代化卖场。

4.2.2 免费引流

在互联网商业中，那些还没有开始赢利就要先耗费大量成本跟对手竞争的企业并不少见。例如，滴滴与快的的"网约车一哥"之争，饿了么与美团外卖的补贴大战，以及ofo与摩拜单车的共享单车比拼。就像在街上遇到的免费试吃、免费测血压、一元钱美容等业务一样，这些企业在发展的初期都选择了简单粗暴的方式挤占市场，借助互联网的春风，竞争场面蔚为壮观。

1. 免费的心机

1）降低使用门槛，培养顾客使用习惯

很多O2O产品投入市场时，都是采取免费策略，让消费者能够以极低的甚至为零的价格享受产品或服务。免费策略可以让用户教育的时间从十年缩短到两年，如今人们已习惯了使用共享单车解决"最后一公里"的行程，习惯了打开手机App预约网约车，习惯了叫外卖不出门便享用美食的便利。免费，逐渐成为使产品变得流行的文化，进而培养出消费市场。

2）增强用户黏性

增强用户黏性是企业在维护用户忠诚度方面绕不开的话题。用户黏性是指用户对于品牌或产品的忠诚、信任与良性体验等结合起来形成的依赖程度和再消费期望程度，也指增加用户的使用数量。万科公司曾开展免费试住促销，这在营销上被称为"宠物缔结法",即让用户先把宠物带回家,培养出感情后,用户自然就会掏钱将宠物买回家。房子也是一样的道理,可以让试住的人先交纳少量押金,并承诺到期归还,用金融收益贴补可变成本。

3)发现新的赢利点

以已有交易关系为前提,推出恰当的免费附加服务,有利于延伸多元业务。例如,某高档小区的物业每年会为住户提供两次免费体检,针对体检的结果,向住户推出相应的附加服务:筛查出病人,引入治疗;发现亚健康人群,引入健康管理;发现生活方式引起的疾病,提供食疗和运动方案,进行干预。这样的免费策略就把消费者的深层次可利用价值挖掘出来了。

4)封杀对手

以往的导航产品正如早期的杀毒软件一样是收费的,但是当你收费而对手免费提供时,后果不堪设想。在高德导航举行产品发布会的前一天晚上,百度突然宣布:百度导航永久免费,该举措迫使高德导航也只得宣布免费。在共享经济盛行的2016年,共享单车巨头ofo和摩拜单车也展开了激烈的角逐,相继推出各种优惠活动,近乎免费的策略实际上也是为了应对竞争、钳制对手、夺取用户。

5)口碑传播

当免费产品或服务需要消费者完成一些零成本或者简单的宣传任务时,多数消费者是愿意接受的。餐厅开业时请十几位知名美食博主试吃,发到网上宣传一波,第二天就会吸引来大量顾客。口碑力量就是使用户变为传播者,通过好口碑吸引顾客。倘若一开始不对这些意见领袖用户实行免费策略,可能很难达到口碑传播的效果。

6)引流

美国的泽恩车行销售自行车,每年营收都保持着25%的增长速度。承诺终身免费维修是该车行保持增长速度的一个绝招。首先,这一承诺显示了车行对于产品有很强的信心,赢得了良好的口碑;其次,这种完善的售后服务能够免除顾客的后顾之忧,吸引顾客进店消费。这样的例子有很多,如苏宁免费贴膜吸引顾客,川航的免费巴士引流,等等。

2. 谁适合免费

免费经济并不是互联网时代的产物,早在20世纪初免费经济就已经诞生了,只是到了互联网时代,它才找到成长的沃土。简单来说,免费经济就是提供免费的产品或服务,再通过其他渠道获利。最典型的例子就是各大运营商推出的手机0元购模式，硬件免费，通过绑定特定的套餐来实现通信方面的赢利。当大家都在谈论免费策略时，是不是所有的产品都适合免费呢？当然不是，免费的特殊性使得这种经济模式适用于具有一定特性的产品。

免费经济模式多种多样，每种模式所对应的免费产品特性也各不相同。常见的免费模式就是免费增值模式，一般是针对网络软件和服务，由于网络软件的特殊性，服务一个人的成本与服务一千人的成本基本相同，因此通常来说1%的收费用户足以支撑起99%的免费用户。此外，零边际成本模式是针对单位发行成本极低的产品，例如在线音乐。除此之外还有交叉补贴模式、劳务交换模式、赠与经济模式等。

采用免费策略的产品（或服务）要想吸引消费者，必须从用户的需求出发。360公司CEO周鸿祎说："互联网有这样一个原则，如果每个人都需要，这个服务就应该是免费的。"也就是说，免费提供的产品和服务必须是市场迫切需要的。我们可以看到，雅虎、谷歌等搜索引擎得到了市场的充分认可，为广大用户提供了便利。因此，他们可以基于大量用户开发其他增值服务和收费服务，为企业创造可持续的收入。

实行免费策略适合那些早期进入市场的企业。先进入某个领域的企业往往更具有优势，当第一个进入的企业推出免费策略，占领大量市场份额之后，后续的企业就只能模仿，除非为用户提供极具差异性的产品和服务，否则很难超越。

实施免费策略需要有雄厚的资金支持。在商业模式还没有完全成熟的初期，实行免费模式必定需要大量的资金投入，但资金投入的把控十分重要，投入不足会导致无法持续运营，投入过度又可能造成资金链断裂。因此，对于小型初创企业来说，在没有强大资金实力支撑的情况下，采用免费策略需要慎重考虑，否则很可能得不偿失。

3. 如何做免费

采用免费策略的前提是能提供良好的产品价值与用户体验，任何影响用户体验的免费产品都无法长久。免费产品并不是残次品，相反，它们是满足公众需求的优秀产品。因为对于消费者来说，获得和放弃免费产品的成本非常低。只有做好产品或服务，才能给人留下深刻印象，使用户形成消费习惯。

1）捆绑免费

捆绑免费是指通过捆绑互补产品获利，或者采用向多数人免费、向少数人收费的赢利模式。360杀毒软件通过采用免费策略，用3年时间覆盖了中国近80%的电脑，360公司就是利用互补产品来实现赢利。当用户安装360杀毒软件之后，会跳出弹窗要求安装360浏览器，等用户安装了360浏览器之后，主页被设置为360公司的导航页面，用户通过导航页面链接到任何一个网站，360公司都可以收取流量费。

2）体验免费

体验免费是用免费的前端服务吸引客户，再从他们所购买的其他产品上赚取更多的利润。通过这种方式，企业可以挖掘并积累大量的潜在客户。如培训公司先向消费者提供免费的体验课程，再在培训过程中推销课程项目；家具公司提供免费的前期测量、设计方案等服务，以促成顾客购买家具产品；商家提供免费的饮水机，但要求用户购买指定的桶装水等，这些都是体验免费的案例。

3）第三方付费

这是指让第三方付费，以此来向顾客免费提供产品或服务。如百度搜索引擎等以广告竞价获益的企业，就是采取向广告商收费，为顾客免费提供搜索服务的方式来实现赢利，大批流量被免费搜索吸引而来，形成有深度的流量入口，又进一步刺激广告主投资。

4）部分免费

这是指产品的基本功能免费，高级功能收费。换句话说，就是对部分人免费，而对另一部分有更高需求的人收费。例如，一些App可以免费下载使用一些功能，但是另有一些高级功能则需要付费才能使用；航空公司免费托运的行李额度有限，超出免费额度的就要收费等。

5）有限免费

这是指产品或服务可以在有限的次数内或在有限的时间内免费，超过一定次数或时限就不再享受免费。比如ofo推出的新用户免费骑行五次的服务，当骑行五次后想要继续使用ofo共享单车就需要交纳押金缴费；还有爱奇艺中的VIP影片，对于普通用户，可以免费观看6分钟，当免费时长结束时，就会弹出"续费成为VIP会员"的窗口，促使消费者付费成为VIP会员。

6）完全免费

在现实生活中此类免费形式较为少见。例如，维基百科由捐赠人来支付运营费用，不会进行广告竞价排名，更没有其他衍生收费产品。

7）分段免费

分段免费策略不单指某一种，而是可以按照不同的对象单独进行策略的制订。例如，依据流量进入的大小按时分段，在流量较小的时间段内实行免费，吸引用户，为流量高度集中而无法提供优质服务的时间段分流，这样能够吸引一批高忠诚度粉丝，同时提升闲时的流量。"分段"也可以是产品的分段，部分产品免费，部分产品收费，或者在部分时段部分产品免费，在提升人气的同时能够带动其他产品的销量，实现产品的交叉补贴。

4. 昂贵的免费

"免费是世界上最昂贵的东西！"这句话是指当初免费的产品或服务，当你愿意为这个免费产品或服务买单时，这个代价有可能是高昂的。

对消费者来说，为了获得免费的产品可能会花费更多的时间、精力和金钱。比如，保险公司声称可以免费赠送客户一些特定的保险，这些保险往往具备时效短、被索赔概率低等特点，但保险公司通过这份免费保险，可以掌握大量的客户个人信息，甚至有的客户还要经受持续不断的推销电话骚扰。类似的还有免费旅游，游客需要花费大量时间去购物点，体验质量较差的食宿，这些都会破坏游客度假的好心情；有些商家提供免费的赠品，但是需要客户打扰朋友集赞拉票；节假日免费的高速公路往往堵得水泄不通。所以，有些免费的产品或服务，对消费者来说反而得不偿失。

对企业来说，采取免费策略会增加企业成本，成为昂贵的负担。另外，一旦开启了免费模式，虽然可以使用户养成使用企业产品的习惯，但也可能使他们养成免费使用的习惯，贸然收费有可能引起消费者反感，甚至放弃使用企业产品，从这个层面来说免费也是昂贵的。所有的免费都是为了最终的收费，如何才能把客户从免费服务引导至收费服务是一步巧妙的行动。这要求企业实施以顾客产生价值黏性为导向的免费，才能在争夺流量、占领市场的战役中立于不败之地。

案例：四川航空公司的免费策略

乘坐飞机到四川的乘客在成都双流机场可以看到，上百辆休旅车停在机场外，车身上都印有醒目的"免费乘坐"字样。这是四川航空公司（简称"川航"）推出的一项免费乘车服务，乘坐四川航空公司航班的顾客可以免费乘车，去往成都市区的任何一个地点，与乘坐出租车到成都市区所需的几十上百元的费用相比，免费乘车似乎非常诱人，事实也是如此，这项服务每年不仅能为四川航空公司创造更多收入，同时也为风行汽车公司及休旅车司机创造了更多收入。

这个免费商业模式一共涉及四个主体：核心主体是四川航空公司，关联主体是免费休旅车提供商风行汽车公司、休旅车司机以及四川航空公司的乘客，这四个主体被巧妙的商业模式连接在一起。

四川航空公司与风行汽车公司达成交易，四川航空公司以9万元/台的价格购买150台原价14.8万元/元的风行菱智MPV（多用途汽车）。以这样远低于市场价的价格达成交易，那么必定有其他交易条件。四川航空公司给风行汽车公司的承诺条件是：司机在载客的途中对汽车做详细介绍，为风行汽车做广告。广告投入最看重的要素是广告的覆盖人群广度、精准度以及最后的转化率。首先从广告覆盖的广度看，每一部风行菱智MPV可以载7名乘客，以每天3趟计算，150辆车一年带来的广告受众人数是7×3×365×150，也即是乘坐川航转乘汽车的人数（即广告的覆盖规模）约为115万人；其次，从广告覆盖人群的精准度看，搭乘飞机的乘客一般情况下都具有一定的经济基础，是汽车的潜在消费群体；最后从实际转化率看，川航的免费乘车服务为风行汽车公司做了非常有效的广告宣传，为其带来了可观的收益。

汽车司机是免费乘坐休旅车项目的另一个重要主体。川航设计的招募司机运营模式极具吸引力。首先，川航为司机们提供了稳定的客源，这也成为吸引司机最关键的一点。其次，川航向司机们提出的条件是需要先缴纳和汽车本身价值相当的保证金，从而拥有约定期限内的汽车使用权，并且司机每运送一位乘客，便可获得25元的收入，按照前文提到的承载量计算，假设司机每年工作300天，一年便可获得16万元左右的纯收入。这也就意味着，司机用一年左右的时间便可以将保证金"赚"回来，这对于司机来说，是有利可图的。因此，川航的免费接送服务项目也吸引了很多司机前来应征。

四川航空公司作为服务项目的发起方，规定只要乘客购买了5折以上机票即可享受市区接送服务。由此，整个项目形成了完整的商业模式，并惠及四大主体。

对于乘客，不仅解决了从机场到市区的交通问题，同时还节省了百元左右的交通费用，受益其中。

对于风行汽车公司，低价出售汽车换来的是150名长期推广业务员，在节省广告费用的基础上，还收获了良好的广告效益，受益其中。

对于司机而言，获得了稳定的收入，受益其中。

对于四川航空而言公司，提供免费接送服务无疑为其积攒了良好的口碑；同时，印有"免费接送"字样的汽车每天穿梭于城市之间，相当于可移动的广告墙，具有良好的广告效果；另外，当四川航空公司与风行汽车公司合约到期后，可以开始酌情收取广告费，用较小的成本换来巨大的收益，受益其中。

学习川航免费接送服务的案例，我们可以从中受到很大启发。凭借强大的资源调动与整合能力，川航有效地协调了乘客、司机、汽车公司以及自身的利益，同时为四个利益主体创造了更大价值。看似"免费"的背后其实是完善的商业模式、成熟的交易结构，所有利益主体通过免费项目连接起来，相互依托，关联互动，形成了融合式发展。

4.2.3 场景引流

从消费者的视角来观察场景引流，假设你在某商场购物，手机接入了商场Wi-Fi，或是安装了商场的专业App，当你路过某商家门店时，手机会自动向你推送该商家的优惠券，以及宣传推荐画面，这就是基于逛街场景的引流方式。场景化营销的核心目的是流量变现，也可以理解为一种O2O的形式，其内在逻辑是线下场景转化为线上流量，线上流量促成销售或是传播。而想要做好场景化营销，关键就是要做到在正确的时间、正确的地点为消费者提供他们需要的信息。

1. 场景的定义

场景营销是一种网络营销新模式。以用户网络体验为前提，模拟用户输入信息、搜索信息、获得信息的行为路径和上网场景，所构建的以"兴趣引导+海量曝光+入口营销"为线索的营销模式。

1) 场景是以人为中心的体验细节

饿了么App推出的"谁拿外卖"功能，营造出朋友间相互打趣的既视感；GAP的服装标签上的商品二维码，方便试衣间的顾客即时查找商品的尺寸信息；等餐饭桌上的H5小游戏……这些看似不起眼的小场景，都是以用户体验为中心，架构出一个个温馨的服务模式。

2) 场景是一种连接方式

场景是一种连接方式，如今，不同个体制造场景的连接工具主要是互联网和移动互联网，二维码和Wi-Fi连接成为场景连接的重要入口，它可以将人与人、人与商品及服务、人与不同的活动连接在一起。在餐厅，我们可以通过扫描二维码进行点餐及买单，可以通过二维码加入某个活动或游戏。场景连接有利于全面打造以顾客为中心的营销体系，提升顾客感知价值。

3）场景是价值交换的表现形态

互联网时代用户越来越重视内容质量，以微信公众号为代表的自媒体蓬勃生长，用户在获得"走心"的阅读体验后，愿意为所获得的满足付出一定价值，微信以及微博的打赏功能随之出现，阅读后打赏便是价值交换的典型场景。另外，直播时粉丝或观众赠送虚拟礼物也是价值交换的场景。许多大企业瞄准的智慧家居，以网络连接为基础，以智能终端为载体，所构造的生活场景，实际也是在构造价值交换的场景。

2. 场景的更迭

1）场景化营销1.0

场景营销化1.0时代是基于定位技术的营销时代。企业可以根据定位来进行相关信息的推送。例如，美团会根据定位推送附近美食等商品和服务的团购；在商场，消费者需要通过关注公众号等行为连接Wi-Fi，一方面满足其联网需求，另一方面商家可通过广告植入、服务等渠道获利。消费者的入口已经成为各大商家必争之地。这种营销方式尽管可以较为精准地瞄准客户，但在大多数情况下并不能为消费者接受，用户体验不佳。

2）场景化营销2.0

随着大数据时代的到来，获取海量信息已经得以实现，数据的分析与处理技术也更加成熟，场景营销已经突破了过去简单的营销模式，发展成为更加立体化的模式。海量的数据基础结合数据挖掘的技术，推动实现了为每个消费者画像，以及为每个用户贴上多维度标签，形成一个集合来定位。过去只能简单地概括某个群体特征，制订相应的营销策略，而现在制订个性化的营销策略已经成为可能，商家甚至能够为消费者"定制营销"，挖掘用户的痛点和痒点后极为精准地直击消费者内心。通过RTB（real time bidding，实时竞价）精准投放广告，也能完成营销互动，在投放过程中实时优化，从而提高投资回报。在广告平台上，广告主开始注重对DSP（广告主需求方平台）的利用，深度挖掘大数据为消费者贴标签，实现广告的精准投放。此外还可以加入互动元素，比如等餐时扫描一个二维码玩游戏、拿代金券，或者转发朋友圈领小食品等。企业可以通过更加精准的场景营销提升用户体验，获取更大收益。

3）选择和重新定义产品

宜家家居门店中一个个基于不同主题打造的房间或角落，商务的、清新的、北欧的、活泼的……构成一个个真实舒适的生活或办公场景。以台灯为例，在商务风格的办公环境中，台灯是严肃的照明工具；在公主风的女生房间里，台灯是温暖的物件摆设；在童趣风的儿童书桌上，台灯是可爱的互动玩具。在这些让人眼花缭乱的组合里，台灯不再是一件寻常的单品，而是对于特定场景的一种解决方案，产品置于场景之中被重新定义，场景即产品。

4）让用户去分享

分享思维是互联网的核心精神之一。在分享模式下，资源在传递使用的过程中更具有价值。互联网时代的分享就是获取。基于此，成功让无数人主动分享的打车优惠券，让滴滴打车、快的打车在短短三年内，成长为估值超过300亿元的移动入口。在分享打车优惠券的逻辑中，分享成为场景红利的神经中枢。分享的主体不再是企业或者广告中介，而是人。利用人与人之间的信任和个人背书，实现一个个社交价值的传递，这也是今天场景在分享中爆发的源动力。

5）跨界连接

各大奢侈品、快时尚等消费品牌最为热衷的节日便是圣诞节、情人节等，这些品牌几乎每年都会在盛大节日之际发布跨界合作限量款产品，与和自身品牌理念契合的企业合作推出独特新颖的设计产品。对于消费者来说，这是熟悉的品牌文化所带来的全新产品，具有独特的设计细节，这些都会给消费者带来全新的体验，而具有高附加值的产品也能为品牌创造更多利润。例如，汽车品牌奥迪与电影《复仇者联盟》合作推出的限量版奥迪汽车，奢侈品牌路易威登LV与办公家具制造商Herman Miller合作推出的LV家具，运动品牌Adidas Originals与高街时尚品牌Topshop合作推出的经典复古系列，手机操作系统安卓与巧克力品牌德芙合作推出的安卓巧克力等，都是非常成功的跨界之作。

6）融合各方流行力量

基于品牌定位，融合大IP内容和形象，巧妙地抓住时下流行元素，通常能够产生意想不到的效果。现代汽车公司推出的途胜SUV（运动型多用途汽车）在2013年就打了一场漂亮的胜仗。原本现代途胜在SUV中只是一款十分普通的入门车型。2013年12月，现代汽车公司在海外发布了"行尸走肉"版途胜SUV，专门为美国著名连载漫画《行尸走肉》（*The Walking Dead*）的铁杆粉丝打造。其车身加入《行尸走肉》红色漫画元素，在油箱盖、中控台下方、车把手等细节处的设计也都与漫画元素相关，在后备厢中还加入了漫画中的生存背包等，处处体现了漫画的暗黑风格。从场景思维的角度看，途胜SUV的性能等特征已经变得不那么重要了，重要的是融入了漫画元素，在汽车上加入了《行尸走肉》的相关特征，而漫画粉丝对《行尸走肉》的喜爱会超越对汽车的理性，形成爱屋及乌的效应。[①]因此，在产品设计中加入拥有大量粉丝的IP，赋予产品新的特色特征，这类跨界合作通常可以收获大量粉丝的喜爱，实现理想的营销效果。

案例：可口可乐的"瓶子营销"

可口可乐和百事可乐的竞争已经持续了一百多年，尽管作为后起之秀的百事可乐一度与可口可乐形成并驾齐驱之势，但在市场份额的较量中，百事可乐仍然只能屈居第二。在这场较量中，可口可乐多年的营销积累和营销创新功不可没。MJ、麦当娜、罗纳尔多、蔡依林……当百事可乐一味地堆积巨星进行宣传推广时，可口可乐已经把广告从电视上搬到自家的瓶身甚至瓶盖上了。

1. 重新定义产品

一般情况下，喝完的可乐瓶会被当作垃圾处理掉，然而有的人却舍不得扔掉可口可乐瓶，不仅愿意在自己的社交圈分享，甚至还会主动送人，这是为什么？2013年，可口可乐推出圣诞限量包装——礼花瓶，只要将瓶身包装纸轻轻一拉，就可以折叠成一朵丝带花，这个创意包装在市场上大获好评；同一年，可口可乐在中国推出昵称瓶，昵称中有"白富美""高富帅""纯爷们""文艺青年"等贴合中国网络文化的词语。当季可口可乐独享装销量提升20%，并一举摘得艾菲奖全场大奖；2014年夏天，"你是我最重要的决定""阳光总在风雨后""我和我最后的倔强""我愿意为你"等几十款流行歌曲歌词也被印在可口可乐的瓶身和易拉罐上，引得无数粉丝争相抢购。"歌词瓶"的推出推动可口可乐销量单月增长超过10%。

礼花瓶、昵称瓶、歌词瓶……瓶子被可口可乐赋予了好玩、猎奇、新鲜的属性，此时的可乐瓶对于消费者来说，已经不再是一个简单的容器，而是一件可爱新奇的物品，一件值得炫耀、分享的物品，满足了消费者社交的需要。

2. 跨界连接

2015年，可口可乐"台词瓶"再度袭来。不同的是，这次可口可乐选择与优酷合作，共同打造这场营销盛事。可口可乐多年的线下饮料市场资源融合优酷大量的线上视频和用户资源；同时，作为主流网络视频平台的优酷挑选出合适的台词，帮助可口可乐设计产品。"台词瓶"瓶身的媒体广告位可以展示

[①] 吴声.场景革命：重构人与商业的连接[M].北京：机械工业出版社，2015.

品牌LOGO，引流到优酷与可口可乐联手打造的跨界互动平台上，从线下无缝衔接到线上。

优酷和可口可乐以庞大的用户数据为基础，与用户调查反馈相结合，从《万万没想到》《后会无期》《咱们结婚吧》等几十部热门影视剧中，共筛选出49句人们耳熟能详的台词。这些台词多来源于优酷平台上的热门内容，总播放量已经超过百亿，获得了广泛认知与喜爱，并且可以覆盖多种生活情境，包括表白（"一见你，我就挺钟情的"）、热恋（"如果爱，请深爱"）、求婚（"咱们结婚吧"）、分享友情（"下辈子，还做兄弟"）等。这些丰富多样的台词，让优酷和可口可乐与用户的连接不再局限于线上或线下，将三者之间的联系延伸、拓展到生活中的方方面面。

3. 让用户分享

用户分享产生的最直接效果是内容快速传播，覆盖面更广。可口可乐在2013年推出的"昵称瓶"和2014年推出的"歌词瓶"收获了大量消费者的喜爱，在2015年通过多渠道融合传播的方式推出了"台词瓶"，将大众熟知的台词印在瓶身上，以此来吸引消费者。"台词瓶"不仅是一个饮料瓶，更是连接线上、线下的互联网入口，可以通过瓶身上的二维码实现线上平台和内容的推广。这次营销是可口可乐和优酷的一次深度合作，每一瓶线下的可口可乐都成为接入线上优酷平台的入口，可口可乐通过瓶身广告引流，优酷则通过强大的平台运营资源、UGC（用户生成内容）资源、影业资源及自制资源等，打造"让分享更有戏"的互动平台，还邀请凯蒂·卡西迪（Katie Cassidy）、布雷特·道顿（Brett Dalton）、汪可盈（Chloe Bennet）等8位好莱坞明星，以可口可乐"台词瓶"为主题，制作了8部短片，用户可以投票选出自己喜爱的明星大咖秀"台词瓶"作品，让用户深度参与其中。截至2017年7月，可口可乐台词瓶网络口碑讨论声量为65亿，活动互动量高达3300万次，网络视频浏览量高达3370万次。与此同时，可口可乐和优酷借助大数据技术也为很多2015上映的新电影做了推广，实现了对优酷的引流。这不仅是可口可乐首次亲密接触"网生内容"，也是全新的情感品类打造和互联网IP的深度开发。可口可乐联手优酷打造的"台词瓶"成为2015年夏天最闪亮的营销案例。

4.2.4 借势引流

借势营销，是指将销售的目的隐藏在营销活动之下，将产品的推广融入消费者喜闻乐见的环境中，使消费者了解产品并接受产品的营销手段。具体表现为通过借助其他平台的传播力、借助品牌口碑争夺消费者注意力、依靠热点卖点博取关注、借助消费者自身的力量分享传播等方式潜移默化地引导市场消费。

案例：固特异轮胎线上、线下齐借力

传统的企业营销大都借媒体宣传，走广而告之的路线。在互联网时代，借助他人之力用最少的钱办成自己的大事，在商业中不乏这样的案例。

1. 线上借力沃尔玛

固特异轮胎橡胶公司是全球最大的轮胎制造商之一，其全球员工总数超过6.9万名，在全世界22个国家设有50个相关机构，市场业务几乎遍及全球。面对中国市场，固特异选择了沃尔玛作为营销渠道伙伴，在沃尔玛中国的超市门店设立固特异"轮胎墙"销售专架，并针对颇受消费者青睐的明星轮胎产品举办具有互动性的产品展示活动。

在此之前，消费者们通常是在4S店或轮胎零售店购买轮胎，"轮胎墙"进驻超市这一新颖的销售模式，使得固特异在中国借助了沃尔玛线下渠道的网点广、流量大的特点，快速有效地搭建线下销售渠道，在中国这个全球增速最快的汽车消费市场中占得先机，更加贴近消费者。

2. 线上借力电商

固特异不光在线下有所借力，在线上也积极开拓电商渠道。目前固特异已先后登陆天猫、京东等电商平台。某年"双十一"，固特异品牌不仅轮胎销量增长迅速，其首度进军中国市场的汽车用品也是表现不俗。固特异品牌的飞足脚垫一度成为京东销量第一的汽车脚垫。

1. 借渠道

在企业引流的过程中，需要有通畅、宽广的渠道，这是引流的一个非常关键的要素。但是，企业需要具备一定的条件才能选择自建渠道或自营渠道。例如：品牌需要有较强的号召力，有较为忠诚的目标消费群，销量稳定且利润丰厚；并且，若想要实现厂商在配送和运营环节的成本最优，还要能够达到一定的规模。考虑到营销渠道简化的效果微乎其微，有时企业不得不借助其他人的成熟渠道想方设法引流或拓展企业的全渠道战略。

1）抱大腿

"抱大腿"是常见的借渠道方式之一，是指让更多的产品信息通过有流量优势的渠道传递给用户。例如，借助阿里巴巴、慧聪网这样的电子商务平台或者沃尔玛等这样的经销商来进行产品信息的传播。固特异便是采取这种方式推销产品，不仅节约了人力物力，而且规避了搭建自有渠道的一些风险，快速切入市场，打造品牌影响力。

2）外包

在企业自身的营销团队无法完成预期目标，企业的产品销售受阻的情况下，可以将产品销售外包给专业的营销团队，借助专业营销团队的销售渠道来达到销售目标，这是借渠道方式之二。

3）捆绑

在企业内部，流量大和流量小的产品是并存的。对于流量小、知名度低的产品，企业通常会将其与流量大、销量好的产品"捆绑"，这是第三种借用渠道的方式。在这方面，软件行业使用得比较普遍，比如最常见的一种手段就是软件绑定，在安装一些软件时，经常推荐和提示安装一些相关的其他软件。

2. 借品牌

借品牌是指有效利用现有知名品牌，快速提升自身品牌的知名度和影响力。比如阿芙精油的营销之道就是借助网红传播、粉丝冲冠、明星造势来提升自己的知名度。

1）借大事件的品牌

在奥运期间的奥运营销，就是这方面的典型代表。奥运会作为人类历史上最大规模的体育盛会，无疑会受到全世界的关注。1984年的洛杉矶奥运会，商界奇才尤伯罗斯创造性地将奥运会和商业紧密结合起来，使洛杉矶奥运会成为历史上"第一次赚钱的奥运会"，从那以后，众多商家也逐渐将关注点放在奥运经济上。北京申奥活动中，可口可乐、通用汽车、喜力啤酒、农夫山泉、富士胶卷等企业都积极参与，除了投入赞助费外，还从公益、文化、热点等各个角度采取了一系列相关的营销活动。

2）借知名企业的品牌

以蒙牛为例，在其发展起步期，其实一直都在做各种借势营销的活动。蒙牛当时的一句典型口号是"向伊利学习，做乳业第二"。在长期的这种战略布局和营销传播当中，蒙牛慢慢收获了属于自己的忠诚用户，最后终于发展到跟伊利并驾齐驱的地位。

3）借明星达人的品牌

一下科技在拥有秒拍、小咖秀、一直播这三个爆款应用后，仍然聘请三位明星到企业任职，分别是赵丽颖担任副总裁，张馨予担任荣誉公益大使，贾乃亮担任首席创意官。一下科技就是借助明星的光环，吸引他们的粉丝做自家产品的使用者和传播者。

3. 借热点

借热点就是企业将品牌和相应的热点事件结合。在借热点营销这方面，杜蕾斯可是公认的高手，在节假日（如情人节）、体育赛事（如赛事广告）、娱乐借势、行业借势（如苹果公司发布会后的各类创意广告）、事件借势等各种热点事件当中，杜蕾斯的广告团队总能找到关联性与之匹配。但不是什么热点都能随便借的，它需要企业具备以下一些能力。

1）企业的媒体化

企业可以借助各类媒体平台将自己打造成一个"自媒体"，利用"自媒体"来进行发声。企业官网更多时候是用户选择产品的一个背书，官方微博、微信公众号等多种多样的自媒体平台才是企业与用户沟通互动的桥梁。就像杜蕾斯的广告团队在借势营销方面树立了标杆性的榜样，他们能够借助一句笑话、一个图文、一个H5页面，甚至一个微电影来进行营销宣传，社会化媒体平台也成了这些创意营销的主战场。

2）传播的即时化

长期的规划对借势来说意义甚微，比如说按照季度、年度规划都是不可行的，因为热点事件大都具有突发性、时效性短的特点，这也要求企业对热点事件的借势具有即时反应的能力，避免在热点即将消失时才开始跟风。

3）文案的策略化

没有人愿意看冗长、无趣、无厘头的文案，企业的营销文案需要策略化。

（1）精辟。大多数借势需要在社交化媒体上传播，人们的注意力又有限，短小精干的文案才能被大多数人所记住。

（2）关联。文案应该是企业品牌与热点事件关联后的产物，如果关联点有误，那就只能是跟风、牵强的无效借势。

（3）创新。创新的文案会让人眼前一亮，具体包括关联角度创新、文案语言创新、图文寓意创新等，都会引起观看者仔细体味和点赞的欲望，能够加深读者的印象。

4. 借红包

借红包是指通过发放红包、优惠券等方式吸引流量，并促使消费者去帮助企业实施推广的策略。如今，流量碎片化趋势越来越突出，付费推广权重随之越来越高，消费者的传播力成了许多企业竞争的焦点。传播最本质的特征在于分享，通过顾客有意或无意的分享，增大引流力度。例如，淘宝有一个功能叫"分享有礼"，滴滴打车、共享单车、外卖软件等在消费后也有"一键分享发红包"的功能，还有转发微博、分享朋友圈抽奖领礼品等，都是企业在有目的地引导消费者进行宣传。红包已成为这个时代的营销武器，它具有三个极为突出的优势。

1）调动气氛

红包本身具有游戏性质，并对人的欲望具有强刺激性。它能够结合场景，强调互动，注重好玩，是为数不多的直接把真金白银反馈给用户的营销方式，因而受到用户青睐。如今红包营销已经常态化，随处可见。

2）汇聚流量

发放红包能够迅速汇聚庞大流量，"抢红包"能够大幅增强流量的活性（用户活跃度）。2014年推出的微信红包对于提升微信支付的用户活跃度具有极强的作用。单单2014年春节期间，微信红包功能就带动了微信支付800万的绑卡量，微信支付在极短的时间内完成了支付宝十年的用户积累，这也展现出了红包的现象级魅力。

3）传播动力

红包可以起到促进用户分享和传播的作用。红包营销能够帮助商家在黄金假日争夺稀缺的用户注意力，企业在吸引用户关注自己的基础上，通过分享红包、交换福卡、红包社交等方式促使用户帮助企业完成二次传播，这相当于在原有的传播范围内部形成更大范围的传播，并且二次传播带有熟人营销基因，更容易被人们接受。

案例：摩拜推出"红包车"

2017年春节是微信红包诞生的第三年。2014年春节，微信刚推出微信红包时，还只有800万人参与。而2016年春节，全球共有4.2亿人次收发微信红包。2017年除夕当天，微信红包收发总量达到80.8亿个，峰值每秒40.9万个。红包已成为不可或缺的生活元素：不只是在中秋节、春节这样的节日，在日常的社交沟通中也能见到红包的影子。不光是在微信、支付宝、微博等社交平台上，在很多企业的营销活动中也能见到红包的身影，摩拜就是其中之一。

2017年3月，摩拜用户在扫码骑车时发现，扫码之后竟然能够获得不等额的现金红包。这是摩拜推出的现金红包营销活动，为了获取用户，摩拜改变了以往发放优惠券的方式，以现金吸引用户。摩拜用户如果扫到红包车，就有机会获得最高100元的现金奖励，奖励可累计，可提现，并且保证1~5个工作日到账。摩拜的现金红包模式创造了新的营销活动方式。而发放现金红包引流、吸引用户的营销方式也陆续被多家大型互联网公司采用，特别是支付宝，为了引导线下用户选择支付宝支付，支付宝为商家发放了红包二维码，用户在付款之前可扫描二维码，获得现金红包之后再付款。

在此之前，摩拜联合招商银行、华住集团等一众顶级品牌推出"超级品牌日"免费骑行活动，引发高度关注，用户也为免费活动欢呼。随着行业竞争参与者纷纷效仿推出各种免费优惠活动，摩拜再次创新营销方式，直接向用户发红包，显得简单粗暴却十分有效。这不仅让用户感到十分意外，也让整个行业感到震撼。

现金红包的效果立竿见影，摩拜迅速获得了更大规模的用户，日订单量持续上涨并实现数量级的突破，远远领先于竞争对手。骑车有钱赚的玩法使得摩拜获得明显的竞争优势。有分析报告指出，摩拜单车在市场份额、用户量、订单增速、用户黏性、付费次数等核心指标上全方位领先，是市场的绝对领导者，拉大了与其他竞争对手的差距。

营销理论中有一种思维方式叫作"游戏化"，即营销活动具有一定竞技性和趣味性，同时能够给消费者带来高度的参与感、满足感。摩拜推出的"红包车"具有"游戏化"的全部特征，是对营销活动"游戏化"思维的完美诠释。用户使用摩拜单车时找到"红包车"具有一定的偶然性和随机性，自然多了一份刺激感；扫码获得的现金红包是随机金额，有的用户可能扫到几十元，而有的可能只获得几角，这样的差别也就具有了一定的经济性和趣味性；现金红包如此直接的方式自然吸引了更多用户选择摩拜，参与到扫红包的游戏中，摩拜用户数也随之攀升。从中可以看出摩拜营销团队对用户的心理把握比较到位。

4.3 转化流量

4.3.1 广告联盟模式

转化流量，是关于经营流量、变现流量并最终取得成果的方法。足够多的流量，是流量变现的基础，但就算具备了流量基础也不一定能够成功赢利。当前许多互联网企业在创业初期为了吸引流量，采取了许多补贴赔钱的方法，如果没有好的赢利模式支撑，后期很难实现扭亏为盈。目前还有很多互联网产品虽然拥有巨大流量，但却难以实现流量变现，如知乎、天涯等论坛社区类网站，高德地图、墨迹天气为代表的工具类应用，以及爱奇艺、腾讯视频等视频平台。许多企业都在为此发愁和寻找出路，因此，找到流量转化方法成为流量思维后期最重要的一环，直接影响到企业赢利空间的大小。流量变现最重要的是找到赢利的切入点，纵观目前一些互联网企业的发展，可以将流量变现模式总结为广告、电商、游戏、金融、增值服务等几个方面。

1. 概念

广告联盟模式，是指以自身流量为基础，吸引广告主在平台上投放广告而获利的模式，也是最常见、最简单、最快速的一种变现模式。在日常生活中，有很多广告联盟的身影。例如，搜索关键词后页面两边的弹窗、公众号文章里的软文、淘宝搜索后的商品排列、视频前播放的广告及右下角的小标志等，都是各个互联网平台广告变现的方式。

2. 评价

优点：广告联盟是最简单直接的变现方式，覆盖群体广泛而多样。只要有人浏览，就能产生价值。几乎所有互联网产品都可以通过广告来推销。对大企业而言，广告可以作为其主要营销方式，其他较小型的企业可以将广告作为辅助营销方式。

缺点：广告联盟所投放的平台必须具有高流量，否则无法实现大规模引流，如果流量规模不够，更加难以实现有效转化。低流量的产品转化有限，且不具有稳定性，可能无法支撑业务发展。在消费者主权时代，随意、简单地投放广告容易失去消费者的信任，降低用户体验。所以，通过大数据计算，实现强关联、高趣味的推送是广告发展的必然之路，只有这样才能更有效地实现广告价值。

众多大流量产品都倾向于采用广告业务这一变现模式。许多搜索引擎类、视频直播类、社群类（公众号、微博等）平台纷纷走上广告联盟的变现道路，以BAT为代表的互联网巨头在广告业也玩得风生水起。

3. 要点

消费者主权时代，用户选择的转移成本非常低，一旦用户对某品牌产生了厌恶情绪，就会毫不犹豫地选择其他品牌。广告的质量对于用户接受品牌来说是至关重要的，不恰当的广告投放和低质量的广告内容往往会适得其反。同时，广告需要跳出过去KPI（关键绩效指标）至上的思维模式，以用户为中心，注重用户体验。一方面需要大规模流量作为广告基础，因为没有流量就意味着没有发展空间；另一方面需要高度重视广告转化率，用户体验的好坏直接影响广告转化率。所以，提升用户满意度，增强用户黏性，将用户价值放在第一位，才能打造出健康的企业生态。

互联网平台的潜力很大程度上取决于流量的规模。在互联网行业，依靠广告赢利的产品和服务必然是基于强劲的流量，流量越大其竞争力越强，流量价值的潜力也越大。衡量平台的流量价值主要从两个维度出发：第一是初始流量基数，计算方式为平台用户数×每个用户市场；第二是用户价格属性，即流量价值乘数，是指单个用户对于广告主的价值。扩大流量基数是平台发展初期的首要任务，当流量基数到达目标值并逐渐形成规模，平台走向成熟后，对流量的优化成为这个阶段的重点，流量需要精耕细作，才能提升价值。

案例：一下科技的广告生意秘籍

单独说起一下科技，大多数人可能会觉得有些陌生，但说到秒拍、小咖秀和一直播，相信不少人都有所耳闻，其实这些产品都归属于一下科技。它们是近几年互联网行业中短视频和直播类的爆款产品。秒拍和小咖秀日播放量峰值突破25亿次，日均上传量突破150万，日均覆盖用户数超过7000万，人们每天从各个渠道看到的短视频中很多都带着秒拍的角标，秒拍已成为国内重要的移动短视频平台。一直播的表现也颇为不俗：全网日均覆盖用户数超过千万，上线不到一年，流量就扶摇直上，成为国内重要的直播平台。

流量是优质内容产生的结果，一下科技十分重视内容的打造，引入3000余名明星、10000位行业KOL（意见领袖）及热门网红作为优质的内容创作者，为平台持续输送优质视频资源，形成明星、星座、搞笑、健身、美食、母婴等40余个品类的垂直化内容体系。一下科技在持续创作视频产品的同时，还建立了打造网红与运营网红的基地。火爆的流量和优质的内容增强了一下科技的竞争力,对流量资源的深挖和内容资源的运营成为一下科技面对的核心问题。

2016年5月底,一下科技正式成立销售部,仅仅花费半年时间就完成了过亿的销售额。其成功的运营思路并不是将旗下三个产品单独运营,而是将三个产品的内容融合联通,结合不同产品调性和人群特性,为品牌提供移动视频营销方案,成为移动视频行业的营销商。

1. 原生广告

在过去,企业通常是将广告生硬地推送给用户,但在目前的市场环境中,这一方式已逐渐被淘汰。现如今,在不影响用户体验,甚至是提升用户体验的情况下,适时地推出广告已经成为常态,成为更多想要通过广告变现的产品的追求。一下科技旗下的秒拍、小咖秀和一直播都有传统App的最基础硬广形式:Banner位、开屏广告。秒拍还曾推出6秒前贴片广告功能,即支持自助式投放。一下科技巧妙地结合用户播放内容,利用其产品属性和平台属性定制原生广告,一来不会显得突兀,能够自然而然地进入广告模式;二来可在不干扰用户的情况下获得更好的广告效果;三来定制化的内容在很大程度上可以满足用户需求,击中痛点或者挠到痒处都能更好地提升广告转化率。2016年奥运会期间,一直播就联手脉动定制了"脉动金币"礼物,多个热门直播间出现脉动金币,用户每刷一次礼物,就是一次广告展示。

2. 互动广告

"互动"一词的属性在微博、微信、QQ等社交平台上得到了充分体现。互动广告也大多出现在具有强社交属性的平台上。一下科技本身已经形成了集移动视频创作、分发、互动和社交于一体的服务体系,加上秒拍成为微博官方独家短视频应用,其互动属性也极强。

2017年春节,长盛不衰的化妆品、护肤品品牌大宝上线"大宝星拜年"的视频悬赏征集活动。此活动就是一下科技为其量身定制的。用户可自行创作含有大宝元素的视频贺卡上传,即表示成功参与活动。在活动正式启动前,大宝邀请林更新、郎平等大流量名人发布其制作的"样片",引来粉丝们的关注和互动。活动最终实现生产UGC视频5000多支、总曝光达5.3亿、总点击量超过647万、总播放量超过4000万的良好效果。互动式的广告营销模式提高了品牌价值。

3. 效果广告

效果广告相比于原生广告和互动广告,是对产品的推广和销售更加直接有效的一种广告方式。原生广告和互动广告的关注点更多是在品牌宣传层面,而效果广告则是直接聚焦于产品的销售层面。因此,效果广告的适用平台也与原生广告和互动广告有所不同。就效果广告而言,中国最大的广告平台是阿里巴巴,其次是百度,阿里巴巴的效果广告直接促成购买,百度的效果广告直接促成访问。

一直播是一下科技旗下的三个产品中最符合效果广告运用场景的。例如在一直播上,喜剧明星沈腾和马丽通过直播做菜的方式巧妙地植入金龙鱼的广告,引导用户购买,结果3万份金龙鱼产品在15分钟内售罄。在此之前,一直播还曾有过一小时完成美的空调一天的销售额、一场直播售出15万份威露士洗手液等成功案例。

4. 内容广告

在信息爆炸的现代社会,传统的广告已经很难再被用户接受。传统广告似乎带给人们的感受就是"现在要开始广告了,要开始卖东西了"。现在普遍被人们接受的广告方式是:广告痕迹不那么明显,用户没有感受到这是广告,反而会因为广告内容传达的情感而引起共鸣,甚至会主动分享传播自己的感受,广告内容化就是希望达到这样的目的。

5. 整合营销

整合营销就是充分挖掘并利用平台流量和内容资源,形成具有创新性、全方位覆盖的营销模式。一下科技所具有的整合营销强大实力来源于内外部流量的联通融合。于内,一下科技拥有秒拍、小咖秀和一直播三大产品;对外,与微博线上渠道和分众传媒线下渠道达成合作,可以实现多样的广告形式。

一下科技没有单一地对流量和广告位进行销售,或是提供单一的营销方案。其竞争优势在于基于平台的大规模流量和多元化内容定制,提供整合型商业营销方案,再通过内部的视频平台以及外围深度合作的微博和分众形成线上、线下全方位分发渠道,最终产生定制化的整合营销效果。

4.3.2 增值服务模式

1. 概念

增值服务一般是指在免费产品的基础上嫁接虚拟服务以获取利益。现在有很多互联网应用都采用了这种变现方式。增值服务实际上是一种差异化服务,因为对于大多数人来说，产品中所包含的基础功能足以满足他们的日常需要。但每个人都是一个独立的个体，所需要的内容不一样，对产品功能的要求自然也不同。在这种情况下，增值服务模式应运而生。如同在机场候机，大部分人都选择在普通的候机厅等候，这是免费的；但有一些人对出行的品质要求较高，他们会选择去贵宾厅候机。不过，没有必要把贵宾厅扩建到普通厅，因为并不是每个人都需要服务，这就是所谓的增值服务思维——为特殊群体提供特殊服务。

2. 评价

优点：增值服务的受益群体主要是产品提供者和用户。对于产品提供者而言，一方面可以利用增值服务来区分用户群体，对用户进行分类，从而进行用户的分层管理和运营；另一方面有利于从增值部分中获利，从而维持产品的正常运营和赚取利润，成为可靠的变现方式。对于用户而言，一方面可以满足不同用户的不同需求，更加全面地覆盖用户群体；另一方面从消费者心理角度出发，付费用户会产生优越感，从而增强用户黏性，提升用户满意度。

缺点：互联网企业进入市场时多是采取免费策略，在用户习惯免费后，企业需要耗费一定的时间和精力才能培养出用户对增值服务的消费意愿；同时，用户分层后对产品的设计和用户的管理容易出现顾此失彼的情况。引导用户消费增值服务，提高转化率，也成为企业需要面对的重要问题。

增值服务变现适合具有高用户忠诚度或专业导向的产品，它具备核心业务发展，如视频服务、企业服务等。比如腾讯QQ是免费的，但是会向用户提供黄钻会员、游戏会员等增值服务项目；陌陌的会员订阅以及虚拟礼物在2016年为陌陌创收近5亿元；东南亚非常火爆的社交通信产品Line，它的付费贴纸、周边衍生品等为企业贡献了过半收入；各大视频网站，例如爱奇艺、腾讯，在提供海量免费视频的基础上，也为部分用户提供需要付费观看的优质内容，会员收费成为平台的重要营收来源。

材料：从知识工具到知识平台，知乎的变现之路

截至2017年5月，知乎已经有8400万注册用户、1700万问题、6300万回答，涉及25万个不同的话题，月访问量达到140亿。面对用户群和流量的爆炸性增长，如何变现成为知乎面临的最大问题。

知乎变现的尝试

知乎在商业模式的探索中，锁定了原生广告和知识付费的模式。2016年4月1日，知乎上线产品"值乎"，用户可以将自己的加密信息分享到朋友圈，朋友圈的用户如果想看到这些信息就需要付费。有趣的是，用户阅读后可以选择满意或不满意，这两种选择对应的付费流向不同。选择满意则费用归作者，选择不满意则费用归知乎。值乎在朋友圈引起部分好奇围观，乐于尝试新鲜事物的人试了试水，然而值乎似乎并没有引起持续关注，话题迅速降温。5月，知乎又发布付费产品"知乎 live"，采用实时问答的形式，形成"一对多"的咨询模式，沟通渠道多为微信群和电脑端的浏览器。用户想要进入答主建立的沟通渠道，需要支付答主规定的"入场费"。同年9月，知乎上线"知乎书店"，充分挖掘现有优质用户资源，这也成为继"知乎 live"后另一个可靠的变现方式，得到了众多知乎用户的支持和认可。知乎还优化了购买渠道，过去读者需要到亚马逊等平台购买知乎的知识产品，而知乎书店上线后，用户在知乎网站即可购买。知乎还和出版社合作推出了"知乎周刊""一小时""知乎·盐"三个深受读者喜爱的出版物系列。

平台化难题

不管是内容付费、资源打赏还是原生广告模式，以 Quora、知乎为代表的知识型问答社区本身所营造的文化氛围对商业化就有一定的排斥。除此之外，平台面临的问题还不少。

第一，信息覆盖面有待扩展，推荐系统需要优化。在优质信息匹配优质需求的如今，精准优质的推荐系统显得十分重要。在这方面，知乎做得似乎还不够好。一位互联网工程师表示，他曾多次在知乎上搜索 Python 这门编程语言，但是从未收到过 Python 相关的知识推荐。需要的信息查找不到，需求得不到满足，这无疑会降低用户对产品的信任和依赖。

第二，行业 KOL 品牌化较难凸显。对于细分领域，发展变化快，如果行业内的"大 V"们不能持续更新和关注平台内容，就很难形成个人品牌。

第三，版权保护力度亟待加强。微信公众号已经成为重要的信息传播渠道，相较于知乎，拥有更大规模的用户群体。很多微信营销号为了提升影响力和文章的阅读量，四处寻找优质内容抄袭。现在微信公众号的大号对版权的重视程度越来越高，但是更多的是浑水摸鱼的小号在四处抄袭，因此版权的保护成为以内容为基石的知乎发展面临的重要问题。

市场的启示

豆瓣是先于知识内容社区创立的，在积累了大量用户之后，同样面临变现的问题。豆瓣把重点放在电商方向，推出线上购票业务、豆瓣音乐付费版FM-Pro，以及电子书等业务，但基本上都折戟沉沙。其中重要的原因是错失了移动互联网发展的浪潮。用户获取信息方式的转移以及不成熟的支付工具和支付习惯，都使得豆瓣的变现之路一波三折。

"考虑到知乎特有的文化氛围且处于创业阶段，商业变现需要以更加巧妙的方式呈现，进行一步步的尝试。"知乎投资人、启明创投主管合伙人甘剑平说。知乎正在探索如何建立渠道推动内容发展，同时利用内容反哺渠道，用优质的内容建立起市场壁垒，形成品牌效应。

4.3.3 金融对接模式

1. 概念

互联网金融是指在传统金融的基础上，利用互联网技术实现资金融通、支付、投资等业务的一种新兴模式。头部互联网企业在积累了足够的用户和资金以后，都纷纷开始探索新的金融模式。首先是互联网巨头BAT推出的支付系统：2003年10月淘宝正式推出支付宝业务，2004年支付宝公司成立，逐渐向更多的合作方提供支付服务，支付宝的出现给人们的支付方式带来了巨大变革。2018年1月3日，《中国证券报》消息称支付宝的用户数已达5.2亿，并占据了移动支付82%的市场份额。腾讯在2011年推出的即时通信工具微信，在快速完成过亿的用户积累之后，通过微信红包这一策略迅速推广微信支付，成为支付宝的劲敌。百度则推出了百度钱包。支付宝、微信支付和百度钱包成为全面的移动支付工具，除了具备支付功能，还能同时提供转账、付款、缴费、充值等生活周边业务。然后是以余额宝、理财通、花呗等为代表的各类理财产品的问世，包括成立小贷公司，建立众筹、保险、基金等金融服务平台，发展供应链金融、消费金融，参与筹建网商银行等，丰富了平台自身的产品品类。最后是建立芝麻信用等第三方信用评估机构，通过云计算、机器学习等技术提供信用服务。

2. 评价

尽管很多互联网企业的核心业务并非金融，但随着企业的发展成熟，开展金融业务成为其发展的必然趋势和必然选择。其切入点一般有两个：一是基于沉淀的海量用户，通过数据挖掘和分析，为用户推荐合适的金融产品，实现精准营销。二是直接引入供应链金融，建立闭环的金融体系，基于上下游的产业链控制数据信息，推出金融产品。前者对企业本身的金融业务能力要求低，只做第三方的推荐，因此需要承担的风险小。但是，风险小也意味着变现能力一般，收益较低。而后者对企业的资金实力以及风控管理能力要求都非常高，对资金的支配力强，可以通过金融的方式优化产业链效率，实现产业链增值，有利于"把蛋糕做大"；同时，互联网平台本身的用户基数为金融产品的消费提供了基础，对用户信息的掌握也为其提供定制化的金融产品提供了条件。但是，这种模式在获得高收益的同时也面临着高风险。

金融变现的适用对象是有大量资金运作、用户基数大且触及产业链上下游的生态型产品，如平台型电商。现实生活中有许多金融变现的案例，例如，支付宝上线余额宝，微信推出理财通，京东推出京东白条，连滴滴打车软件也推出了滴滴金桔宝理财服务。

案例：京东金融——一家默默耕耘的金融科技公司

京东，一个1998年从光磁产品代理商起家的企业；2004年尝试在电子商务领域创业；2007年推出京东商城，与阿里巴巴两分天下；2014年在美国纳斯达克证券交易所挂牌上市。然而，这还远远不够。2013年年初，京东更改域名，开始去商城化，同年10月，京东筹建了京东金融。

1. 多元化的金融产品

和阿里巴巴旗下的蚂蚁金服一样，京东也基于自身电商平台的海量用户开启了金融探索模式。京东金融建立了供应链金融、消费金融、众筹、财富管理、支付、保险、证券，金融科技，这也意味着京东在满足了平台用户的基本支付需求外，提供了更多的金融服务，成为一家名副其实的互联网金融公司。所有的金融产品都基于用户，利用数据对用户画像，最终通过产品将用户和数据连接起来，形成超越传统金融的竞争优势。2013年1月，京东金融推出第一款金融产品"京保贝"，起初完全面向自营平台，具有风险低、效率高、3分钟完成审批放款的特征，很快实现与外部核心企业对接。2014年2月，京东推出"先消费，后付款"的京东白条服务，应用于平台的消费，其功能和支付宝花呗类似。2015年，京东白条的应用场景实现大范围扩展，走出体系内部，和外部平台企业实现开放合作，为用户提供消费贷款，业务已经覆盖了租房、旅游、购车、教育等多个领域，并专门针对校园和农村提供了多种金融解决方案。同年4月京东提出"白条+"概念，旨在打通线下场景消费场景。

2. 科技武装的金融体系

京东金融对自己的定位是"金融科技公司"，可以看出关键词有两个：一个是金融，另一个是科技。金融自然是核心业务，科技则是推动业务发展的关键动力。以金融为核心，以科技驱动提供金融解决方案。京东能够在群雄角逐的电商领域杀出一条血路，自建物流体系是其重要武器，在其他电商平台都需要"3～5天到达"的情况下，京东能向消费者承诺次日达，如今更是实现了当日达。很多消费者选择在京东购物就是因为它快，自建物流赋予京东其他平台无法超越的竞争优势。而在京东的金融业务中，科技的作用就像物流对于京东商城的作用。京东不仅自建风控模型，还在2015年投资ZestFinance、聚合数据、数库这三家数据公司，为建立底层数据生态打下基础。2017年，京东已有95%的业务实现自动化、智能化。从其人力资源角度看，从事数据、研发、技术相关的工作人员已经超过总体的50%。

3. 贴近生活的金融场景

作为能量单位的"卡路里"，在京东金融的"包装"之下，也具有了金融意义。2016年9月20日，京东金融首推"卡路里银行"，用户通过火辣健身App记录健身卡路里消耗，累积到一定的量便可兑换相关金融权益。通过产品把人、运动和金融结合起来，将金融融入运动场景中，这是京东推出的运动变现模式。

京东金融CEO陈生强说："两年多来，我们一直专注做三件事情，一是风控，二是账户，三是连接，基于这三大基本功，京东金融已经建立中国最受信赖的金融科技平台。通过输出风控能力、产品能力、技术能力和场景解决方案，拓展京东生态外场景，服务用户消费升级、财富增值以及企业资金管理等新生需求，助力创业创新，促进了中国实体经济发展和结构转型。不光我们自己做，我们还要通过与更多的合作伙伴连接在一起，把这种价值观输出出去，为更多的用户提供有价值的金融产品和服务。"

4.3.4 电子商务模式

1. 概念

电商变现是指通过直接售卖实体或虚拟物品进行获利，这已经成为一种主流的变现手段。电商变现的渠道有两种：一种是面向平台型、实力强的互联网企业，对接大大小小的商家，直接做综合型电商平台，如天猫、京东；另一种则适用于垂直化的互联网企业，当应用集聚了特定属性的人群后，企业可向上游延伸进行硬件开发和销售，如墨迹天气做智能硬件"空气果"的开发等。

2. 评价

优点：电商是互联网商业发展到成熟阶段的一种变现方式，具有直接、稳定的特点。物流的发展、支付方式的完善更是加快了电商发展的步伐，电商也成为释放大众消费需求的重要渠道。电商打破了传统商业的空间限制，具有很大的市场拓展空间，面对的市场是全国，乃至全世界。同时电商具有很强的延展性，可以和多种形态的商业形成整合变现，例如与社交平台融合，可以实现精准引流和转化；与线下实体商店的融合，提升用户体验，等等。

缺点：电商发展至今也一直面临着巨大的挑战。消费者的诉求已经转变为对场景化、个性化的追求。多场景的衔接切换、个性化内容的提供、供应链的整合优化等都成为电商发展面临的挑战。

纯电商的发展分为两种类型：综合性平台电商和垂直电商。随着消费者的消费行为逐渐从纯电商的平台拓展到融合性平台，这两种电商已经无法满足消费者多样化的需求。融合性平台是指先通过非电商业务积累用户，然后在平台上销售与核心业务相关的衍生产品，因此，在商业模式设计之初或是业务成熟考虑变现模式时，需要了解哪些衍生购物场景的产品适合这类电商，企业立刻采取逆向的方式去打造场景引导消费，或基于现有场景打造适合消费的产品。例如，知名健身应用Keep在积累了大量健身用户后，引入健身周边产品，比如运动装备、营养餐食等。这类垂直电商可以精准锁定用户群体。

4.3.5 游戏娱乐模式

1. 概念

游戏娱乐变现的方式已经得到了市场的广泛认可。游戏作为生活娱乐方式，具有天然的代入感和互动优势，通过视觉、听觉等多感官的冲击和带动，能够极大地调动用户的认知意识。用户能够在游戏中获得自我满足感，并且一般具有较高的忠诚度和付费能动性。游戏变现有两种方式：一种是通过长期积累和沉淀用户，以会员、充值、装备等方式变现；另一种是通过广告变现，游戏发行方可以在用户进入和退出游戏时设置推广页面，或是基于数据分析进行"软推广"。"软"是指不能生硬地植入广告，不是以牺牲游戏玩家体验为代价来插入广告，而是在掌握玩家心态、了解玩家基本兴趣动向后，选择适当的时机推出广告。

随着直播的火热，基于粉丝群体打造游戏主播也成为游戏间接变现的重要手段。随着移动互联网的发展，各大游戏公司逐渐将关注点聚焦在手游上。从全民"王者荣耀"到全民"吃鸡"，趣味性强、易上手、耗时短的手游在市场上大获成功。

2. 评价

优点：游戏一旦得到用户认可，可以较容易地激励用户付费。这背后是游戏产品对人性和心理的充分发掘，用户在游戏中付费更容易得到满足感和成就感。游戏付费是符合人的心理逻辑的，顺应逻辑自然能够运营顺利，并得到长足的发展。

缺点：游戏开发难度较大，想要开发出高品质的游戏更是难上加难，好的游戏可遇不可求，需要有专业的产品运营团队、研发团队支撑。花费巨资开发出游戏后，要获得用户认可也有很大风险。

有平台入口、用户基础及优质内容的企业具有游戏变现的优势，如任天堂、EA、UBI、动视暴雪等。大企业往往决定了整个行业的规则，即开发团队负责内容开发。腾讯游戏作为腾讯四大网络平台之一，其开发的《王者荣耀》和中国独家代理运营的《绝地求生》成为现象级游戏。腾讯作为拥有庞大用户基础和资源的大平台，在产品的开发和发行环节都具有得天独厚的优势。

案例：解密爱奇异的变现路径

爱奇艺在2010年4月22日正式上线，经过短短十几年的发展，已经从最初的单一视频网站发展成为涵盖立体娱乐形式的开放娱乐生态王国。爱奇艺从最初的纯广告变现的模式，发展成规模性用户付费，利用IP开发衍生变现、游戏变现等多元化变现模式。目前，爱奇艺已经构建了包含电商、游戏、电影票等在内的多领域业务，打造了一个连接人与服务的视频商业生态。接下来，爱奇艺对自身的发展定位是要做一家"以科技创新为驱动的伟大娱乐公司"。

1. 手游变现，拉动增长

2015年爱奇艺打造了热播剧《花千骨》同名手游，实现月流水2亿元。依托影视资源，打造影游互动的产品，这为爱奇艺提供了强劲的变现能力。目前，爱奇艺以市场上优质影视资源为基础，所开发的爱奇艺联运平台上的游戏已超过了2000款。

爱奇艺擅长进行影游互动产品的打造，在这方面具有很强的市场竞争力。爱奇艺的视频平台为影视IP的曝光提供了坚实的基础，而其他独立运营的游戏不具备爱奇艺如此优越的条件，如果缺乏平台的支持，盲目地将影视和游戏结合推广，这是具有很大难度的。对于影游互动产品，影视和游戏一定是协同配合的，在宣传阶段要呼应配合，此时两者是完全连在一起的，一定要注意两者之间的平衡，强势的一方不一定会给另一方带来积极的影响，但弱势的一方必定会削弱整体的效果。"影游"的"影"不仅包含电影、电视，还包含综艺、动画等多种类型。爱奇艺平台拥有丰富的IP资源，因此具有极强的变现潜力。将影视和游戏的协同效果做到最大，是爱奇艺的泛娱乐布局目标。

2. 自制影视，借势扩张

视频网站为了获取海量的视频资源，往往会花费高额费用引进资源。近年来，爱奇艺陆续推出自制影视节目，其表现也让人刮目相看。2017年被称为"中国嘻哈元年"，其中很重要的推动力来自爱奇艺打造的网络综艺节目《中国有嘻哈》。该节目开播以后，几乎每一期都能登上微博和百度热搜。代表自由、随心、个性的嘻哈文化一下子打开了网络时代急需表达的年轻人群的世界。除了农夫山泉1.2亿元拿到独家冠名外，麦当劳、小米、抖音、绝对伏特加等企业陆续入局。尽管获得了较大的投资，但由于制作成本太高，《中国有嘻哈》第一季最终仍是亏损。但是节目后续带来的IP衍生和开发潜力不可小觑，例如推出"嘻哈"为主题的巡回演唱会，借助嘻哈之势不断增强影响力。该节目的爆红催生出营销界"嘻哈+广告"的新模式，支付宝抢先在节目中"蒙面嘻哈人"揭开面具之前上线广告，揭开面具，赚足流量。广告一经播出，便引来各大品牌争相仿效，纷纷推出了嘻哈版广告。爱奇艺不仅在综艺领域做得风生水起，其内容制作能力在市场上也受到了广泛认可。除了《中国有嘻哈》，爱奇艺独家出品的《盗墓笔记》《余罪》等自制剧都收获了众多铁杆粉丝。爆红的综艺和影视为其带来了巨大的流量，提升了爱奇艺广告收入和会员收入，同时带动了爱奇艺体系的其他产品。

3. 电商布局，完善体系

爱奇艺除了通过影视引流，利用影游产品、广告、泛娱乐等方式进行变现，还围绕视频娱乐在终端布局。目前电脑和手机市场已经呈饱和状态，爱奇艺深知加入该竞争市场毫无优势。爱奇艺看准了"硬件+软件"模式，在硬件方面先后合作推出电视盒子、VR等智能终端设备；在软件方面则是瞄准内容制造者，打通一条视频娱乐化的产业链。

爱奇艺全方位深挖视频延伸产品，会员付费、影游产品、电视盒子等一系列布局都展现了爱奇艺想要打造娱乐王国的野心。目前来看，它对影视娱乐行业的理解十分深入，扩张速度也足够快，爱奇艺的未来值得期待。

参考文献

[1] 阿铎1.用免费模式去解析：四川航空"免费接送"[EB/OL].(2018-10-05) http://www.360doc.com/content/18/1005/11/27458406_792140835.shtml.

[2] 本意. papi酱短视频为何这么火[EB/OL].(2016-04-27) http://blog.sina.com.cn/s/blog_147391a510102w8nx.html.

[3] 笨笨的大熊. 运营策略分析：知乎,内容社区的变现之路[EB/OL].(2019-09-02) http://www.woshipm.com/evaluating/2801627.html.

[4] 蔡骐. 社会化网络时代的粉丝经济模式[J]. 中国青年研究, 2015(11)：4-11.

[5] 创意广告. 瓶身营销大盘点,原来你是这样的可口可乐！[EB/OL].(2019-10-10) https://baijiahao.baidu.com/s?id=1646999113936150441&wfr=spider&for=pc.

[6] 韩骋. 互联网+背景下的普惠式金融：京东金融[J]. 特区经济, 2016(5)：69-72.

[7] 互联网时代见证者. 失去了流量红利的移动互联网行业该何去何从？[EB/OL].(2019-03-09) https://baijiahao.baidu.com/s?id=1627460200439438460&wfr=spider&for=pc.

[8] 李飞. 全渠道零售的含义、成因及对策——再论迎接中国多渠道零售革命风暴[J]. 北京工商大学学报：社会科学版, 2013(2)：1-11.

[9] 刘翠莲,戴群,尤心一. 物流视角下共享单车运营问题及对策[J]. 重庆交通大学学报（社会科学版）, 2019, 19(1)：59.

[10] 陆彦. 研华2016智慧城市案例精选集（十二）：最佳零售商大润发如何做全渠道营销？[EB/OL].(2016-10-11) http://www.gongkong.com/article/201610/71090.html.

[11] 驱动中国. 学成文武艺,脱离BAT[EB/OL].(2018-07-25) https://baijiahao.baidu.com/s?id=1606968967624697911&wfr=spider&for=pc.

[12] 王继高. 中国互联网进入BAT时代[EB/OL].(2014-12-19) https://www.163.com/news/article/ADQB6PRR00014AED.html.

[13] 钛媒体. 外卖O2O补贴大战催生职业刷单者：月入5万不是问题[EB/OL].(2015-09-29) https://hn.qq.com/a/20150929/018063.htm.

[14] 钛媒体. 流量之贵已难以承受,资本寒冬之时又如何让用户增长？[EB/OL].(2017-04-08) https://www.163.com/money/article/CHGF3IK9002580S6.html.

[15] 王通. B2C电子商务引流策略研究[D]. 广州：暨南大学, 2018.

[16] 王晓军,郭大治. 互联网金融：流量变现新法门[J]. 互联网经济, 2015(7)：58-61.

[17] 卫夕. 从流量到留量——存量博弈下的巨头增长新策略[EB/OL]. (2020-09-18) https://www.sohu.com/na/419260495_114819.

[18] 文艺IT虎. 流量革命：IP社群电商构建与变现[M]. 北京：机械工业出版社，2019.

[19] 徐婧，吴浩，唐川. 2019年全球网络空间态势分析[J]. 世界科技研究与发展，2020，42（4）：400.

[20] 阳旻. 固特异携手沃尔玛设超市固特异轮胎专架[EB/OL]. (2015-02-13) http://guangzhou.auto.sohu.com/20150213/n409000865.shtml.

[21] 张军杰. 中国互联网企业发展模式探析——以腾讯为例[J]. 经济与管理，2011，25(2)：43-46.

[22] 章宁，王天梅，许海曦，刘晓征. 电子商务模式研究[J]. 中央财经大学学报，2004(2)：68-70.

[23] 智高气扬. 什么是流量？[EB/OL]. (2019-06-12) https://zhuanlan.zhihu.com/p/68920937.

第 5 章 迭代思维

顾名思义，迭代思维就是一种相继轮换、更新换代的思维，也是一种不断用产品或服务的新变量替代旧变量的思维。手机系统和各种应用不定时的更新，手机等各类产品的升级换代，以及商家在每一次吸取实践经验的基础上不断推出新服务，这些都是迭代思维的体现。在互联网时代，迭代思维的应用更加广泛。许多企业在迭代思维的助力下，取得了成功，消费者也随之获得了更好的产品质量、服务效果。本章首先介绍运用迭代思维的两个重要理念：敏捷开发和精益创业；其次从概念入手，介绍迭代思维的产生背景，挖掘其在互联网时代火爆的原因；然后将创新融入迭代思维，从传统创新模式到如今的微创新，创新在迭代思维的发展中起着推动和助力的作用；最后提出迭代思维的"快"法则，只有抢先快速迭代，产品才能立足市场、赢得竞争。

5.1 从敏捷开发到精益创业

5.1.1 敏捷开发

敏捷开发是一种为了满足快速变化的需求而提出的新的开发方法。敏捷开发相比于"非敏捷开发"更加有效，具体体现为其开发团队与业务专家的合作更加密切，面对面交流更加频繁，软件版本更新速度更快，团队组织更加紧密，代码编写更加灵活，并且特别关注人在软件开发中的作用。

瀑布式开发方法是在敏捷开发这一方法提出之前，使用较多的一种开发方法。通常情况下，项目最初被分为许多阶段，前一阶段的完成是下一阶段的开始，前一阶段的开发效率直接影响下一阶段的开发效率，各个阶段相互联系、相互依存，并且对于最终实现的软件产品，一旦需要修正，很有可能造成"牵一发而动全身"的严重后果。而敏捷开发是在用户需求的基础上，将整个项目分割为几个子项目，各个子项目在内容上相互联系，但在功能上相互独立，每一个子项目都具有成果可见、可被测试、可独立运行、可集成的特征。这样，各个子项目可以同步开发，不仅节省了时间和成本，而且使整个软件始终可用，实现了敏捷开发。一旦业务专家捕捉到用户需求发生变化，通过与开发者的面对面沟通，能够及时快速地实现产品更迭。

敏捷开发能够实现快速迭代并在互联网企业中普适的原因主要有两方面。一方面是企业面向顾客的销售渠道长度大大缩短：传统企业产品在到达消费者手中之前，需要经过一系列繁杂的流程。从原材料加工到形成产品，再经过中间商（经销商、分销商、零售商等）分销等一系列复杂环节后才能到达消费者，完成价值的转换。而互联网产品只需由开发商开发出来，通过线上发布，消费者便能直接与源头实现价值交换。在这一过程中，企业的销售成本和顾客的购买成本都被降低。另一方面是顾客面向企业的反馈渠道大大增强：传统企业的反馈成本较高，常见的反馈渠道有问卷调查、电话访谈、挨家挨户拜访等方式，显而易见，这样搜集客户意见的成本很高，而且顾客通常会将产品意见交给首先与他们进行交易的中间商，制造商要接触到一线顾客资源的战线被拉得很长，这使得传统的"卖方市场"对用户的反馈并不重视。但是互联网技术带来的线上反馈渠道就不同了，成本近乎为零且十分便捷。企业利用各种各样的社交媒体平台，将在线反馈渠道部署得更加充分。一旦消费者对产品有了感知，就可以轻松快捷地与企业建立联系，形成一种良好互利的双向互动。

5.1.2 精益创业

精益创业（lean startup）是起源于美国硅谷的一种创新方法论。埃里克·莱斯在《精益创业》一书中描述道："我们正处在一个空前的全球创业兴盛时代，但无数创业公司都黯然收场，以失败告终。"如果说创业只有百分之一的成功率，那剩下的百分之九十九如果能时间快一点、成本低一点地度过，那是一件吸收经验的好事。精益创业就是这样一种基于保守考虑的理念，提倡企业去"验证性学习"，先向市场推出最简化的可实行产品，以最快的速度和最低的成本让基本产品在市场的实践中接受最真实的检验，而非传统模式下的模拟和预测，然后在此过程中灵活调整方向。如果产品不符合用户需求，那就不会"昂贵地失败"，而是将失败的成本降到最低；如果产品被用户认可，也应不断迭代升级，挖掘用户需求，迭代优化产品，即在最简单可行的产品上持续改进。

可以说，企业迭代思维的开端就是精益创业理念。企业要想依据不确定的需求来构建完美的产品原型，这是很难实现的，因此要用最简单的方式去快速验证。验证成功，之后就可以根据用户反馈对其进行迭代优化；验证失败，则推翻假设，重新来过。

案例：大众点评网

大众点评网最开始就是用一周时间做了一个简单的网页，并租了一个几百元一年的服务器，其核心是怎样培养用户写点评。这是最初的最简化的产品。大众点评网初期在上海得到较好的反响后开始开拓其他城市，在北京和杭州也复制得较为成功，证明这种模式是可行的。于是大众点评网才开始逐渐覆盖更多的城市，在品类上也更加丰富，从餐馆到休闲娱乐再到购物等领域。

精益创业对于迭代思维十分重要，主要从两个方面体现。一方面，精益创业简化了产品原型开拓市场的复杂性。俗话说，万事开头难。通常，企业为了追求完美的第一印象，行动的第一步往往会放缓，在迅速变化的商业社会中，这样很容易失去"先发制人"的优势。再者，简单的开头为后期的弹性调整预留了空间，根据用户需求迅速改进的发挥余地更大。另一方面，精益创业能够降低风险成本。因为极简的原型产品在一定程度上代表极低的成本，这样一来即使失败也能够"廉价地失败"。敏捷开发和精益创业都是迭代思维实现的方式。一个从开发方法出发，另一个从开发理念出发，站在企业的角度诠释了迭代思维的内涵，值得每一个还在传统商业习惯中奋斗的企业摸索和探讨。

5.2 何为迭代思维

迭代思维在互联网上的出现，具有偶然性，但从网络社会发展层面看来，迭代思维的出现是必然的。其独特的产品开发之道和发展理念一经提出就受到了广大企业的推崇。

5.2.1 迭代思维概况

1. 迭代思维介绍

迭代，原是数学领域的一种求解算法，又叫逐次逼近法，即初始值通过相应公式计算得到新值，再反复代入相同公式后得到更精确的解答。后来迭代在开发领域有了新的意义：产生稳定、可执行的产品版本的全部开发活动。在计算机软件领域中，"迭代"一词出现的频率更高：相对于瀑布式开发法或直接开发法，迭代法代表了新值不断被变量的旧值递推的过程。几经更替，几经轮换，旧值换新值，新产品替旧产品，新版本覆盖旧版本。在如今人类的实践活动中，迭代已经不再仅仅代表一种算法，而是转换为一种方法、理念以及思维形式。不仅如此，迭代思维在计算机技术基础上形成了一种独特的思维方式，即一种消除成见的自我创新思维，也是一种批判式思维。对于现代企业，应充分利用迭代思维，在产品和服务投入市场后，瞄准用户的需求变化，快速对产品或服务进行更新换代，提高用户满意度，通过不断改善实现产品品质螺旋式的上升，实现"化蝶"式的层层蜕变，实现产品与用户之间的同步联动。

　　迭代思维的核心主要体现在产品上。一方面，迭代思维对企业推出新产品具有重大意义，具体表现为企业可以在最短的时间内以最低的成本推出产品。最短的时间也可以理解为"快"，在互联网时代，快就是生命，也是迭代思维的主旋律。企业若想以快制胜，往往需要建立畅通舒适的反馈机制，同时具备随机应变、快速反应和积极进取的互联网精神。随着消费者需求的不断变化，企业要在最短时间内结合用户的诸多反馈找到症结，进行产品开发和升级，并尽快推入市场，很多时候甚至等不到产品完全成熟就要上市。例如，生鲜产业中的水果，香蕉还是青色的时候就要从树上摘下来运输到各个渠道终端，因为如果等到香蕉黄了再摘取贩卖，呈现在消费者面前的香蕉多半是熟透了的，不仅保质期很短，卖相也很差，而且很有可能此时其他竞争对手的香蕉早已将消费者喂饱了。所以通常为了追求快，企业推出的第一代产品往往并不完美，它只是代表了企业对用户理解的第一个层次，具备了最基本的功能。这样做恰好也能给企业带来第二个好处，即以最低的成本推出产品。在互联网时代，几乎每种产品的第一个版本都是最简单的，有很大的发展空间，一是因为大家都在争分夺秒推出新产品，谁先成功推出产品，谁就能抢先占据市场，获得先机，会有更大的概率成为行业领头羊；二是只开发最基本的功能，可以极大地降低成本和风险，节约企业资源。

　　值得注意的是，虽然迭代思维要求以更低的投入在更短的时间内开发产品，达到迅速占领市场的目的，但迭代是一个由量变发展到质变的过程，是通过不断改进和完善原有产品和服务，来累积实现企业的自我成长、自我创新。

另一方面，迭代思维是产品的生命线，新产品一经推出，迭代思维便贯穿其升级换代的始终。在产品最初推出时，它并非完美的，因此企业需要时刻关注用户的需求变化，从用户行为、体验以及反馈等层面找到用户痛点，快速进行产品的更新迭代。此时企业要想获得用户青睐，必须在每一次与消费者的互动中，揣摩用户的心理与需求，并及时吸取经验，优化产品与用户体验，不套路夸张，不花言巧语，脚踏实地地一点点进步，最终才能打动用户。

2. 迭代策略形式

1）递增式策略

产品开发团队面对较为熟悉的领域，前期已积累了一定的经验，并对用户需求有基础性的掌握，就可以采用递增式策略。这种策略就是建立在充分认识原型产品的基础上，不断跟进用户需要，针对性地对产品进行修补，使产品不断完善。例如导航软件的开发，就是基于导航这个基础功能，在后续产品交互中一步步优化用户体验，增加软件的附加价值。

2）演进式策略

在面对新兴或者不熟悉的领域时，团队经验匮乏，对用户需求不明确，企业甚至需要对用户进行再教育，才能将产品或服务推向市场。演进式策略就是在市场需求没有明确的背景下，在构建产品的同时探索需求，对产品不断加以改进，达到对用户启发性、试验性的效果。如微信一开始的定位只是想做移动端通信，然而微博早已具备这项功能，QQ的包袱又很重，所以微信才在移动邮件的基础上一步步演变成今天的移动端综合性应用。

3）即付式策略

即付式策略的特点是快速构建产品，缩短产品周期，持续跟进迭代，以优先交付产生效益。当产品或服务需要尽快进入市场，或者用户需求急迫时，该策略能帮助企业应对竞争激烈或时间紧迫的挑战，如应急的市场研究报告，可以先快速交付成系统的市场情况，形成简要的分析报告，后续再进行多角度的深入分析。

4）大设计策略

对于需要长期维持运行、重要且稳定性强的产品，一般采取大设计策略。此类产品或服务前期一般需要经过一次很长时间的迭代，一经策划、稳定生产，就不会再轻易改版，如门户网站、12306软件、期刊等。

5）混合策略

混合策略是指根据实际具体情况综合采用以上策略。

5.2.2 迭代思维特点

迭代思维具有快速性。人类的初级需求在得到满足后，会更加追求个人的、善变的、细节的需求。快是迭代的必然要求，重复是迭代的表现形式，人类需求会随着社会的发展快速变化，这种变化要求企业在采集消费者需求过程中快速更新产品定义，实现产品或服务的价值进化。在互联网时代，消费者与企业的对话更加频繁，企业只有精准把握消费者需求、产品定义、产品动态发展，才能更稳定地发展。

迭代思维具有动态性。"没有最好，只有更好"是迭代思维体现出的开发精神。以手机产品迭代为例，在电子硬件领域，手机无疑是更新最快的产品之一，例如苹果公司的iPhone 4尽管在发布之后备受好评、广受赞誉，但苹果公司依旧没有停止对产品探索的步伐。

迭代思维具有互动性。迭代并不是企业单方面的刻意追求，而是消费者需求与企业产品定义之间交流互动的结果，在互联网时代，二者之间的互动更便利、更有意义。以移动端App为例，团队人员基于原始的用户画像在最短的时间内上线第一版App，根据使用第一版App的用户反馈进行修正优化，又迅速推出新版App供用户使用，然后搜集用户的反馈进行再升级。"发布—反馈—再发布—再反馈"，这样的一个过程就是迭代。经过多次迭代之后，App一般就能达到相对完善的状态。这也凸显了迭代的真正内涵：升华、积累、总结，以及逐渐实现量变到质变。每一次迭代都是站在新的起点上的再开始，对反馈信息的总结是迭代过程中的重点，没有反馈，没有总结，迭代出来的产品或服务就无法更上一层楼。我们可以将迭代理解为对一个产品微创新—验证—反馈—优化—再创新的过程。

案例：看微信是如何运用迭代思维的

微信几乎是每一位手机用户的必装软件，已从当初的第1版发展到了第8.0.25版。自2011年腾讯推出首版微信之后，它一直在持续迭代。经过反复优化和完善，微信从最初单纯的即时通信软件，演变成了如今集聊天、支付、城市服务、公众平台等于一体的智慧生活平台。每一个旧版本的终止都是新版本的开始，有些功能甚至在前一版本的阶段就已经提出了预想，每一次的迭代都饱含企业对产品质量的追求和对用户需求的关注。

1. 从QQ到微信（从0到1）

截至2021年1月，微信的日活跃用户达到了10.9亿。不知道从什么时候开始，人与人之间建立联系的第一步已经从交换手机号码变成了相互添加微信朋友，发短信的习惯已经变成了发送微信消息，打电话的频率也下降了，取而代之的是语音或视频聊天，连发布QQ空间、更新博客的行为也部分转移到朋友圈。除了这些社交应用，我们还可以在微信上发红包、点外卖、充电费、看病挂号、投资理财、玩小游戏、解锁共享单车……

微信的雏形其实是一个手机邮件。在PC端QQ和新浪微博大放异彩的年代，一款叫kik的免费短信聊天软件引起了张小龙的注意，他预感到移动互联网的到来对QQ将会产生巨大威胁，以及这个威胁背后的另一片诱人天地。于是在思考一两小时后，他给马化腾写了一封电子邮件说明建议，从此腾讯展开了对移动端即时通信应用的探索。起初没有人知道微信具体要做成什么样，只知道要实现手机端的即时通信，但有别于QQ和微博。由于开发团队中有一组人员有开发移动端邮箱的技术基础，微信很快横空出世。所以可以说，最初在微信上发送消息就是在发送一封封短邮件，只是它太小太快太简单，没人觉得它是邮件。

2. 从微信1.0到微信6.0（从1到N）

微信1.0需要通过QQ账号和密码登录后设置一个微信号，当时仅有发送消息、分享照片和设置头像的简单功能。

微信1.1开始在已搭好的框架上进行内容填充。新增功能：支持多人对话，与微博私信互动，支持通讯录及会话列表搜索，增加通讯录分组。

微信1.3新增功能：支持聊天时插入表情，支持修改好友备注和加黑名单，支持通过验证工作邮箱查找好友。

到2011年4月，微信用三个月的时间完成三次体验版更新，获得了400万~500万注册用户。

微信2.0新增功能：支持语音对讲，支持QQ邮箱提醒。从2.0版本开始，微信尝试拓展聊天功能以外的附加功能。

微信2.1新增功能：支持手机通讯录匹配，支持好友验证，支持好友推荐消息，支持隐私设置。

微信2.2~2.5主要围绕增加用户量来做功能。例如，新增查看附近的人、添加个人个性签名、支持手机号注册微信等功能。尤其是微信上线"查看附近的人"功能后，注册用户达到1500万。

微信3.0上线了"摇一摇""漂流瓶""视频消息"三大功能，称得上是微信发展历程中又一座里程碑。无论是在基本的聊天功能还是在娱乐功能方面，微信都逐渐形成了与QQ不同的独特风格，成为一个逐渐被用户认可的全新的社交明星产品，并逐渐拉开了与同期其他社交产品的差距。

微信3.1功能迭代：语言设置中支持英文界面，新增语音笔记本，通讯录好友可显示好友来源。

微信3.2~3.5功能迭代：新增"扫一扫""我的二维码""自定义表情""自定义聊天背景""手机短信注册"等功能。微信3.5简化了手机号注册的流程，支持全球100多个国家通过短信验证的方式快速注册账号，扩大了国内外市场，继续增加用户量。

微信前期的版本更新主要是围绕两个基本点来展开：聊天体验和用户增量。

微信3.6新增"新闻""微博""邮件"等功能，可以看作微信下一步战略的试水实验。微信要做的远不只是聊天工具、社交平台，而是不断扩展，向着用户生活的方方面面延伸。

从微信4.0开始，微信的口号变成了"微信，是一个生活方式"。这标志着微信向一个全新的战略方向展开。微信想要成为一种生活方式，需要整合用户习惯，引导用户习惯，改变用户习惯。生活中除了沟通，也从来不缺少分享。微信4.0有一个隐藏的主题就是"分享"。

微信4.2版本加入的"视频聊天"功能是一项重大改变。它与之前的"视频"不同，之前只能发送视频文件，而现在可以进行面对面的视频聊天。要知道，之前使用手机拨打可视电话都是收费的，微信免费的视频聊天功能也将运营商的可视电话功能彻底淘汰了。

微信4.3新增"摇一摇传图"、通讯录语音搜索、解绑QQ号和手机号、聊天置顶、下载动画表情、设置朋友圈权限等功能。

微信4.5迭代的最重要的两个功能是"朋友圈"和"公众号"，实现了微信由社交工具向社交平台的华丽转变。

目前，微信已经更新到8.0.25版本，本文不再详细介绍。

一开始的微信并不完美，也并未在市场上激起大浪。真正使微信在移动通信应用的竞争中脱颖而出的，是一次次迭代的累积，从免费语音和视频聊天的那一次迭代开始拉开距离，"摇一摇"等诸多小功能加持的迭代又进一步拉开了距离，"朋友圈""公众号"等功能的不断优化让微信从一个社交工具提升到社交平台的高度。如今的微信已不再是一个App，而是人们的一种生活方式。不断地优化调整，最终收获的是一个成功的微信。

我们可以用迭代思维的角度来看微信成功的背后：

（1）宏观社会的迭代到产品的迭代。试想，如果移动互联网浪潮来临时，并未引起腾讯的注意，仅靠QQ支撑的腾讯社交能发展到今天的地步吗？迭代思维不仅要求企业对用户体验保持敏感，更要求企业对于技术发展乃至整个经济社会发展的方向也保持敏感。

（2）用不完美去收获完美。微信的出现并不令人惊讶。真正赢得人心的是它不断地根据用户的喜好调整自己的形象。把产品做到"自我感觉完美"后再推出，与推出基本产品后根据用户喜好修正到"完美"相比，后者的误差要小得多。诚如《精益创业》一书中提出的"最小化可行性产品"理论，这样的"抛砖引玉"在快速迭代的互联网环境中是可行的。

（3）用户是迭代的原动力。从以上微信版本的迭代过程可以看出，微信版本的每次迭代和每次升级都是基于用户需求和用户体验，与时俱进，结合时代需求，增加更多新功能，更好地满足客户需求。在迭代中了解顾客需求，在迭代中听取顾客反馈，在迭代中不断总结反思，从而在迭代中不断地前进。

5.3 创新是迭代思维的灵魂

创新是迭代思维的灵魂。创新的过程就是不断迭代发展的过程，一个优秀的企业会紧随时代、社会、经济的变化去不断迭代企业的产品和服务。创新的范围会受到迭代程度的影响。

5.3.1 渐进性创新

早在2010年，渐进性创新就已经进入了大众视野，360公司董事长周鸿祎在中国互联网大会"网络草根创业与就业论坛"[①]上明确指出："用户体验的创新是决定互联网应用能否受欢迎的关键因素，这种创新叫'微创新'，微创新引领互联网新的趋势和浪潮。"随后，周鸿祎对微创新进行了定义："你的产品可以不完美，但是只要能打动用户，把一个问题解决好，有时候就是四两拨千斤，这种单点突破就叫微创新。"赵大伟在其所著《互联网思维独孤九剑》一

[①] 互联网大会"网络草根创业与就业论坛"于2009年11月在北京召开，360集团董事长周鸿祎作为受邀嘉宾，在大会上提出了"微创新"的理念。

书中指出，"微创新"又可以称为"渐进式创新"，好比从1.0到1.1、1.2，这样的迭代只是对软件的功能或者硬件的零部件做细微的改变，补充并优化产品的设计，而整体框架和连接主体保持不变，具有连续、渐进、范围较小、程度较轻等特点。通俗地讲，渐进性创新就是一切以用户为中心的价值链创新，找到用户的痛点，以微小迭代的方式解决痛点，众多的微创新累计之后，就可以引起质变，形成变革式创新，让产品更加完美。

渐进性创新是"微时代"发展的产物。移动互联网的兴起分散了人们的时间，"微产品"大行其道。例如：社交软件方面的微信、微博；娱乐方面的微拍、微视频等。"微"在人们生活中占据了重要地位。在移动互联网"微时代"中，这种"微力量"对社会产生了很大的影响。对企业来说，顺应"微时代"的发展趋势，发掘和利用"微力量"，利用大数据深入挖掘用户习惯和需求，促进产品或服务的迭代创新，是实现低成本、高效率，提高市场竞争力的关键。

渐进性创新是把复杂的问题简单化。随着互联网普及率不断提高，其发展也会日趋简单。面对市场上层出不穷的互联网应用软件，用户不需要知道其背后的运营原理，也不需要了解代码是如何编写的，只需要知道基本的操作流程就能使用。推特和微博改变了信息传播规律，智能手机改变了人们交流和获取信息的方式，但是你回头仔细思考，他们真的发明了什么吗？答案是没有，他们只是在以往技术积累的基础上化繁为简。

材料：数码相机的颠覆

柯达的胶卷相机最终被数码相机颠覆，但数码相机刚问世的时候，分辨率只有30万像素，即使后来发展到100万像素，它的成像仍然存在很多问题。如果把数码照片拿去冲洗的话，照片质量惨不忍睹。然而，尽管数码相机有很多缺点，但通过持续改进，最终彻底颠覆了传统胶卷相机。但数码相机也并非最终的成功者，其市场正在被智能手机逐步占领。而智能手机颠覆数码相机的原因，与数码相机颠覆胶卷相机的原因是一样的，那就是——方便。

渐进性创新是把细节的问题差异化。其目的是追求与众不同，这种"不同"并非一定是颠覆式创新，它可以是在已有基础上修修补补、敲敲打打的改造，抑或是从外观等非核心技术的角度加入一些创意。但所有的微创新都必须落实到用户的实际体验上。原产品功能经过微创新实现变更或者增加，最终体现为产品的"差异化"。产品"差异化"有助于企业赢得市场。在如今产品同质化严重的竞争环境中，要实现革命性的创新并不容易，但一个小小的微创新却可能让消费者获得良好的使用体验，使企业获得竞争优势。

渐进性创新是把用户的问题中心化。一方面是探索用户需求，以用户思维为基础，从用户需求出发，通过微小的创新，改善用户体验，不放过任何一个微小的需求点。"微信之父"张小龙曾经讲过他对用户需求的理解："需求不是来自调研，不是来自竞争对手分析，不是来自讨论，也不是来自竞争对手，需求只来自你对用户的了解。"另一方面，定位用户需求之后就要去满足需求，而借助微创新可以逐步提升用户体验。360公司作为"微创新"的倡导者，其产品与服务都是以用户为中心。360公司内部对这种策略自嘲为"拜用户教"，即把用户体验从一种工具变成一种信仰。周鸿祎在多个场合中也强调做产品要抛弃专家思想，要用普通用户的眼光去看产品。为了改善用户体验，企业应该从用户那里获得真实有效的信息，建立一个与用户沟通的信息渠道，如建立意见反馈箱、应用评分机制等。同时还要注重用户提醒，对于产品的"微创新"之处要通过温馨提示来提醒用户。比如开心网曾在登录的界面上设置了一个功能提示"我们每天都在进步"，每天都会通过这种方式发布前一天解决的问题和新功能等信息，让用户感受到开心网的真诚和进步。

渐进性创新是把进步的行为持续化。在互联网时代，一个产品可能刚问世时会受到用户追捧，但是"一招鲜"的产品或服务往往生命周期短暂，如果不能对产品进行持续优化创新，就会迅速"失宠"，消失于互联网浪潮中。所以说，持续不断地优化创新对产品和企业都非常重要。以QQ邮箱为例，在QQ邮箱成为网民标配之前，Gmail、163等邮箱都已经发展势头良好，占有稳定的市场份额。但是QQ邮箱靠着渐进性创新持续改善用户体验，在2008年就实现了400多个创新点，"附件提醒""发送状态""邮件中转""域名邮箱""语音邮件""邮件撤回"等功能不断完善，最终成功逆袭。

实行渐进性创新的产品迭代程度较小，对企业的技术能力、设计能力、规模大小等要求较低，但能及时改善和拓展产品功能，提升用户满意度，保持企业的产品优势，维持和提升企业的市场地位。通常对现有技术和资源的不断优化创新，会产生累积性的效果，但这种创新模式不会导致行业竞争格局发生大的变化，一般都是一些简单功能的添加、界面的优化、服务流程的增进等。许多企业为保持竞争力，往往会选择渐进性创新模式，循序渐进地迭代自己的产品和服务。但当竞争对手有大的迭代或者研究取得突破性的创新成果时，这种冲击会使企业受到极大威胁。也就是说，在迭代进程中选择渐进性创新虽然可以帮助企业保持优势，但在激烈的市场竞争中，当面临新技术、新产品、新企业的冲击时，容易失去原有的市场地位。

5.3.2 突破性创新

突破性创新也称破坏性创新。对于一个行业来说，它意味着迭代出新的技术、流程或产品；对于一个企业来说，它意味着企业采用与过去完全不同的技术方案或商业模式；对于消费者来说，它意味着前所未有的市场体验。相比于渐进性创新而言，它也被称为不连续性创新，在 *Radical Innovation—How Mature Company Can Outsmart Upstarts* 一书中，理查德·莱弗（Richard Leifer）等人对此概念界定了三个条件：一是全新的产品特色和性能特征；二是现有性能特征提高至少5倍以上；三是产品的成本大幅度降低（至少降低30%）。我国学者陈劲（2002）也曾提出对突破性创新的理解：突破性创新是指基于突破性技术的创新，是不按照企业主流用户的需求性能进行改进的创新，也可能是暂时还不能满足企业主流用户需求的创新。可见，突破性创新是不确定的、不连续的、范围较大的、程度较深的迭代类型。

突破性创新对于企业自身和竞争者来说都是挑战。鉴于突破性创新往往建立在一套与以往不同的科学技术原理或者设计角度的基础上，因此新的市场或者潜在应用也会随之而来。一方面，它给现有企业带来巨大的挑战；另一方面，它如果为新企业所用，便会形成巨大的挑战。例如2007年第一代iPhone的出现，带来3.5英寸的全触控屏幕、金属机身以及iOS系统，自此打开了智能手机市场的大门，吸引更多的企业进场，可以说导致整个手机行业的重新洗牌。但这种创新投入成本高，回收期较长，伴随的风险也较高，对实施突破性创新的企业来说也是巨大挑战。

突破性创新的动力在于技术。因为在这个竞争激烈和互联网创造无限可能的时代，技术进步的速度超过了市场所要求的速度。正如特斯拉电动车进入市场前，人们对汽车的期望集中在省油、外观、安全等基本要素上，而随着技术的快速革新，人们对汽车的要求逐渐提高，如今消费者会在更多智能的、环保的、创新的汽车中作出最优选择。

突破性创新是累积性的自我颠覆。在互联网时代，迭代思维的出现给了我们重新审视突破性创新的机会。面对越来越激烈的市场竞争，企业要想不被淘汰，就要顺应时代的发展和进步，抓住机遇，勇于自我颠覆，跳出舒适圈，开拓新市场，获取更多的利益。在互联网领域，企业要想进行自我颠覆性创新就要利用互联网这个宽阔的平台，从功能创新、渠道创新、收益模式创新、管理经验创新等多角度进行自我完善。突破性创新不是一蹴而就的，不是每次迭代都可以累积成系统性和结构性的变革，但只要把握好消费市场的特征，围绕用户的体验需求不断进行局部改进和细节创新，就能在新技术、新市场和新的价值网里，收获颠覆性成果。

突破性创新是小企业做强、大企业做长的关键。对于小企业而言，颠覆性的创新技术往往来自非主流，尽管在刚开始时会面临利润低、市场小、质量差、风险大等问题，但如果找到一个全新的角度和边缘的市场，和巨头的竞争就不再是"以卵击石"。从生物学的角度来看，任何生物的进化都是通过变异进行的，正是一次又一次的变异，才有了如今不可胜数的生物。这个世界没有基业长青的企业，从生命周期的角度来看，任何企业都会在岁月长河中走向死亡。因此对主流大公司而言，如果没有岌岌可危的生存危机鞭策，就一定要从边缘市场对自己进行攻击，这是大公司唯一可以活下去的机会。

案例：小米公司的迭代创新实践

1. 小米公司的发展历程

小米公司已逐步将其核心业务扩展到五大产品类别，包括手机、平板电脑、电视、小米盒子、路由器，以及智能家居。近年来，小米取得了令人瞩目的成就：它已进入世界500强，成为中国第四大互联网服务和零售企业。

2. 小米公司的运营逻辑

小米公司的核心在于两点：一是通过与用户互动来制造产品，二是依靠用户的口碑来进行沟通和营销。小米公司联合创始人黎万强指出："近几十年来，消费者选择商品的决策心理发生了巨大变化。近年来，消费者从最初的功能性消费到后来的品牌消费再到时下流行的体验性消费，小米发现并参与了一种新的'参与性消费'。"小米公司的经营宗旨是"建立参与意识，开放产品、服务、品牌和销售的制作过程，让用户参与，建立一个可以触摸、拥有、与用户共同成长的品牌"。在此基础上，黎万强总结了"打造爆品、粉丝和媒体"的三大战略和"开放参与节点、设计互动方式和传播口碑事件"的三大战略，并将其渗透到整个公司的业务流程中，以"参与意识三原则"指导企业产品、品牌、服务、设计、新媒体等方面的运作和开发。

3. 小米公司的创新模式

（1）注重粉丝效应。早在第一代小米手机尚未发布之前，在MIUI论坛上就出现了对产品特别喜爱的用户粉丝群体，他们积极参与到小米公司的产品研发和品牌塑造等各个环节中，小米公司内部推崇一句话："因为米粉，所以小米。"小米公司提出"粉丝效应不可设计，但可因势利导，应给予他们更多可参与的互动方式"，小米公司与许多传统品牌最大的不同也在于"和用户一起玩，不管是线上还是线下，无论是什么时候，都在想怎样让用户参与进来，让他们和小米官方团队一起，成为产品改进、品牌传播的'大明星'"。

（2）用迭代方式实现产品创新过程。小米公司在做第一个产品MIUI时，就借鉴了互联网软件的开发模式，提出每周迭代。通过这种模式，他们在聚集第一批用户的同时，也验证了这个模式在小米公司的适用性。

（3）小米公司在后续的产品创新的流程中，均采用了循环反复、容错性较强的方式确保企业能快速、低成本地完成产品创新。

（4）小米公司深刻理解互联网思维。互联网时代与传统商业时代有着不同的运作逻辑和创新模式，只有理解互联网的真谛，才能在互联网的浪潮中取得成功。

（5）小米公司CEO雷军在2008年就提出了"专注、极致、口碑、快"的互联网七字诀，专注和极致是产品目标，快是行动准则，口碑是整个互联网思维的核心。也就是说，在互联网时代，封闭式的创新模式已不再适用，只有关注用户和体验的企业才能在互联网时代脱颖而出，创造出更新颖、更独特的价值。

5.4 "快"字当先

5.4.1 快速迭代，是一种力量

互联网是一个快速发展、竞争激烈的行业，每天都有新的事物产生，用户需求变幻莫测，一旦产品迭代速度跟不上，企业就会被淘汰。快速可以理解为一种动力，可以避免很多商业上的损失。譬如在移动软件行业中，当少数人发现一个问题并修复它，就不会引起很大的负面影响；譬如在快餐行业中，如果当初麦当劳不趁着汉堡王"受伤"时期快速布置线下门店，也许今天的快餐行业格局会大不相同；譬如在电商行业中，如果刘强东不牢牢抓住物流核心，提

供更快更好的服务，京东也许无法从电商行业中脱颖而出……所以，怎样在确保安全的前提下提速是所有企业面临的最关键的问题。迭代思维的核心就是要快：在最短的时间内推出产品，以及用最快的速度跟上或者超越用户需求变化的节奏，进行产品迭代。"快速迭代"是对产品或服务的基本要求，能否做得足够快已成为衡量一款产品研发是否成熟的标准之一。运用迭代思维就是要通过快来解决问题。

5.4.2 如何做好快速迭代

1. 快速开发

"代码—产品—用户"是如今许多互联网企业采用的生产链。用户体验的传递方向是从代码到产品，再到用户，而用户反馈的传递方向是从用户回到产品，再回到代码。总的来说，在产品开发的闭环中，代码是启动的关键。快速开发在于企业掌握先进的软件开发方法，如敏捷开发方法，摒弃"牵一发而动全身"的传统烦琐的开发技术，快速实现产品开发，以适应用户快速变化的需求。

1）案例

LinkedIn（领英）是全球最大的职业社交网站，其成功的因素很多，其中一点是其软件开发模式的革命以及产品发布节奏的加快。凯文·斯科特（Kevin Scott，LinkedIn高级工程副总裁）所领导的开发团队完全改变了LinkedIn网站和应用的开发与发布模式，从每月发布一次升级变成每天发布多次升级。不仅如此，LinkedIn还采用了最新的软件开发模式——持续部署（continuous deployment）。在这一模式下，针对细微的功能优化，开发者可通过编写简短的小代码来实现，经过快速的检查后提交到一个集成管理系统中，该管理系统可供所有开发者共享，并且可在其中实施一系列自动化测试，以检验出代码中是否有缺陷存在。一旦通过测试，各个小代码便合并成结构性的功能模块或产品。通过这一系统，LinkedIn的研发主管可以了解哪些新功能可以随时在网站和应用中被激活使用。

在此之前，LinkedIn的开发模式局限于"功能分支"，也就是说，对于新的或修改过的功能，开发人员需要从主程序中找到要开发的分支，然后完成一个功能的所有代码工作，这可能需要数天甚至数周的并行开发。最后将这些分支调回主程序中，此时的测试工作就要涵盖所有功能，以确保整个程序衔接正常。整个过程充满了软件缺陷和错误，以及各独立开发团队开发的功能分支整合成新版本后出现的软件冲突问题,代码需要不断修改和调试,开发进度不得不放慢。

LinkedIn的软件开发模式改革获得了极大的成功,助力LinkedIn在竞争激烈的市场中持续前进。自此之后,手工艺品电商Etsyh和社交巨头Facebook也开始采用这一模式,并推动其在整个互联网科技行业内的普及。

2)小结

新的软件开发模式能让开发人员在软件代码提交之后立即验证并迅速发布,即主程序可以随时发布任何新功能,使技术与用户之间能够畅通快速地交互。虽然开发模式的先进性并不是许多企业的核心竞争力,但在同质化比较普遍的今天,它也能成为使企业脱颖而出的关键因素。

2. 快速实验

许多企业的建立或者产品新功能的开发都源自于团队人员对于价值的假设。那么这一假设内容是否符合市场需求呢?到底是企业的主观臆断还是消费市场的客观存在呢?在具体实现之前,企业通常有一个试验过程,试验形式多样,包括调查问卷、小型试点、该领域的领导者尝试、内部测试等。试验成功后,再将产品推向市场。但根据产品的特性,有很多巧妙的、低成本的、高效的验证方法,需要企业探索和巧思。

1)案例

有一个关于家长社区的App,提供关于孩子从小学升入初中的各种信息资源。该App深受广大家长的关注和喜爱,用户活跃度高,内容丰富,社区运营良好。尽职的产品经理看到每天在App里发布的令人眼花缭乱的信息,不禁想到一个功能点:在App内提供一个搜索功能,让家长们更加方便快速地查找到想要的信息会不会更好呢?尽管该需求点听起来很合理,企业还是决定先测试一下用户的态度。

如何有效测试用户对该功能点的反应成了企业当时思考的重点。有人说在App内发放调查问卷,有人说先做出一个最小可行产品试用一下,但这些都不是最好的方式。最好的方式一定是最接近真实需求情况的,同时成本尽可能低,开发时间尽可能快。有人提出干脆用一个放大镜的方框图,贴在App界面的右上角,模仿一个真实的点击搜索图标来获取大家的点击行为。而这种方式,美工只需要3分钟就可以做出来贴上去。

最后验证出来这个功能需求是一个伪需求,点击率非常低。至于这个看似合理的功能点为何无人问津,有人说可能是因为家长们都对孩子从小学升入初中十分重视，同时也比较焦虑，所以他们宁愿在App内一条条地翻找，也不愿意错过任何一条相关资讯。

2）小结

企业的成功在一定程度上归结于创始人一开始对产品的价值和前景假设的成功，而试验不光是对理论的探索，还有对新产品的测试。如果测试成功，通常就可以确定战略、招聘人员、开发大量产品，然后将其投放市场。在精益创业理论中，企业对新产品的试验一般要解决以下问题：①产品能够解决的问题能否被顾客认同？②为解决这个问题顾客愿意买单吗？③顾客愿意在本企业买单吗？④还有哪些方法可以解决这个问题？

3. 快速试错

天下武功，唯快不破。互联网创业，速度一定要跟上。在雷军看来，"快"就是互联网创业的利器，一旦速度跟不上，就会面临一系列解决不完的问题。传统企业做产品的路径是"完善，直到完美，最后推向市场"，这种方法在互联网商业环境中是行不通的。互联网思维的重点是快速、精益创业，尽快将产品推向市场，然后根据用户的反馈不断修改产品，以实现快速迭代和完善。

1）案例

百度推出第一款搜索引擎的时候，开发人员对这个产品并不感到十分满意。从技术角度来看，如果有足够的时间来完善，产品肯定会比刚发布时更加完美。然而，对于完美的定义，几位百度创始人各抒己见，有人认为，产品要被精心雕琢到某种完美的状态，才能推向市场，以便在与其他搜索引擎的竞争中脱颖而出；有人觉得当时产品的状态已经足以推向市场，首先是要抓住时机，其次是让产品尽快在实践中得到反馈。最后，李彦宏说了三点，让大家都心服口服地将并不完美的百度初代产品推向市场：①只有从用户那里得到反馈，才能定义一个产品是否完美；②真正完善产品的不是开发者而是用户，用户的喜好决定了产品完善的正确方向；③不怕出错，早一点出了错，才能早一点有纠正的机会，才能早一点离完美更近一步。

后来在真枪实弹的市场竞争中，百度的搜索引擎经受住了用户的检验。当然，进取之心永不止步，百度从后台数据中观测了百万用户的使用方式与习惯，挖掘出更多潜在的需求，从而更加明确了前进的方向。技术部门由此进行了一轮又一轮的修改优化，一周之内更新与修复了上百次。最后，一个较为完善的产品呈现在了用户面前。

2）小结

如果秉承完美之后再推出的心态，百度可能永远也不会推出自己的搜索引擎，因为用户的需求是动态的，所以完美不是固定不变的。没有最好，只有更好，要敢于让不完美的产品到用户手中接受检验，错了不要紧，修改之后再上。我们从不断试错的故事中应该吸取到两点宝贵的经验：①通过快节奏试错找到努力和投入的正确方向；②"先完成，再完美"，迭代本身就是一个让产品变得更加完美的过程。

4. 快速改正

在互联网行业中，如果想取得成功必须持续创新。在开发的过程中小步快跑、快速迭代是制胜的关键。在飞速发展的互联网行业中，企业推出一个产品后需要迅速搜集用户需求并且及时进行产品迭代，才能让用户体验保持在高水平。也就是说，互联网产品不仅要敢于在市场上试错，更重要的是能"知错即改"，而且是快速、及时的改变！如果不能跟上节奏，错误就会变成永久的伤痕。因此，在快速尝试和错误之后，快速调整是很重要的。

1）案例

"三只松鼠"是当前火热的互联网零食品牌，其创始人章燎原并非互联网行业出身，而是从传统行业转型而来。很难想象，一个有着深厚的传统销售背景的老将可以自如地玩转互联网思维。章燎原说："相比于传统企业，我们会控制得更好一点。因为我们的反馈实时性很强，供应链响应速度很快。举一个例子来讲，你到超市去买一袋坚果，生产日期多数是三四个月以前的，甚至更长。这是因为在传统模式下，企业要将该产品卖给消费者，要通过代理商、仓库、商超等各个环节，产品的货龄就会比较长。所以在产品运输的过程中，企业会失去一定的控制。而相比于传统企业，我们的产品会更新鲜。因为我们采用的是直销模式，从我们的仓库直接发给商超，我们的仓库有空调，可以起到一定的保鲜作用，这是我们的第一个优势。第二个优势是对上游供应商的管控方面，我们能够实现快速响应。这是因为我们的反馈数据是实时发布的。每个消费者买过之后，都会做出评价。对于产品品质的好坏，相比于传统企业，我们的反应更迅速。购买之后消费者立刻就会写评价，产品好不好，是4.9分还是4.8分，马上就能显示出来，我们就可以立即改进。"这些都说明"三只松鼠"的成功并非偶然。及时甚至实时地关注用户需求，把握用户需求的变化，贴近用户心理，逐步提升用户的参与度和反馈能力，这些优点使得"三只松鼠"成为新时代零食领域的领导品牌。

2）小结

互联网技术帮助"三只松鼠"更好地了解消费者心理，不问"为什么"而问"是什么"，从消费者创造的用户数据中去挖掘宝藏，重新认识自己的产品和服务，重新打造自己的产品和服务。从群众中来，到群众中去，互联网商业就是一个更加强调用户体验的"传统商业"而已。从这个角度去理解"三只松鼠"的成功，就会发现它一直在做并且做得很好的，就是一直在实时地与消费者对话。无论是包装设计还是产品质量，只要消费者给出反馈意见，"三只松鼠"立即着手完成产品升级，使用户体验保持在高水平。

5. 选对起点和方向

要运用迭代思维，一定要注意起点和方向，只有选择了正确的起点和方向才能有远大前途，如果连起点和方向都搞错了，那再怎么迭代，也只能是南辕北辙。因此，首先也是最重要的是选择好迭代的起点。如果选对了，企业就建立在了正确的基础上；如果选错了，企业就会处于危险之中。

1）案例

IMVU 是国外一款基于 3D 人物和场景的聊天软件。当该企业决定进入通信市场之时，很多消费者并没有为即时通信工具付费的习惯，他们决定在原有的即时通信商的基础上开发一款即时通信产品。

经过半年的产品研发，新产品问世了。然而，没有人愿意为他们的产品付费，使用率非常低。痛定思痛后，企业不断改进产品，但还是只有少数人愿意花钱试试。在经过一番痛苦挣扎后，企业不得不面对这样一个事实：一开始的产品开发方案就是错误的，所以无论怎样努力都于事无补。是的，他们在确定开发产品的时候并没有进行科学的研讨和市场调研，也没有向用户咨询他们想要什么样的产品。

所幸的是，该公司在产品中加入了一个叫 ChatNow（即时聊）的功能，用户只要按下按钮，便可以与世界上同一时刻按下按钮的人聊天。这种新颖的功能一下子受到用户的喜爱，使得产品迅速传播。

随着 ChatNow 的大获成功，企业不得不放弃之前的战略方向，转向其他更受欢迎的方向。在这个过程中，他们最大的教训便是开发了一款用户拒绝使用的产品。还好他们没有放弃，一个无心插柳的功能将他们引向了另一片广阔的天地。

2）小结

当企业对新产品的构想有了一定的价值假设和增值假设后，要快速检验其是否为正确的起点。如果IMVU公司没有偶然开发出"即时聊"的新颖功能，很可能就在错误的道路上耗费大量的成本而失败。产品的每一次改进和迭代都要考虑方向的正确性，只有保证方向正确了才有继续迭代的价值，而用户的真实体验便是选择产品迭代方向的基础。

参考文献

[1] 艾媒咨询. 2017中国共享单车夏季市场专题报告[EB/OL]. (2017-10-24)[2022-03-16] http://www.iimedia.cn/59210.html.

[2] 埃里克·莱斯. 精益创业[M]. 吴彤, 译. 北京: 中信出版社, 2012.

[3] 克莱顿·克里斯坦森. 创新者的窘境[M]. 胡建桥, 译. 北京: 中信出版社, 2010.

[4] 董洁林. 迭代创新：小米能走多远?[J]. 清华管理评论, 2014(6): 6.

[5] 丁瑞华. 产品迭代推动零食行业发展, 三只松鼠将迭代转化为销量[EB/OL]. (2019-12-14)[2022-03-22] https://www.3490.cn/brand/news/38700.html.

[6] DUTTON D. The adoption of radical and incremental innovations: an empirical analysis. Management Science, 1986, 32(11): 1422-1433.

[7] 黄荣. 三只松鼠的成功秘诀[J]. 中国商界, 2014(7): 3.

[8] 黄泽正. "IMVU"为何能吸引网易投资[EB/OL]. (2021-01-29)[2022-03-22] https://baijiahao.baidu.com/s?id=1690216714302792826&wfr=spider&for=pc.

[9] 凯美耐. 敏捷开发模式也有宣言[EB/OL]. (2013-05-15)[2020-08-26] http://www.commernet.cn/newsny.asp?id=488.

[10] 雷德·霍夫曼. Linkedle成功背后的奥秘：产品开发模式革新[EB/OL]. (2013-04-11)[2021-11-08] http://www.techweb.com.cn/news/2013-04-11/1289094.shtml.

[11] LEIFER R, MCDERMOTT C M, O'CONNOR, et al. Radical Innovation: How Mature Companies Can Outsmart Upstarts (hardcover)[M]. Harvard Business School Press Books, 2000.

[12] 李光斗. 移动互联网时代的迭代思维[J]. 福建质量管理, 2014(7): 2.

[13] 李法勇, 真溙, 汤珊红. 迭代思维在知识服务产品化中的运用[J]. 情报理论与实践, 2014, 37(7): 3.

[14] 林小yi. 从微信版本迭代分析微信是如何占领我们的生活的[EB/OL]. (2016-08-12)[2022-03-16] http://www.woshipm.com/evaluating/384546.html.

[15] 刘少华. 迭代创业是转型升级的唯一方法论[EB/OL]. (2017-07-06)[2022-03-22] https://www.163.com/news/article/COMDHAER000187VG.html.

［16］啤酒请加冰.从微信版本历史学产品功能迭代和用户体验［EB/OL］.（2017-06-12）［2022-03-16］http://www.woshipm.com/pd/688467.html.

［17］UIF Eroksson.敏捷开发的六个实战经验［EB/OL］.（2013-12-09）［2020-10-06］https://www.cnblogs.com/code-style/p/3465777.html.

［18］新浪时尚.路易威登推出创新四轮拉杆箱［EB/OL］.（2016-07-14）［2021-09-13］http://fashion.sina.com.cn/s/sh/2016-07-14/1609/doc-ifxuapvw1967002.shtml.

［19］向霜.蘑菇街的运营法则：快速是错，放慢商业步伐［EB/OL］.（2012-02-27）［2021-10-08］https://tech.qq.com/a/20120227/000382.htm.

［20］学习啦.什么叫迭代思维［EB/OL］.（2016-11-02）［2021-10-09］http://www.xuexila.com/naoli/siwei/1774392.html.

［21］张洪石,陈劲.突破性创新的组织模式研究［J］.科学学研究,2005,23(4):6.

［22］周鸿祎.2010年中国互联网大会·网络草根创业与就业论坛演讲［EB/OL］.（2010-08-19）［2021-09-12］http://www.doc88.com/p-208337698439.html.

［23］朱帝.LinkedIn副总裁：产品7大逆袭之道［EB/OL］.（2013-10-14）［2021-10-12］http://www.woshipm.com/pmd/46709.html.

第 6 章 社会化思维

6.1 社会化思维概述

6.1.1 社会化思维的定义

提到"社会化",人们首先想到的大多是交互式的、集合了庞大规模的用户以及多样互动内容的社会化媒体,但随着互联网时代的高速发展,社会化的定义范围也在跨越式地拓展,既包含了社会化媒体的应用,也包含了各个社会主体的协同作用与众创众智。

在对于人的社会化的定义当中,一部分人认为人的社会化是指个人学习知识、技能和规范,取得社会生活的资格,发展自身社会性的过程;一部分人认为社会化是社会将自然人转化为能够适应一定社会环境、参与社会生活、履行社会角色的社会人的过程;还有一部分人认为一个人从小到大,学习社会或群体的行为模式或行为规范,并在某种程度上被引导着去适应所在的社会或群体规范的过程,就是社会化过程。这些定义把人的社会化看作是个人被动地适应社会文化规范的过程,将社会作为人的社会化主体,而把个人当作被动的客体,强调社会主体因素对人的改造作用,忽视了个人在社会化中能动的主体作用,因此具有一定的片面性。这种片面性观点的形成与传统社会相对封闭、集中、孤立的特点是相关的。

与传统的社会化思维不同,互联网时代的社会化思维强调了个人在社会化中自身主体的能动性。在个人主观能动性的驱使下,社会化思维不再是一个平均分配的系统,相反,自由争鸣成为自然发展的规律,个人思维和社会化思维在其中互相促成、互相转化。因此,在互联网时代,社会化思维是一个动态发展的过程。早在1985年,就出现了关于社会思维与新技术革命的讨论,讨论提出"社会思维是指人作为社会整体对客观现实的反映,它是在整个社会实践、社会关系基础上,无数个人思维和群体思维交互、多元复合的观念体系"。在自我意识研究领域,有学者认为社会化思维是指对于社会化的形成,其主要目标就是使人类的思考从个人思考维度上升到社会化思考维度。赵大伟在《互联网思维独孤九剑》一书中从企业的角度出发,认为社会化思维是"组织利用社会化工具、社会化媒体和社会化网络,重塑企业和用户的沟通关系,以及组织管理和商业运作模式的思维方式"。

6.1.2 社会化思维的发展历程

从前面对社会化思维的定义中可以看出,社会化思维的应用范围极为广泛。在科学研究、商业模式和社会活动等领域中,对于社会化思维都有着不同的解释。追根溯源,复现社会化思维的完整发展过程是非常困难的。因此,我们主要关注传统社会化思维到互联网时代社会化思维的演变过程。需要注意的是,社会化思维不是互联网时代的新兴产物,而是互联网对传统的社会化思维产生了巨大的产业驱动力,从而衍生出有别于以往的更多的创新意义。

从人际交往看,过去社会与人的联系不是直接的,而是间接的,而在互联网时代,二者之间的联系既可能是直接的,也可能是间接的;过去个人活动大多是孤立进行的,而现在是在与他人的联系之中进行的,传统社会是孤立的圈子,互联网为个人、团体和组织提供了参与、分享和创造的开放平台。

从科技进步的角度看,现代科技与信息呈现综合化、整体化的趋势,这进一步加深了思维的社会化。现代科学技术的高度发展、高速迭代和高度复杂化,对集体智慧和合作互补功能提出了更高要求,这使得增强合作成为社会化思维发展的必然。在这种加强版的社会化思维下,个人智慧逐渐融入社会智慧,社会变成一个最大的利用知识情报的集体思维组织。

从社会关系的角度看,传统的社会化思维主要体现在人与人之间的关系,如今社会化思维的核心是网状关系,包含了人与人的关系、企业与人的关系、企业与企业的关系,甚至是企业、人与环境三者之间的关系。

从企业方面看,传统思维是企业与客户的链式关系,而社会化思维是企业与客户、客户与客户、企业与上下游、上下游之间等的网状关系,这种网状关系的直接对接跨越了以往难以跨越的许多沟通障碍,大大提升了社会整体效率。

下面总结出了几种社会化思维发展到目前表现出来的特征,也可以看作社会化思维的实现途径,即服务大众化、创造开源化、媒体个人化、品牌社群化、关系亲密化、匹配高效化。

6.2 社会化思维的应用

6.2.1 服务大众化

首先,对这里所说的"服务"做一个界定,该"服务"并非指普遍意义上的服务,而是指在互联网大环境下得以普及的特殊高价值服务,并广泛应用于多个领域。它在大众中普及并为大众提供价值,由此形成庞大的产业经济体,成为经济社会的重要组成部分。为什么说服务大众化是社会化思维的实现途径呢?社会化需要规模足够大的基础,而设计和提供满足公众需求或公众愿意接受的服务(产品)是获得基础的便捷方式。提供大众需要的服务是满足其现有需求,而提供大众乐于接受的服务是创造从无到有的新需求。并且这种获取用户基数的行为可以从企业主动获取逐渐发展成用户自发被获取,成为源源不断的大众基数来源。

随着社会化商业时代的到来,企业面对的消费者存在形式已经逐渐演变为社会媒体化,这将改变企业生产、销售、营销等整个形态,为以往无法普及的服务带来大众化的机会。有些行业的服务在传统商业模式中受众面窄、专业性强且消费者需要付出较高成本才能获得,但是运用社会化思维改变其形态,在保证专业性强这一特征的同时,降低消费者付出成本,既能拓宽受众面,也能降低边际成本,如特殊医疗服务、健康检测管理、个人投资理财等。这样的改变让过去昂贵的专业化服务变成大众化的服务,怎能不赢得大众的青睐呢?

1. 移动健康管理

移动健康管理是充分利用移动互联网技术来提供健康、保健、医疗、康复等健康管理方面的服务。根据权威机构分析,移动互联网技术有助于医疗健康服务实现高效、可升级和费用较低等特点,这将促使医疗健康行业发生颠覆性变革。中国移动医疗健康市场规模在2016年轻松突破百亿元,在2020年已经达到544.7亿元。在不久的将来,所有医疗卫生工作都将架构在移动信息化基础之上,与此相关的行业数据高度集成,这些数据再经过整合与优化,会极大提高资源利用率,最终推动政府管理方式的改变。

案例：众思悦——家庭用儿童弱视移动医疗专业应用

北京众思悦科技有限公司是位于北京中关村的一家海归创业企业，其产品儿童视健康软件备受家长们的关注。儿童视健康软件是国内第一款专门为家庭使用设计的儿童弱视移动医疗专业应用，通过关注孩子视力发育中的点点滴滴，第一时间发现儿童视力相关问题并给出科学建议。该应用集视力、色觉、视敏感度等检查及就诊等功能于一体，能够便捷地获知宝宝视力的相关重要指标，确保这些指标的正常，有效预防儿童弱视的发生。基于先进的"计算机色觉模拟""云计算的电子诊断""眼部细微运动跟踪算法""视健康综合分析与建议系统"等核心技术，众思悦可为2~9岁的儿童提供科学、及时、个性化的视健康检测与保健。

截至目前，专业版和大众版的儿童视健康软件均已上线。专业版用户只需一次性缴纳十几元会费，即可享受各种专业的视觉检测服务。这款产品除了可以为儿童进行视力检测外，还提供视力矫正前后的对比分析，对于孩子的色觉和视力敏感度的测定也有精细的指标设计。所有检测指标都经过精确测量，并通过了医学专家的检测。未来，这一软件将通过手机摄像头来检测用户眼球运动是否正常，从而给出更为精准的诊断建议。一旦技术研发成功，可以探测的领域将不仅涵盖弱视，还包括其他视力疾病，如斜视、近视、远视、趋光等，视力检测准确率将大大提升。

公司创始人李凡认为，这款软件未来会积累很高的用户活跃度。"一旦家长意识到要在孩子这个年龄段预防视觉隐患，就会认真地去做视觉检测和后期治疗。"通常而言，在孩子上幼儿园之后，家长才会意识到要检测孩子视力发育是否正常。所以，2~4岁成为儿童视力检测的空白期，很多患上弱视的孩子因此错失了治疗弱视的好时机。李凡希望通过打造这样一款弱视监测软件，将儿童视力检测时间从4岁提前至2岁。

移动互联网的本质是万物皆可连接，在中国移动互联网产业联盟秘书长李易看来，移动互联网更像一个划时代的"药引子"，它可以和物联网、云计算、大数据完美整合，催生出各种各样的人工智能应用。这与李凡的想法不谋而合。早在公司成立之初，李凡就强调企业社会化的概念，他认为社会化是所有成功服务的基础之一。

业内人士认为，目前移动医疗健康市场已具备三大驱动力：一是5G技术的迅速普及，物联网、云计算、大数据等新技术的迅猛发展；二是国家政策对医疗改革的推进，为移动医疗市场的发展预留了足够的空间；三是传统医疗健康单位迫切需要移动互联网的助力，降低成本的同时为用户提供成本更低、质量更高的服务。而投资人士也对移动医疗健康产业充满期待，认为移动医疗健康是继移动游戏、移动社交、移动电商之后的下一个投资蓝海。自2012年引入移动医疗概念后，移动医疗App就迅速应用于我国医疗服务体系中的院前问诊和院中就诊领域。随着移动互联技术对传统医疗领域的渗透越来越深入，无论是在国内还是在国外的资本市场，移动医疗已经成为投资者热捧的投资概念。

基于移动互联网的普及，企业内部和企业之间也逐渐适应社会化的变革，这种社会化也将在未来几年逐渐走向成熟。正是在这种社会化的情形下，移动医疗推动了个人健康革命的到来。人们可以随时随地通过移动互联网查看归纳整理好的医疗保健知识。而企业要做的就是要将社会化思维融入自己的商业模式，创造更大的价值。

互联网在催生出移动医疗的同时，还将移动医疗推向更大的平台，即移动医疗生态圈的建立。当移动医疗App用户达到较大规模，用户在移动医疗产品中留下足够多的信息资源后，这个生态圈便应运而生。所有参与者都可以方便及时地获取用户数据，并分析出结果。如企业可以基于大数据的分析，更高效地与幼儿园、学校、医疗机构、公共卫生部门等合作，医疗服务也可以从为个人服务拓展到为机构服务，从提供医疗技术服务进化到提供医疗数据服务等。

移动医疗是典型的交叉领域，但是能够同时兼具软硬件、社会化思维、政府医院资源、用户等要素的企业十分罕见，利用大数据产生有效的赢利模式还有待探索。当前移动医疗企业的业务模式还处于摸索阶段，但可以明确的是，任何一种模式如果积累了足够的用户，都有可能衍生出其他业务模式，这是当前社会化思维赋予企业的力量。这个力量的激发需要有规模庞大的用户作为基础，即企业在搭乘互联网这趟快车的同时，可以将自身所能提供的产品与服务普及给足够多的大众，更好更快地实现网状关系的建立与维护。

2. 互联网投资理财

随着居民可支配结余资金的稳定增长，用户的投资理财观念也逐渐发生转变。传统个人理财业务大多呈现门槛高、佣金高的特点，这在一定程度上抑制了用户个人理财的意愿。而如今，手机网民人数稳定增长，移动支付技术的快速发展等为移动理财提供了技术支撑，这时就可以有效利用社会化思维，即通过互联网提供的金融服务从服务少数群体转向服务大众。

用户对移动理财的需求不断增加，为移动理财市场不断扩容打下基础。人们对理财的潜在需求在持续提升，截至2021年6月，网络支付用户规模增至8.72亿人，金融类App下载总量超过900亿次。对于移动理财用户的基础特征进行分析发现，我国移动理财主力用户集中于中青年，年龄分布在26～35岁，占比超过50%。此外，高学历人群在移动理财用户中成为主力军，超过六成移动理财用户学历为本科及以上，说明知识背景仍然是用户理财能力和意愿的客观基础。随着我国教育水平的快速提升，金融教育和认知的快速普及，未来高学历互联网用户比例将继续增加，移动金融用户群体将继续扩大。每个产业的爆发性增长，都源于其服务不断大众化，汽车、手机等领域也不例外。随着我国居民财富总值的不断累积，全民理财观念转型，理财需求相伴增长，以及技术进步所带来的产业变革，会影响到价值链的各个环节，使得移动理财行业规模将进一步扩大。投资者门槛逐渐降低，从80后、90后客户向全年龄段客户扩展；从收入群体划分来看，中产阶级客户以及长尾客户将成为未来移动理财市场的重要参与者；在投资选择方面，从以前的网贷为主的理财产品，逐步完善到活期、定投、贵金属投资、保险等产品，产品线逐步丰富，用户可选择产品逐渐增多。互联网投资理财真正普及了财富管理，也是当前互联网商业社会化思维的重要产物。

案例：挖财——老百姓的资产管家

挖财成立于2009年，是中国最早成立的互联网金融公司之一，目前已发展成为行业领先的家庭财务综合管理平台，完整布局了个人财务管理、信用及负债管理、互联网综合理财、社区资讯等业务，致力于为用户提供一站式的互联网财富管理工具、信息及服务，各业务累计服务用户数达1.7亿。

挖财总裁顾晨炜表示，财富管理的平民化是未来几年金融创新的最大机会，而这个机会几乎是只有中国才有的。《福布斯》发布的数字显示，中国中高端富裕人群规模保持稳定增长。同时，中国移动互联网用户已超过11亿，两个因素同时出现，创造了中国数字化财富管理市场这个史无前例的巨大机会。随着我国国民财富的不断增长，高净值人群不断扩大，社会对于财富管理的需求越来越强烈和急迫。传统的财富管理模式在不断演进,新型的财富管理模式在不断创新,财富管理进入融合发展的新时代。

6.2.2 创造开源化

"创造开源化"可以从"创"和"造"两方面来理解,"创"为创意、创新、研发,"造"为执行、实施、实现。"创造"形成了一条产业链,促成多种新兴商业模式的诞生。随着中国互联网技术的飞速发展,人们对于社会化网络的理论认知构成了创意产业的重要组成部分。基于庞大的社会化网络,在这个包容性极强的开源化市场中,一方面创意开源化,创意产业的价值创造过程打破了地域集聚的陈规,改变了创意人才的集聚方式,打造了无界域、国际化的虚拟创意集聚区;另一方面路径开源化,创意的实现路径越来越多样化、便捷化,并呈现出创新模式不断井喷的态势,这是社会化思维应用的成果体现。现如今,社会经济发展已从经济驱动模式转变为创新驱动模式,创意产业作为经济发展中创新系统形成的原动力,其定义和价值创造路径应重新构建。这有助于传统产业价值创造过程中供给驱动的理念向以价值共创为核心的需求驱动创新生产理念进行转变。

1. 创意来源开源化

创意来源开源化,顾名思义,即创意的集聚不再受到空间和主体身份的限制,任何人在任何地方都可以是创意的生产者,借助社会化网络,汇聚民间智慧,向全球提供文化创意。传统的创意产业一度被视为昂贵的奢侈品,而社会化网络的出现使得大多数人成为创意的主角,掌控创意产业价值创造的全过程,从而集聚起众多分散的、空闲的创意资源,并挖掘出潜在的巨大效能。

根据价值链理论分析,进入创新驱动阶段的社会化网络市场的创意产业,从本质上讲,是一个以集聚思想为核心,突破时空限制,使闲置、抽象的思想产业化的过程,并将其转化为具有较高经济价值和社会价值的产品,在市场机制和高科技的支撑下实现扩散渗透效应,从而创造出巨大的经济价值。在此过程中,需求方驱动价值链,形成基于社会化网络市场的新商业模式和人类交往方式,遵循"创意型用户创意生成—社会化网络创意市场形成—创意企业采纳—创意产品升级—消费者再次创意生成"这一可持续的创新循环系统。Local Motors就是遵循这一创意循环系统的典型案例。

案例：Local Motors——集合社会创意造汽车

Local Motors汽车设计公司位于美国马萨诸塞州韦勒姆市，这是一个没有庞大的研发中心，没有庞大的组装车间，没有庞大的营销团队，包括CEO在内只有10名正式员工的公司。2010年，在这里诞生了世界上第一辆以开源方式设计制造的汽车——Rally Fighter。

Rally Fighter是一款适合沙漠和戈壁地带的运动型越野车，配备有6速自动变速器、全时四驱系统、可调节悬挂系统，售价59000美元。Rally Fighter是由网站社区内来自世界各地的汽车设计爱好者们设计的，从绘制设计图纸到生产面市只用了18个月。而在传统汽车行业中，一辆新车从设计到试产，可能需要四五年时间。Local Motors的模式很酷：车的外形由社区的汽车设计爱好者设计，Local Motors为汽车选定发动机等零部件后，组装成车。这大大缩短了汽车的研发时间。

Local Motors在向社区征集新一代车型的设计理念时，参与设计竞赛的有学生、设计师、工程师及爱车一族。他们的共同点是：拒绝平庸，坚持创意，不为市场需求而妥协，想要把自己的梦想车型变为现实。当确认有500名以上的汽车爱好者有意购买Rally Fighter时，Local Motors便决定生产这款汽车，然后很快建立起一个微型工厂。社区专心设计新车的外形，Local Motors则为产品选定所需的发动机、变速箱等核心部件，这些通常都外包给专业厂家生产，以确保汽车的性能和安全性。

Local Motors与汽车行业巨头们相比，可能显得微不足道，但他们聚焦于特定的汽车爱好者和设计者，为他们提供特殊需求的产品。Local Motors颠覆了由福特公司建立的流水线汽车生产体系，创建了另外一种思维和理念，用户参与汽车的装配、使用、优化、售后服务整个过程，所有的问题都由用户自己解决，所以每一位车主都是企业的重要组成部分。随着用户对汽车的了解加深，他们成为专家，社区也变成了一个自我强化、产生智慧想法的生态系统。

现阶段，中国经济发展步入新常态，在互联网浪潮的席卷下，创意来源开源化给国内创新驱动提供了无限的可能，不仅促进了实体经济的发展，也提升了全要素生产效率，而且还转变了传统经济发展方式，调整了经济发展结构，为中国新兴产业的发展提供了源源不断的动力。创意是创意产业的核心，它并不是互联网技术发展而产生的内在价值，而是各种创意资源与高新技术综合发展的过程。社会化思维网络正是促进创意产业、创新系统发展和演进的动力。

2. 实现途径开源化

想要将创意顺利完成产业化，实现途径是一个必须考虑的重要因素。实现途径开源化，使得创意的实现途径多样化、便捷化。其中，招商引资是实现创意最有力的支撑，目前在社会化思维影响下，招商模式日益多元化，其中最引人注目的模式是互联网众筹。众筹的概念和范围是非常宽泛的，其应用可以小到生病众筹医药费，大到巨额资产管理；还可以跨行业，如众筹建球场、众筹支付物业费，或者对非物质遗产保护发起众筹，等等。生活中处处可见众筹，众筹思维已经深入人心。

融资难、融资贵一直是中小企业发展的拦路虎，传统的融资模式在一定程度上限制了创意产业化的实现。在互联网浪潮之下，互联网众筹为国内创新创业提供了源源不断的支持和机遇，激活了千千万万的市场细胞。2010—2013年，互联网众筹这一模式逐渐进入中国，作为一种新型的互联网金融融资模式，其服务对象定位于中小微企业，由此开始快速、有效地帮助广大创业者与中小微企业实现与资本的对接，解决创业初期的资金难题；同时，众筹将社会底层闲置的、半闲置的或者储备的资金都给撬动起来，这颇具战略性的意义。

通过整理公开渠道发布的统计信息，在2016年时，全国众筹平台数量达到顶峰，共有532家。从2017年开始，各类平台数量开始下降，截至2019年6月底，运营中的众筹平台为105家。其中，股权型平台数量最多，有39家，占比37%；权益型平台次之，共32家，占比31%；综合型平台14家，占比13%；物权型平台13家，占比12%；公益型平台数量最少，只有7家，仅占比7%。虽然近年来众筹平台的数量骤减，但众筹成功项目及融资额都呈上升趋势。2018年上半年，共获取项目48 935个，成功项目数为40 274个，成功项目融资额达到137.11亿元，与2017年同期成功项目融资总额110.16亿元相比增长了24.46%，成功项目支持人次约为1618.06万人次。

互联网众筹模式是社会化思维在互联网时代应用的重要成果，已发展成为我国多层次资本市场的重要组成部分。互联网众筹的出现，正是对传统金融体制的突破，借助互联网技术的优势突破投融资双方的瓶颈，满足不同层次主体的投融资需求。互联网众筹颠覆了传统金融模式的中间化程序，以更高效、更精准的服务模式，直接服务于初创企业以及中小微企业。随着国家对互联网众筹的重视程度提高，互联网众筹在中国经济发展中的作用将越来越明显，其发展前景将更广阔。开源的创造策略是由开源的创造性资源与开源的实现方式相结合构成的。在互联网时代，创造开源化值得被应用于更多产业，为创新、创造注入新的力量。

案例：互联网非公开股权融资——云投汇与其成功众筹项目座头鲸

云投汇众筹（北京）网络技术有限公司是新兴的互联网非公开股权融资平台，运用互联网金融技术为企业和投资人提供一站式投融资交易工具，以领投、跟投的众筹模式帮助项目快速融资，提升企业价值，为合伙投资人发掘优质项目，获取股权投资超额收益。云投汇是知名投资管理公司中科招商集团"双创"新生态的核心企业，致力于在证券业协会监管下持续推进互联网非公开股权投资标准化、可视化和大众化，为中小企业提供不同成长阶段的资本支持，为投资人安排最佳投资机会和退出渠道。

云投汇成立于2015年5月。一直以来，该平台以"让创投更简单"为定位，坚持合规自律、创新发展。2015年7月加入中关村众筹联盟，并于2016年6月被推举为中关村众筹联盟副理事长单位。云投汇平台采用"领投+跟投"模式，并在业界首创100亿元"云投基金"力推"明星领投人计划"。该计划旨在吸引全球最优秀的投资人到云投汇平台领投优质项目，通过为领投人提供资金支持，解决专业投资人面临的"募资和投资能力不匹配"的问题，让"专业的人做专业的事"。截至2016年12月5日，云投汇成功帮助15个项目融资2.2亿元。

座头鲸旅行网是以"主题+纯玩"为宗旨的C2C旅游服务平台。该平台在保证提供常规旅游产品的同时，还鼓励旅行者分享个性化旅游路线并加以采用，真正实现"跟着local玩转地球，人人都是旅行家"的创想。座头鲸还引入微信分销机制，让旅行社、旅行者等所有机构和个人用户，都可以在平台创建个性化虚拟旅行社，进行旅游路线的发布、分享、推广，实现全民参与、全民营销。同时，在旅游过程中，座头鲸旅行网实现旅行者与目的地服务资源的直接对接，即local从业者直接服务于旅行者，省去旅行社对接等中间服务。座头鲸项目在云投汇平台上总融资额为300万元，股权出让比例为15%。其中，领投人投资60万元，合投方投资50万元，云投基金投资30万元，平台跟投人通过有限合伙企业投资160万元。

座头鲸项目本身商业模式具有创新和独特性，项目团队多年来积累了宝贵的经验和丰富的资源，主推的西藏系列高端人文体验产品拥有难以复制的上游资源。综合来讲，该项目具备长期发展的潜力，但在传统融资模式下融资渠道十分有限，融资速度慢，操作程序复杂，可靠性相对较差，任何一个环节出现问题，都会导致整个融资计划失败。而采用互联网众筹模式，不仅圆满完成了所需资金的募集工作，还获得了众筹平台云投汇在投融资领域的专业性支持，以及各位投资人丰富的经验和行业资源。综上，本案例的实现途径开源化表现在三个方面：一是引资方式的开源化，二是资金来源的开源化，三是社会资源的开源化。

6.2.3 媒体个人化

在互联网时代，信息技术与传媒技术的深入发展，孵化出了一系列新媒体，包括：门户网站、各类网络论坛、微博、微信公众平台等，并且使信息传播的个人化特征日益显著。这些新媒体作为一种新的生活方式、工作方式、学习方式和交流传播方式，已被越来越多的人接受和使用。

媒体个人化与自媒体概念是有区别的，美国新闻学会媒体中心于2003年7月发布了由谢因·波曼（Shayne Bowman）与克里斯·威利斯（Chris Willis）撰写的名为《自媒体——试看观众如何打造未来的新闻与信息》的研究报告，报告中对We Media（自媒体）的定义做出了严谨的解释："自媒体是一般大众经由数字科技强化、与全球常识体系相连之后，一种开始了解一般大众怎么供给与共享他们自身的现实、他们自身的新闻的途径。" 简而言之，它是大众用来发布他们亲眼看到和听到的事件的载体，如博客、微博、微信、论坛/BBS和其他网络社区。

媒体个人化并不是指内容创造与内容传播的行为主体是单一的个人，而是社会思维在网络媒体领域的反映。对于传播者的身份，虽然是多样的，但都具有个人表达的意愿。接收者的信息需求是个性化的，这为个性化媒体的发展提供了动力，导致信息成本更低，内容更丰富，传播手段更多样化。对传播者而言，媒体个人化是指媒体内容个人化、传播服务个人化、传播风格个人化、信息使用共享化；对信息受众来说，媒体个人化意味着获取的信息能满足自己的个性化需求，能够与传播者进行互动和有效的反馈与沟通，能够按照自己乐于接受的服务方式接受信息。同时，与传播者的交流不仅限于信息的共享，更多的是思想和情感的沟通，特别是在互动媒体中，有时很难将传播者和接收者清楚地分开。

1. 个人话语权的扩张

话语权是指说话权，即控制舆论的权力，是一种信息传播主体的潜在现实影响力。在当代社会思潮中，话语权是影响社会发展方向的能力。随着互联网的迅猛发展，具备时效性、个性化、交互性等特点的多媒体传播方式冲击着传统媒体，人类社会逐渐进入了一个个人话语权显著提升的时代。这是因为生活中每个人都可以通过各类移动媒体，传递想要表达的信息，这些信息很容易在互联网的开放平台上获得相当大的流量和注意力，甚至引起轰动。这样的案例不胜枚举，比如微博上常见的个人求助事件、网络维权事件、不良现象披露事件，等等。

2. 个人媒体化效应背后的组织支撑

随着互联网的普及，网络媒体已经成为媒体的重要组成部分。但应注意的是，媒体个人化绝不是以个人为中心。个人化是互联网信息服务的基本特点和要求，因为一个具有成熟的巨大影响力的个人媒体，仅仅依靠个人的努力是不够的，还需要组织的有序管理。像微博"大V"、公众号大号，甚至知乎"大咖"、网红等，但凡成长到一定规模，便会形成有组织、有计划的、系统性的运维方式，将个人效用发挥到最大。

案例：罗辑思维——从知识传播者罗振宇到商人"罗胖"

2012年12月21日，《罗辑思维》第一期视频在网站、手机App上线，这档脱口秀节目的内容包罗万象，政治、商业、生活、文化无所不谈，主持人罗振宇分享日常读书心得，语言个性鲜明。"罗辑思维"的微信公众号也在同一天开通，每天早晨六点半向微信用户推送一条罗振宇本人录制的60秒语音，分享其每天的生活感悟，通过回复关键字的方式，用户可以获取推荐文章的链接，与文章同时发布的还有会员活动或是会员福利放送的通知。

《罗辑思维》发展得很快，从2012年开播至今，《罗辑思维》长视频脱口秀已播出了几百集，在优酷、喜马拉雅等平台播放几十亿人次，在互联网经济、创业创新、社会历史等领域制造了大量现象级话题。而罗振宇本人也凭借

《罗辑思维》这档节目成为内容创业领域的领军人物。这个外号"罗胖"的家伙想尽了方法变现，除了募集会员费、卖书、卖副产品，更是提早预售自己未来20年的跨年演讲的晚会门票，并在其微信公众号上不断进行商业化尝试。

罗振宇可以说是媒体个人化时代的先行者，也是内容创业领域的尝鲜者。罗振宇所积累的庞大粉丝规模，让他可以在微信、视频网站、音频等平台上实现无缝切换。当然，基于对这些平台内容机制的熟悉，《罗辑思维》开始力推自己的产品——"得到"App。在该渠道中，不仅有罗振宇自己的内容，还有李笑来、吴伯凡、罗永浩等人进行内容分享。这些"大V"最直接的作用就是提升内容的丰富度，同时也让"得到"实施内容付费变得水到渠成。

《罗辑思维》前期庞大的粉丝群的积累使"罗胖"这一IP独一化，即媒体个人化的结果，后期试图打造知识付费领域的IP，这一商业化的尝试令人关注。这也证实了媒体个人化不是以个人为中心，而是一个动态的发展过程，借助组织将其个人效用发挥到最大。罗振宇所走的这条路不是一天完成的，而是很长时间的专注付出，是持续不断的自我调整，是可靠团队的组织行为。因此，对于一个自媒体人来讲，想实现企业化、机构化、资本化，仅靠个人力量几乎是不可能的，背靠组织、拥抱大流量是目前最好的选择。

6.2.4 品牌社群化

品牌社群概念是在西方品牌管理理论的研究中出现的，穆尼兹和奥吉恩（Muniz，O'Guinn）二位学者在《消费者研究杂志》（*Journal of Consumer Research*）上首次提出一个新概念"品牌社群"（brand community），其含义是在品牌基础上建立起的顾客与顾客之间的关系群体；随后学者麦克亚历山大、肖腾、科宁（McAlexander，Schouten，Koening）对品牌社群的含义做了修正，认为品牌社群不仅包含了顾客与顾客的关系，还应有顾客与企业、顾客与产品、顾客与品牌之间的关系。麦克亚历山大、金、罗伯茨（McAlexander，Kim，Roberts）从顾客满意度、忠诚度的角度对品牌社群进行了研究，指出顾客忠诚度不只受到顾客满意度的影响，还受到品牌社群整合的影响，更加全面地解读了以顾客为核心的品牌社群关系。与顾客会员制不同，品牌社群不只是企业给予顾客优惠和折扣等单方面的"讨好"行为，更多的是强调会员从顾客群体沟通与交往中获得的品牌体验。如果这种品牌塑造的形象与消费者的价值观相吻合，消费者往往能在品牌社群中找到情感或者心理上的共鸣。在表现形式上，为了强化消费者对品牌的归属感，社区内的消费者会自发或者被企业组织起来，通过各种形式的互动增强对组织的认可，提升对品牌的忠诚度。

品牌与社群的关系是密不可分的，往往能够实现彼此相互成就。当顾客对品牌社群的认可度越高时，他们参与社群活动就越积极，意味着与品牌的互动就越多，有利于提升顾客的忠诚度和满意度，同时还便于企业在活动过程中挖掘更多有价值的信息。同样的，当品牌对于顾客的吸引力越大时，顾客加入品牌社群的意愿就越强烈，甚至自发组建围绕品牌的社群。无论从理论还是实务角度看，品牌社群化都是社会化思维中不可忽略的重要组成部分，强调社会化就是强调广大顾客的重要价值，以及顾客在网状关系中的核心枢纽作用。因此，品牌社群化主要表现为基于品牌的社群维护与基于社群的品牌共建两方面。

1. 基于品牌的社群维护

互联网所具备的跨越时空的特点有助于消费者们能够随时随地抱团，形成巨大的消费力量。相较于以往单个的、零散的、孤立的消费者，如今的消费者更加团结、有力、挑剔。消费者和品牌的互动更频繁，形式更多样；消费者之间的关系更紧密，同一个品牌的忠实消费者们会通过品牌社群抱团，进行线上或线下的频繁交流，在交流中深化彼此共同的品牌认同感，并在活动中使品牌社群渐渐壮大。在基于品牌的社群维护过程中，企业和社群成为促使品牌不断茁壮成长的推动力。因此，在互联网时代，运用社会化思维将品牌社群化是企业取得竞争优势的关键。

群体意愿能够促成群体决策以及解释群体的行为，而群体行为的结果必将影响到消费者的品牌行为，如购买相关产品。巴戈奇和多拉基亚（Bagozzi，Dholakia）认为，消费者履行群体行为的共同意愿是其参与品牌社群活动的基础，品牌社群作为一个整体存在的前提正是品牌社群活动，其中影响品牌群体意愿的因素包括态度、主观规范、社会认同等。社群成员对品牌的涉入程度会随着对品牌社群认同的增强和参与活动的增多加深，这会增进成员对品牌的认同，即成员感知到的自我形象和品牌形象的一致程度会随之提高。社群成员对品牌的认同会导致相应的品牌行为。同时，巴戈奇和多拉基亚还将"欲望"作为嫁接各前置因素并激活意愿以引发实际行为的关键中介变量。

案例：懂你英语——群里学习打卡，互相督促效率高

"懂你英语"是全球首个基于智能AI技术的自适应移动英语课堂。基于移动化、人工智能、大数据的"天时"，2014年年底，"流利说"开始为开发系统化的课程组建团队。"流利说"团队将优秀的产品、技术基因与最先进的语言学习方法——RHR层级递归脑认知理论结合。在和新浪教育共同发布的《中国英语口语白皮书》中，"懂你英语"基于3000万用户、2.75亿分钟的庞大录音数据库，将中国英语学习者的构成分布、学习习惯、口语现状以及学习痛点第一次以翔实的数据图文并茂地展现在读者面前。

"流利说"在成立之初便明确了"以用户为中心"和"以效果为导向"的产品观。移动互联网迅猛发展的背景下，"流利说"团队自带"移动基因"，以纯移动端解决方式将口语学习从散漫转向标准，从工具到内容再到社区，从提供优秀学习基地到提供核心技术加持的标准化课程体系，"流利说"在内容运营上做得非常细致。"流利说"会根据个人英语水平的测定结果制订符合用户英语水平的课程，用户购买了"懂你英语"的课程后，会被分配到一个英语学习班级微信群中，群里会有一个"懂你英语"的工作人员作为班长，带领大家学习，督促大家组成3~4人的小组，并每日监督学习情况，小组内每人单独打卡，再由小组长以小组为单位打卡汇总至班级群里；同时定期发布一些活动通知，如连续打卡奖励课程、限时续费奖励课程等；周末会在班级群中发起主题讨论，让群内成员积极参与，创建出更多使用英语的场景，营造浓厚的学习氛围。

经过对产品不断地打磨、迭代，"流利说"如今已经形成优质的游戏化内容矩阵。"流利说"的话题产品覆盖了生活的方方面面，包括生活、商务、职场、旅游等各类场景并匹配不同的难易程度。现在每0.1秒就有一段纯英文的对话在"流利说"中诞生，每个月会有上百万用户分享内容，基于庞大的用户体量，"流利说"成功孵化出了中国最大的英语学习社区。

从本案例中可以看到，以往很多人认为教育行业的品牌美誉度是与办学年限紧密相关的，但在互联网时代，这种观念被彻底颠覆了。社会意愿是用户们想要更加方便、高效、灵活地学习英语，这种意愿促成了加入"懂你英语"课程的群体决策，"流利说"的产品"懂你英语"真正做到了"懂你"，社群中的

学习打卡与交流活动使用户与品牌形成了一个整体。群体行为的结果必将影响消费者的品牌行为，包括购买相关产品的消费行为，如续费延长课程学习时间或购买其他种类的课程。"流利说"通过社群维护，提升了用户对品牌的忠诚度，积累了积极的用户口碑，当"流利说"推出新产品时，用户便会自发地关注品牌新动向，实现庞大用户体量的社群转化。

2. 基于社群的品牌共建

基于社群的品牌共建与基于品牌的社群维护的最大区别在于：用户在品牌与社群的互动行为中是否能够主观地对品牌产生影响，为品牌增加价值。它强调的是用户对品牌的共建作用，这种共建是多方面的，可能是间接的、抽象的，也可能是直接的、具体的。比如用户共建品牌文化、用户建议共同优化产品、用户逆向提供营销战略，甚至用户自发为品牌拓宽销售渠道，等等。品牌价值的实现不能只是产品的生产者和服务提供者单向输出，更多的是需要靠生产商和服务商以及消费者共同实现。品牌只有形成与消费者互动的双向共创，才能实现其价值。

用户的自发行为会为品牌提供强大的动力势能，品牌用户群体的画像与品牌形象在一定程度上是相似的。新用户可能会因被品牌打动而产生购买意愿，因为想成为该品牌的用户群体而产生购买行为。品牌对于用户与社群具有相同的巨大吸引力，特斯拉及其车主社群就是一个非常典型的案例。

特斯拉公司董事长马斯克一直坚持"高势能"的品牌思维，他建立的特斯拉的品牌逻辑是"人类生活场景变革""产业使命""科技生产力""科技审美"等，这与传统的好产品、高性价比、高美誉度的思维特质是大相径庭的。传统的汽车品牌对产品的迭代往往只是进行简单的升级和优化，最终开发出差异性较小的新品，缓慢释放研发能量来谋取更多的市场价值。但是特斯拉却不同，它对汽车产品的认识和改造是颠覆性的，表现在对技术的卓越追求和对智能生活的时尚推崇，最重要的是特斯拉会让顾客感受到他们的真诚和善意，通过每一款产品的发布来推动行业的升级，这和苹果公司早期乔布斯的思维非常一致。

随着消费者和媒体舆论对特斯拉的认同越来越多，特斯拉的"高势能"品牌思维正在被越来越多的人接受，特斯拉爱好者和车主对特斯拉"品牌势能"的认可，已经完全超越了对产品某个要素的特定评价。调查发现，即使部分产品存在一些缺陷和不完美，但特斯拉爱好者少有抱怨和失望，反而希望跟着特斯拉一起进步和成长，对其表现出极大的包容和理解。特斯拉爱好者和车

主组建的社群中就有这样一种令其他企业艳羡的凝聚力，这些人在默默地支持和传播着特斯拉的品牌，帮助特斯拉提升品牌形象。

6.2.5 社交紧密化

1. 陌生人社交的兴起

唐代诗人王勃"海内存知己，天涯若比邻"的愿望随着通信技术的发展，已经成为现实。伴随着宽带技术、视频技术的快速普及，视频社交、虚拟社交逐渐成为主流，中国社交平台迎来黄金发展期。人们在互联网平台上的交流形式多种多样，全球范围内的沟通交流变得扁平化、低成本化、快捷化和紧密化，在互联网平台上，人与人之间的交流没有了距离的隔阂。

社交工具的多样化丰富了人们的社交类型和内容。不同个性的群体可以选择不同类型的社交平台来获取信息，譬如知识型用户倾向于在知乎、豆瓣、论坛和专业社区上讨论；娱乐型用户更喜欢在游戏社交、直播等平台上混迹；而普通大众大多选择微信、微博、QQ等来满足日常的工作和生活交流需要。这些不同的社交平台也在不断地通过迭代优化与营销来吸引自己的特定用户群，以更好地适应在互联网时代的发展。通常我们将社会化互联网社交分为熟人社交和陌生人社交，前者满足情感的联络、维系和表达，后者寻求情感的交流、互动和释放。毫无疑问，人际关系一直以来都是依靠交流来建立与维系，所以无论是陌生人社交还是熟人社交，都为互联网时代用户社交密切化做出了巨大贡献。

案例：直播+陌生人社交——后直播时代的陌陌经济学

巨头盘踞的熟人社交难以被撼动，而在陌生人社交这个维度撬动市场，完成边缘革命，成了社交创业者们奇袭的机会。陌陌算是第一批成功的陌生人社交创业者，并有可能跻身百亿美元俱乐部。

2015年9月陌陌上线的时候，可能自己都没想到能靠直播获得实实在在的利益。当时仅仅为了打破原有的基于位置共享的"点对点"社交模式、扩大陌生人社交场景、吸引新用户的尝试，却在随后几年给陌陌带来了爆炸性的增长。

"直播+陌生人社交"，乍一听好像是一次差距挺大的跨界，但是二者之间存在着天然的联系。直播结合陌生人社交有两个特点：一是使社交信息的呈现更真实全面。以往通过图片和文字进行信息筛选和判断的过程无异于"管中窥豹",缺乏包括肢体、表情在内的含义丰富的非语言符号信息。采用直播的形式将非语言符号纳入其中,把"管"的直径拉大了好几倍,因而看到的陌生人也更真实可感。二是直播从根本上改变了人与人之间的联系方式:从"一对一"的交流变成了"一对多"甚至"多对多"的"撒播",但是和电视、广播这样的媒体不同,用户在直播过程中不再是被动的、沉默的"沙发土豆"。这种转变有好处也有坏处,好处是用户之间增强了黏性和认同;坏处也很明显,一对多的直播秀场不利于社交关系的沉淀。

直播是个典型的冲动式消费场景,具有无可比拟的变现能力。到了2017年第二季度,直播业务营收已经占到陌陌总营收的83%,当之无愧地成为陌陌的顶梁柱。

不过更让陌陌开心的应该是用户黏性的增强。陌陌开通直播业务后,产生了两种此前未有的用户连接方式:一是以主播为中心的一个个或大或小的"家族",二是以明星用户为中心的"战队",这两种连接方式相比于以前"点对点"的模式更具有向心力。数据显示,2017年第二季度陌陌日活用户平均使用时长环比增长了37%。

这样看来,直播似乎是陌生人社交的解药。大家都想搭上直播这辆变现快车,一时间风起云涌:微博上线直播功能、知乎推出live……陌陌在这辆车上坐得稳当,自2016年第一季度至2017年第二季度,直播服务营收占净营收比例在不断提升。后直播时代的陌陌,似乎想通过"视频社交"完成高速发展,进行了一系列的新式的品牌宣传。

不过这很容易让人产生误解。实际上,和以直播起家的映客、花椒、斗鱼、熊猫不一样,陌陌并不是一家直播企业。而直播之所以为能陌陌带来如此大的收益,是因为直播的形式和陌生人社交的内核相契合,直播是"术",陌生人社交是"道",审时度势,术自有千变万化。

找准用户和定位方向,已成为各大陌生人社交应用生存的基础。精准的算法和恰当的数据模型成为提升用户活跃度、增强品牌黏性的关键能力。

在互联网上,主打陌生人社交的产品很多:以兴趣爱好为基础的豆瓣和知乎,以平台为基础的微博,还有基于位置共享的陌陌和探探、以职场社交为核心的脉脉等。国内陌生人社交产品可以分为两大阵营:一类以内容为核心,如

豆瓣、知乎和微博；另一类以关系为核心，如脉脉、探探。前者基于用户的共同偏好搭建关系，而后者则面向更深层次、更亲密的社交需求。如今陌生人社交已经渐渐形成一个规模巨大的风口，iMedia Research（艾媒咨询）数据显示，2019年中国陌生人社交用户规模达到6.22亿人，并且每年都在持续增长，由此可以预测中国陌生人社交市场在未来的几年仍会保持增长势头。

一直以来，国内社交领域都是由主打熟人社交的QQ、微信、微博称霸，尽管阿里巴巴不断地尝试进入社交赛道，还是无法撼动这三强的领先地位。然而在这样的背景下，主打陌生人社交的陌陌仅花费了三年时间就成功抢占市场登陆美股，在2021年第一季度，营收达5.3亿美元，持续赢利。另外，后起之秀Soul、觅伊等产品的发展也是持续向好。由此可见，未来网络社交的格局会随着品牌之间的差异化较量逐渐改变，陌生人社交将迎来行业发展的升级，而资本市场的投入也将更加针对垂直的创新领域，陌生人社交产品的商业变现和社交活跃率息息相关。

趣味性是导致陌生人社交产生的关键因素之一，这一点在很多陌生人社交应用中的小功能中都有体现，如匿名吐槽、随机匹配、随机视频、随机电话、漂流瓶、摇一摇、基于兴趣、UGC社区、匹配度计算、阅后即焚等。很多产品的迭代创新都是基于形式的创新，但与功能性产品不同，陌生人社交依赖于互动性交互，生命周期普遍较长，关系沉淀发挥的作用更重要。随着产品模式的完善和突破，社交平台的商业变现模式渐渐清晰起来，"+社交"的趋势愈发明显。如"视频+社交"的快手月活用户高达5.98亿，估值180亿美元。逻辑相似的产品还有网易云音乐、抖音等；"游戏+社交"也成为行业黑马，"狼人杀""谁是卧底"成了年轻人饭桌上的必备游戏，陌生人社交不是这些产品的全部功能，却是这些产品的核心吸引力。

2. 轻熟人社交新玩法

曾经，人们的QQ好友中有一部分是连性别都不知道的陌生人；在微博时代，人们也可以关注那些完全不认识的陌生人。但随着微信的兴起，人们的社交方式发生了变化，因为微信好友大都是相互认识、有过一面之缘抑或是因为工作而有过交集的人，在这个层面上，微信好友之间进行的是"熟人社交"。但是，由于人们社会交往的需要以及添加微信好友的便捷性，这里的"熟人"已经不再是传统意义上颇为熟识和了解的"熟人"概念。手机通讯录、QQ好友列表中的"朋友"和通过"扫一扫"功能添加的好友，也许是有着工作上的联系却素未谋面或仅有一面之缘的人，或许是那些曾经有过一些交集却并无深层交往的"点头之交"。可以说，网络最大限度地打破了人与人之间交往的限制，扩大了社群范围，打开了过去不常互动的"要熟不熟"的人之间的社交渠道。可以说，移动互联网孵化出了一种全新的社会交往形态，称为"轻熟人社交"。

微信等轻熟人社交方式为曾经的"点头之交"们提供了频繁互动的途径，即使不再约见、不再电话、不再写信，人们也可以通过一个个点赞、评论而产生联系。移动社交空间的整合性、虚拟性和便利性共同构成了轻熟人社交网络，激发了人们的交流愉悦感。2015年春节，微信红包引爆了整个社会的电子红包，几乎在一夜之间风靡全国。支付宝种树则以环保的名义鼓励人们交流互动，增强支付宝使用活跃度。人是群居和社会性动物，需要互惠互利，才能获得归属感和认同感。当一个人在社区中投入了大量的情感和精力，社区文化圈就会慢慢成为他生活中不可或缺的一部分。这些在轻熟人之间提供关系连接的企业行为与其说是一场营销策划，不如说是社会交往的一种新的联结方式。

案例：微信红包——延伸轻熟人社交链

微信红包成了引爆2015年春节的第一个全民娱乐话题，此后微信支付也被视为微信争夺用户的重要举措。微信红包火爆的背后，意味着一种新的移动生活方式趋势。作为一种社会化媒体，微信传播关系更平等，信息更多元，而它的撒手锏就是关系链，微信构建了一个个由熟人关系链构建而成的社交圈，基于共同成长和职业背景的熟人社交，具有小众化、私密性的特征以及强韧的黏合度。微信既能满足人们的社会交往需求，又像淘宝一样，能充当起人们日常生活中的线上交易"伙伴"。微信红包正好满足了熟人连接及其延伸的特点，重构了人际传播关系。平时，人们出于矜持、猜疑、缺乏互信等原因不愿意加入陌生人群的红包游戏，但在熟人圈中却可以玩得不亦乐乎，因为它更贴近现实世界中的人际关系和社交属性，在相互分发与讨要红包的欢乐中，人与人之间的距离不知不觉地被拉近了。

如果说过去是"内容为王"，那么在现在这个永远在线的社会里，则是"场景为王"。移动互联网时代的到来，让世界万物通过网络相连，让我们步入了一个充满无限可能的场景世界。移动互联网最重要的特点之一就是情景化，这是由时间的碎片化以及应用程序等技术因素导致的。场景构建能力是互联网与更开放、自由、多元、平等的社会对接的结果。显然，场景时代已经来临，在移动互联网时代，手机成为人体的一种延伸，个体便是移动互联网上的一个重要节点，信息或交易通过关系链来传递，而微信红包正是把原有的人与人交互的场景沉淀下来，构建出一个微小的移动支付场景，通过分享红包构建用户的关系链，从而衍生出更多的应用场景、营销场景。

腾讯在与支付宝的激烈竞争中，让微信在打车和理财两个领域向支付宝发起进攻，然后以红包打出一记重拳，将红包成功变为新的广告营销平台。显然，"抢红包"并非为了娱乐而娱乐的方式，其背后的潜台词就是争夺移动支付的市场，是互联网公司获取移动支付用户的重要接口。移动支付是未来互联网企业的兵家必争之地，而红包是轻松、有趣的媒介，可以借此自然地培养用户的移动支付习惯。可见，微信红包善用巧力，它轻轻松松地让用户在社交娱乐状态之中自觉绑定了银行卡，迈进了微信支付的阵营，并引发朋友圈疯狂转发的社交行为。

在各种各样的移动社交应用软件当中，微信无疑是目前最大的赢家。移动互联网时代的社交范围空前扩大。"轻熟人社交"不仅包括过从甚密的亲密人之间的交往，亦激发了曾经不甚联系的泛熟人之间的频繁互动，甚至将陌生人社交纳入其中，逐渐形成了陌生人社交与熟人社交的趋同态势。

不论是以即时通信为主的微信，还是以信息共享为主的微博，都为使用者精心设计了三个社交空间：一是一对一的形式，交流内容带有一定隐私性；二是多对多的群聊形式，交谈内容在圈子内可有限传播；三是一对多的形式，交谈内容对所有人可见。这三类社交空间塑造了一种类似现实的社交情境，为社会关系的连接提供了更多机会，不论是陌生人、轻熟人还是熟人，关系的紧密化、互动的频繁化都要归功于日益成熟的社交工具。但任何事物都具有双面性，移动互联网时代的社交空间也毫不例外地呈现出双重特性，交往快感的增长是否真正标志着关系的紧密尚需斟酌，但关系形成交集的次数与可能性大大增加却是可以确定的。因此，在社交紧密化的互联时代，我们同时应该注重个人信息保护，拥有控制能力，把握好"度"。

6.2.6 匹配高效化

匹配，一般指配合、搭配，也指分配，在不同的领域可以从不同的角度理解"匹配"的含义。例如，在互联网领域中，"匹配"多指人、物、资源、需求的对应分配。高效则可从效率和精准两个方面来理解。在互联网时代，信息获取渠道的多样化，衍生和加强了很多需求，相应的，能够与之匹配的需求满足者，即供应方也随之出现。有意思的是，如今需求者和供给者并不是严格的供应链两端，在匹配的作用下，两者可以角色转换。由于个人的主观能动性在社会化思维的浸染中得到加强，一方面刺激了社会中新需求的诞生，如共享经济、"最后一公里"业务、O2O、碎片化信息获取等；另一方面也驱动了个人去主动匹配这些需求，产生新的岗位、新的职业甚至新的产业，如网红、滴滴司机、微店店主等。可以说社会资源在社会化的应用中被充分调动起来，实现了整体的高效运转。发现需求、满足需求、引导需求，进而培养需求，这双无形的手既是市场也是社会大众本身。

考虑到匹配高效这一特点，下面将从以下背景考察配对效率的几种典型表现：闲置生产力是否得到充分利用？是否节省了中间成本？是否实现了最精确的匹配？是否所有需求都可以与服务匹配？

1. 众包模式——充分挖掘外部非特定资源

美国《连线》杂志记者 杰夫·豪（Jeff Howe）在2006年首次提出众包（Crowdsourcing）的概念：众包是指一个公司或机构把过去由员工执行的工作任务，以自由自愿的形式外包给非特定的（而且通常是大型的）大众网络的做法。毫无疑问，众包模式的出现，互联网发挥了重要作用。众包模式的出现揭示了商业社会的三个转变：①半专业-半业余的网络从业者出现。开源个体通常承担着众包的任务，例如滴滴的顺风车司机，不是专门的出租车司机，却做着和出租车司机类似的业务。②消费者拥有更多参与权。众包可以让消费者转变为生产者，用户可以参与企业的生产传播环节，这样的角色转变不仅提升了用户的地位，更让企业生产力得到质的飞跃。③更多拥有"生产力"用户的网络社区变成了生产单位。众包的产生揭示了网络社区能够比公司更有效地组织工作者。从某种意义上来讲，淘宝上所呈现的众多卖家就是淘宝商城将销售任务众包给普通大众的结果，并且活跃在淘宝上的自主商家显然比淘宝自建商队要高效得多，只不过淘宝的利润收入是来源于平台效应带来的其他收入，而不是销售收入。

网络众包的出现催生出了新的生产方式、新的要素组织方式和新的劳动组织方式。首先，网络众包打破了原有严格的企业结构和市场结构，出现了更加稳定、灵活的中间协调性组织体制，这样的体制是企业与市场相互渗透、相互作用所形成的，并将市场关系、信任和承诺当作持续运营的燃料而不是单一依赖某一方。近年来，国内外迅速发展起来的知名众包网站有 Innocentive.com、 zhubaijie.com、taskcn.com 和 epweike.com 等。国内的第一家众包网站成立于2005年，发展到2012年，市场上已经有规模不等的数百家众包企业，总成交金额突破数十亿元，众包从业者突破千万，并且从业人数以每月30%的幅度增长，被誉为市场营销、广告业和工业设计等产业组织的理想实践方式，并广泛应用于物流、法律、管理咨询、农业、科研、体育、医疗、招聘等多个行业领域。

案例：京东众包——人人都是配送员

京东到家在2017年推出新模式——众包物流，该模式是由用户抢单来为附近的客户提供快递送货服务。在"懒人经济"迅速兴起的背景下，以京东到家为代表的O2O企业正在用创新的众包模式悄然改变着传统快递。"京东众包"在京东强大的自营配送体系基础上进行创新和探索，有效借助社会化运力，服务更多消费者，为提升用户的送达体验做出了大胆的尝试。

当前，由于O2O业务本身具有及时性特点，促使电商企业通过不断创新来提升物流服务体验。当业务量逐渐增多或陡增时，借助社会化平台的配送力量来完成就显得尤为重要。最初的京东众包内部招募信息显示，拥有一部智能手机、年满18周岁即可报名成为京东到家众包兼职配送员，男女不限、零门槛、时间自由，经培训后上岗，抢单配送完成后可以获得每单6元的奖励。这样的招募条件意味着将物流业务外包给了普通大众。

O2O业务是国内最火的创业领域，京东正试图通过创新，提供更加多元化的产品和服务，为消费者提供更加便捷、更加个性化的服务体验，也为O2O物流领域探索新规则。随着补贴的减少，物流众包模式的发展并不光鲜。部分成长起来的专业配送员会将大部分众包业务消化掉，最优的众包订单分配也很难被普通大众抢到。因此最终的稳定模式还是依靠专职化的配送人员，单纯的"众包"能不能实现利润值得商榷。

之所以说众包模式是充分发掘外部非特定资源，从上述案例就可以得到答案，京东众包的外部非特定资源就是向社会公开招募的兼职配送员，非特定表现在"男女不限、零门槛、时间自由"，资源性表现在"顺路、可提供急速达服务"，从而形成人—服务—时间的高效匹配。虽然众包模式发展与壮大的主力军还是专职化的配送人员，大众"顺路"匹配的意义薄弱了些，但专职配送人员在同一条配送路线中同时配送多家众包平台提供的订单无疑也是一种匹配的高效化。

但其实"众包"的概念并不仅限于上述众包模式，还包括互联网上涌现出的新兴"众包"方式。我们可以发现，随着互联网时代的到来，不论是企业还是个人在一些小众需求方面，都可以采取社会化思维解决问题。所谓"高手在民间"，充分利用社会化非特定资源是现代"众包"的新兴势能。

InnoCentive最初是世界著名的制药企业美国礼来公司的子公司，总部设在美国波士顿，其名字取自Innovation（创新）和Incentive（激励）。作为制药巨头，礼来公司的心态还是很先进的：既然一个公司的科研人员不能解决自己遇到的难题，那为什么不利用互联网，看看大家有没有好的解决办法？于是，他们把遇到的科研难题发到网站上来寻求解决答案，并给予一定的金钱激励。有一帮好奇心强、无所事事的科研精英们了解后，三下五除二解决了这些问题，并拿走了奖金。这就形成了一种良性循环。后来，礼来公司做出了一个明智的选择——让InnoCentive网站独立运营。于是，更多的企业把难题放上去悬赏，更多的科研精英们跑来解决难题并拿走奖金。

通过这个集结全球"最强大脑"的科研众包平台解决问题的企业无不发出"高手在民间"的感叹，当企业遇到的是低频、影响不大但必须解决的问题时，专门建立研究团队或加大科研投入可能会使解决问题的成本超过回报，而采用这种"集结民间高手"的方式，不仅可以节约成本，还可以实现问题与专业人才的高效匹配，人尽其能，物尽其力，何乐而不为呢？

2. 去中介化——让信息互通更加顺畅透明

"中介"一词在传统意义上是指收取中介费的个人或企业信息媒介，而社会化思维下的"去中介化"是指互联网这一超级媒介取代了传统媒介，为人与目标提供最直接的匹配。在这种去中介化的发展趋势下，信息中介的成本逐渐降低甚至为零。中介链接的范围十分广泛，涉及的事物也十分多元化，如人与岗位（智联招聘、Boss直聘）、买家与卖家（淘宝、咸鱼）、物品与物品（易物网、换客汇）、人与服务（58到家、河狸家）等。

去中介化可以更好地实现需求方与供给方之间的供需匹配，从而使单个用户更专注地提供或寻找最优的产品或服务，并且由于中介成本低，决策不会受到影响，用户便可以选择最符合自身需求的产品或服务，甚至直接进行沟通协商等活动。而平台既为用户提供了可选择的资源，也提供了可信赖的资质担保，这可以让供需双方的沟通更顺畅，充分发挥了社会化势能，实现了部分领域人与目标标的供需关系高效匹配。

案例：闲鱼——去中介化加担保交易信任高

闲鱼是阿里巴巴旗下闲置品交易平台。会员只要使用淘宝或支付宝账户登录，无须经过复杂的开店流程，即可实现一键转卖个人淘宝账号中"已买到宝贝"，自己拍照上传二手闲置物品，以及在线交易等诸多功能。下载并使用闲鱼App，个人卖家能获得更多的曝光量、更高效的流通路径和更具优势的物流价格三大优势，让闲置的物品以最快的速度奔赴天南海北的新主人手中物尽其用。此外，闲鱼平台后端已无缝接入淘宝信用支付体系，从而最大限度保障交易安全。2016年5月18日，阿里巴巴集团宣布，旗下"闲鱼"和"拍卖"业务将"合并同类项"。阿里巴巴集团CTO张建锋表示："闲鱼"牵手"拍卖"后，两者将共同探索包括闲鱼拍卖、闲鱼二手交易、闲鱼二手车在内的多种分享经济业务形态。

在闲鱼平台上，用户可以为家里宠物生的幼崽找新主人，将旅游带回的特色纪念品分享给其他人，将孩子不再喜爱的玩具送给其他小朋友……在闲鱼平台之上，不只有交易，有着共同爱好、趣味相投的人们可以集结起来。

淘宝二手平台近期一份用户调研显示，几乎人人都有闲置物品，而超过一半的用户倾向于让闲置物品放在一旁不作处理。导致这种局面的原因，是大部分用户没有空余时间及精力再去转卖闲置物品，而小部分用户则是因为不知道转卖二手商品的渠道。阿里巴巴推出二手交易平台，迎合了很多人希望变"闲"为"现"的想法，也响应了"低碳生活"的号召。

3. 知识传播——众人拾柴火焰高

相信大家都有过这样的经历：当你在网络上搜索一个问题时，会发现这个问题已经被其他人提问过，同时也得到了很多人的回答，你可以直接在这些回答中找到想要的答案。这些问题可以是生活问题，比如"某种型号的电脑出现黑屏故障应该如何处理""大学商业街最好吃的黄焖鸡是哪一家""体检某项指标高是什么原因"；可以是学习问题，比如提问一道应用题的解法、提问某个公式该怎么理解；也可以是脑洞大开的开放式问题，比如"有哪些外行人看起来很蠢的设计实际上精妙无比""大学生应该早睡还是晚睡""科幻作品中最强大的人类舰队是哪支"……我们可以将这样的提问与回答的互动统称为知识传播。

互联网已经成为当今社会知识传播的重要渠道,所谓"众人拾柴火焰高",一个问题以更加具体化、多样化的形式呈现出来,同时也能获得来自各方与之精准匹配的答案,并通过搜索引擎让更多的用户随时随地能够获取到这些知识。随着网民获取知识与分享知识越来越频繁,良好的知识传播氛围就在这些过程中形成了。

案例:知乎——与世界分享你的知识、经验和见解

知乎是一个网络问答社区,社区氛围友好而理性,连接着各行各业的精英。用户基于知乎平台分享自己的专业知识、经验和见解,为中文互联网源源不断地提供高质量的内容。准确地讲,知乎更像一个论坛:用户围绕着某一感兴趣的话题进行相关的讨论,同时还可以关注兴趣一致的人。对于概念性的解释,网络百科几乎涵盖了你所有的疑问;而对于发散思维的整合,则是知乎的一大特色。

2010年年底开放的知乎网站,是目前国内互联网最受欢迎的知识型网络问答社区。为解决之前"百度知道""新浪爱问"等国内知识问答社区平台过大、提问者与回答者素质参差不齐等问题,知乎采用关系社区的形式并引入维基百科的社区精神,通过用户节点大规模地生产和分享高质量的问答内容,并最大限度调动用户力量剔除劣质问题,从而构建出高质量的问答社区以及更有价值的人际关系网。知乎的知识传播特征有以下几点。

1.用户以专业身份参与传播

知乎用户中有来自科技、法律、文化、艺术等领域的从业人员和学者,他们关注自己擅长或感兴趣的话题或问题,并且关注该行业中发现的有价值的问题和答案。在知乎平台上,传播者和传播对象都是具有一定专业学科背景的个体。他们的个人资料往往能体现出其职业特征,比如用户"东东枪"的备注是"文字/创意工作者"。

2.内容原创性强、质量高

与其他知识问答社区相比,知乎具有更强的专业性和原创性。知乎不鼓励用户提出常识性的问题,表达对于知识的见解和经验才是知乎的核心价值。在

回答问题时，用户重视体现自己的思维成果而不是照搬别人的意见和现有的知识。

3. 问题多向度拓展

知乎平台上的话题不仅由高向低层层细分和递进，用户还可以在提问时将一个问题分别归属于不同的话题。比如"为什么今天绝大多数的年轻人都不喜欢听京剧呢？"这个问题可以同时归属于"中国历史""文化""京剧""流行音乐"这4个不同的话题。由此拓展了问题的讨论范围和层次，便于获得来自不同领域学者的意见和启发，为用户提供深层次的思考和理解，尤其利于解决跨学科的难题。

4. 客观、理性的话语导向

知乎提倡用户立足于客观的立场、可信的来源，对事件和观点给出充分说明，理性、客观地参与讨论。知乎在发现有误导他人的事实性错误或过于偏激的主观臆断时，会将该问题折叠。当发现答案和回答者有潜在利益联系时，为避免其利益倾向影响到更多人的判断，会将该答案折叠处理。

5. 以社会关系网络思想解决问题

在知乎平台上，除了可以通过评论和"站内私信"的方式与其他用户进行交流外，还与社交网站、通信工具建立起联系。并且在知乎的每个问题下面都有"邀请回答"按钮，用户可以邀请自己感兴趣的用户或者意见领袖对问题作答。这样可以充分利用用户的社会关系网络来解决问题。与传统的知识问答社区相比，知乎的社会化问答方式更有利于形成良好的知识讨论的氛围，从而获取更丰富的问答内容。

6. 弱关系的知识传播环境

格兰诺维特的"弱关系理论"认为，弱关系促成了不同群之间的信息流动，传播了人们原本不太可能看到的信息。处于弱关系中的群体来源广泛，不拘泥于与自己相关的某个群体，不排斥外来文化，不同的观点可以通过弱关系介质从其他群体穿透过来。所以，知乎的用户获取的知识是多元化的，并且很多是跨学科的知识。

参考文献

[1] 艾媒咨询. 2019Q1中国陌生人社交市场季度监测报告[EB/OL]. (2019-06-11)[2021-09-21] https://www.sohu.com/a/319810257_533924.

[2] BAGOZZI R P, DHOLAKIA U M. Antecedents and purchase consequences of customer participation in small group brand communities[J]. International Journal of Research in Marketing, 2006, 23(1): 45-61.

[3] 百利德科技. 自媒体是什么鬼[EB/OL]. (2016-02-20)[2021-10-21] https://www.sohu.com/a/59767832_377543.

[4] 百度百科. 品牌社群[EB/OL]. [2021-11-12] https://baike.baidu.com/item/%E5%93%81%E7%89%8C%E7%A4%BE%E7%BE%A4/4711067?fr=aladdin.

[5] 百度百科. 众包[EB/OL]. [2021-10-13] https://baike.baidu.com/item/%E4%BC%97%E5%8C%85/548975?fr=aladdin.

[6] 百度百科. 知乎[EB/OL]. [2022-03-23] https://baike.baidu.com/item/%E7%9F%A5%E4%B9%8E/4691322?fr=aladdin.

[7] 陈少华. 新媒体的个人化趋势与媒介管理和控制[J]. 南京邮电大学学报: 社会科学版, 2007, 9(1): 4.

[8] 从雁萍. "互联网+"时代"英语流利说"APP的营销策略研究[D]. 上海: 上海师范大学, 2020.

[9] 付天. 关于"话语权"的几点思考[EB/OL]. (2012-11-27)[2021-09-22] http://news.china.com.cn/2017-03/21/content_40482352.htm.

[10] 郭琦. 移动互联时代的"轻熟人社交关系"——以微信为例[J]. 青年记者, 2017(032): 9-10.

[11] 顾天娇. 中国互联网理财人年度分析报告: 移动理财理性时代到来[EB/OL]. (2017-03-21)[2021-08-12] http://news.china.com.cn/2017-03/21/content_40482352.htm.

[12] 胡言. 带你了解中国互联网众筹行业[EB/OL]. (2015-11-09)[2021-10-12] http://www.woshipm.com/it/231933.html.

[13] 华生. 闲鱼: 基于信任的业务进化[EB/OL]. (2020-12-03)[2021-08-11] https://baijiahao.baidu.com/s?id=1685050206242304853&wfr=spider&for=pc.

[14] 李凡. 用社会化思维做好儿童视力检测[EB/OL]. (2016-06-02)[2021-10-22] https://www.docin.com/p-1614378551.html.

[15] 李林容, 王莹. 微信红包现象解析[J]. 中国出版, 2015(21): 3.

[16] 刘欣雨. 从罗振宇的逻辑反观《罗辑思维》的传播与经营[J]. 新媒体研究, 2017, 3(5): 2.

[17] 宁菁菁. 基于"弱关系理论"的知识问答社区知识传播研究——以知乎网为例[J]. 新闻知识, 2014(2): 3.

[18] 金辰辰. 股权众筹"领投+跟投"模式研究——以云投汇为例[D]. 北京: 北京交通大学, 2017.

[19] 农郁. 微时代的移动互联: 轻熟人社交、交往快感与新陌生人社会的伦理焦虑——以微信为例[J]. 文学与文化, 2014(3): 9.

[20] 沈建国.关于人的社会化的几个问题[J].学术评论,1987(005):50-53.

[21] 田馨.众包快递,人人可做快递员[EB/OL].(2017-08-28)[2021-10-24] https://www.docin.com/p-2004404614.html.

[22] 王姝,陈劲,梁靓.网络众包模式的协同自组织创新效应分析[J].科研管理,2014,35(4):8.

[23] 武琳,陈文婷.基于Web搜索引擎的问答服务平台比较与评价.情报理论与实践,2009(3):4.

[24] 吴忐忐.回归产品基因,聊聊后直播时代的陌陌经济学[EB/OL].(2017-08-25)[2021-10-23] http://www.woshipm.com/it/764866.html.

[25] 姚恩育.挖财网:老百姓的资产管家[J].浙商,2014(020):58-59.

[26] 赵大伟.互联网思维独孤九剑:移动商业时代的思维革命[M].北京:机械工业出版社,2014.

[27] 张洁瑶,高长春.基于社会化网络市场的创意产业价值创造路径重构研究[J].科技进步与对策,2012,29(14):5.

[28] 张朝辉,郭凯,王锦潇,李玉燕.社会化媒体环境中企业与顾客的价值共创链研究——以美国企业Local Motors为例[J].创新科技,2017(6):4.

[29] 曾杰.社会思维与新技术革命[G]//科研处.哈尔滨科学技术大学科学报告会论文摘要汇编.1985:154.

[30] 周志民.品牌社群形成机理模型初探[J].商业经济与管理,2005(11):6.

[31] 前瞻经济学人.2019年中国众筹行业发展概况及市场趋势分析 运营中的平台仅有100余家[EB/OL].(2019-12-12) https://baijiahao.baidu.com/s?id=1652676863930095134&wfr=spider&for=pc.

第 7 章 平台思维

7.1 平台思维概述

7.1.1 定义

近年来,平台商业模式的快速发展不仅改变了人们的生活,也在商业活动中扮演着重要角色。平台商业模式出现在各种领域中,包括社交、金融、物流、地产开发、电子商务、移动应用、制造业转型及政府城市建设等。对企业来说,平台模式所产生的营收贡献是不可估量的,全球100家独角兽企业中,70%以上的企业采用平台模式。平台已然成为一种重要的社会现象、经济现象、组织现象,平台的出现使得"重新定义公司"(施密特等,2014年)成为当今管理学界最为重要的课题之一。众多企业也在这个互联网时代选择"平台+多元"的形式对传统组织方式进行再造与重构。

那么平台究竟是什么呢?其实对此并没有标准答案。普遍认为"平台"是指在平等的基础上,由多主体共建的、资源共享的、能够实现共赢的、联合开放的一种商业生态系统。而平台思维就是指在同一平台上,打破独立个体对信息的所有权,将信息对多个主体开放,在梳理信息之间的内在联系、挖掘信息的隐藏价值的基础上,实现对信息的共同使用,最终使得多方共同受益的思维模式。其精髓在于打造一个多主体的互利共赢生态圈,生态圈拥有独特的机制与运营规范,能最大限度激励各个群体彼此互动,从而达成平台企业的愿景。平台思维的特征简单来说就是开放、共享、共赢。

1. 开放

开放性是平台的天然特性,只有开放,才能让更多的主体参与进来,才能发现更多的合作伙伴,缔结广泛的、紧密的合伙关系。当然,这种开放性又需要平台具有相应的准入和退出机制,确保平台参与者的质量。平台的开放性能逐渐消融企业与企业、企业与用户之间的边界。

2. 共享

一方面，平台上的每个主体对于生产资料、数据信息等具有共同开发和使用的权利，比如每个用户都可以使用电信、移动等运营商的服务。另一方面，平台上的主体之间通过多向的互动，互相为对方贡献数据价值，比如微信、微博等互动平台，通过互动实现资源共享。

3. 共赢

共赢是平台化运行的前提，只有平台参与者借助平台能够满足所需、获得收益，平台才具有黏性。同时，共赢也是平台化运行的结果，平台构建了一个多边市场，各主体在市场内交易，创造价值，促成平台的繁荣，平台制造者及各伙伴可以共享市场繁荣带来的收益。比如滴滴打车，乘客享受到快捷的服务，司机降低了空车率，平台收获了流量，广告商也在平台上推销产品，从而实现了多方共赢的局面，达到1+1>2的效果。

7.1.2 发展历程

1994年，中国接入了互联网；2015年，政府工作报告中首次提到"互联网+"一词，在这20年时间里，互联网逐渐成为一种生产力，推动中国经济形态不断变化，带动各种经济组织"破圈"，为改革、创新和发展提供一个广阔开放的平台。

在Web 1.0时代，互联网对于大众来说相当于一种媒介，企业借助这种媒介进行信息搜集、编辑与传播，开始低成本、大范围地进行品牌宣传，在此过程中，生产和传播是企业必不可少的环节；进入Web 2.0时代后，内容打造移交到了用户手里，用户扮演起内容生产的角色，形成了"用户生产内容—企业传播信息—更多用户消费内容"的模式，在此过程中，企业仅负责传播这一环节。随着这种模式的发展，企业的平台化概念开始逐渐清晰。

所谓"平台化"，是指互联网企业通过构建四通八达的网络平台，刺激并满足用户的需求，这个过程将原本平平无奇的平台变得价值满满。也就是说，互联网企业的价值需要被消费者使用才能体现出来，这是互联网的平台角色和本质。正如海尔集团总裁张瑞敏所援引的德鲁克评价：互联网本身的贡献不会太大，但它带来的贡献不可估量，这就好比是铁路，铁路本身贡献不大，但铁路的存在使整个经济体发生的变化是不可思议的。

平台化的助推力主要来自三个方面：第一是技术，即以移动互联网为代表的重大技术革命，包括人工智能、区块链、云计算、数据分析和边缘计算等技术的进步。第二是需求，传统经济形态下，企业专注于头部用户，忽视长尾需求，而在信息透明的趋势下，长尾用户越来越要求对市场的平等参与。第三是供给，企业现在有寻求轻资产运作的趋势，以柔性的供给来应对潮汐性的波动需求。在这三大助推力的共同作用下，平台化正成为产业转型的重要趋势。

7.2 平台思维应用价值

7.2.1 培育新兴产业

如何以平台思维培育新兴产业？在思考这个问题时我们需要把目光聚焦在平台所集聚的各种要素上，这些要素使平台成为新兴产业发展的核心枢纽。具体可以从以下三个方面发挥平台培育新兴产业的能效。

1. 平台将带动产业组织模式变革

传统链式产业组织模式正在转变为基于平台的网络型组织模式，在互联网时代，基于规模效应的平台企业蓬勃发展并成为一种新的产业组织。同时，平台企业开放标准接口，吸引各类供应商、消费者，甚至是提供其他服务的平台企业加入，实现多方主体的互动与整合。

2. 平台是产业资源有效配置与共享的重要媒介

平台经济的两大重要特征分别是资源的集聚和辐射。平台实现机制调节功能，有效解决了单边市场下的竞争性瓶颈问题，使"单向竞争"转向"合作竞争"。例如，上海研发平台通过有效集聚、整合优化各类科技资源，面向全社会开放的共享服务体系，为整个社会研发、企业创新提供基础性、共享性、公益性、多样性的支撑体系以及各类技术服务。

3. 平台化发展是产业转型升级的重要途径

平台发展能够有效推动产业转型升级，尤其是在制造业服务转型领域。在现代产业链中，附加值更多体现在"微笑曲线"两端，即研发设计和品牌渠道等服务环节，而在中间制造环节附加值较低。在平台经济中，有效中介平台打破了制造业企业制造和流通之间的瓶颈，为实现产品制造链和商品流通链之间的有效衔接创造了条件。例如在家用电器行业中，家电企业依托电子商务平台，利用其庞大的用户资源和销售渠道创造新的赢利增长点，实现更大的利润，向"制造业+服务业"转型。

综上，平台在产业创新、产业组织模式变革、产业资源共享、产业转型升级等方面均发挥了非常重要的作用,通过开放、共享、共赢推动新兴产业的发展。

材料:新能源汽车的平台化——比亚迪e平台

如果说,发动机是汽车的心脏,那么汽车平台可以说是一个汽车企业的灵魂。回望汽车工业一百多年的发展历史,汽车之所以能走进平常百姓家,与其通过大规模的批量化生产,从而大幅降低成本、快速提升技术和性能是分不开的。而在这其中,各汽车企业流水线的生产方式以及平台化战略的实施,起到了关键作用。因此,对于汽车企业来说,平台是含金量最高的研发工程,同时也是汽车企业具备强大的正向研究能力的体现。纵观传统汽车企业,大众有赫赫有名的MQB平台,吉利与沃尔沃有CMA平台,奇瑞也自主研发了T1X平台。在传统汽车企业普遍平台化的情况下,新能源汽车企业也踏上了平台化的转型道路。

2018年,比亚迪在北京车展上推出了基于"33111"架构的e平台,"33111"包括驱动电机三合一、高压控制器三合一、一块高度集成的PCB、一块智能旋转大屏和一块动力电池。比亚迪e平台通过"33111"对纯电动汽车原本繁杂、分立的零部件进行标准化、集成化的设计,实现"通用"与"整合",从而使车内的核心零部件体积变小、重量变轻、采购成本降低。在目前的汽车行业内,无论是合资品牌还是自主品牌,开放共享、开源节流日益成为各大汽车企业在大环境下采用的新的发展方式。比亚迪在2018年推出e平台的同时,就宣布向全行业开放共享e平台技术。而作为全球首个开放共享的电动汽车平台,比亚迪已经与包括戴姆勒、长安、北汽、东风等多家汽车企业就e平台展开了技术探讨和合作。

毫无疑问,成熟的模块开发平台对于电动汽车来说,将会是解决研发过程中车身轻量化、空间布局、能量密度等难题的一条捷径。所以,深耕新能源领域的比亚迪经过十多年开发与研究所推出的e平台,对于电动汽车行业来说,具有重要的意义。同时,随着e平台在电动汽车行业内应用的不断展开与推广,其价值将会逐渐增加,并且加速电动汽车成本的下降与性能的提升,这对电动行业来说,同样是一种推进。未来可期!

7.2.2 促进企业创新

平台思维驱动产业业态的创新。以往的创新行为大多是基于单个企业实现的，而平台思维下的创新是企业与相关企业、企业与产业业态、企业与技术研发等之间的协调互动、配套发展。从平台企业角度来看，平台的发展是企业持续创新的助推剂。例如，电子商务平台降低了电商的市场门槛，导致市场上出现大量同质性产品，为获得竞争优势，企业不得不加强技术、产品、服务与品牌宣传推广等方面的创新。从新兴企业角度来看，平台的发展是业态创新的重要引擎。例如，电商平台的发展极大推动了第三方支付平台（支付宝、财付通）的快速发展。从制造业角度来看，平台为制造业创造了弯道超车的机会，"互联网+"改变了传统的产业链组织方式，例如各种物联网、智能家居等内容的实现。从中小型企业来看，平台是企业相互抱团取暖的柴火。

创新网络是一种新兴的技术创新组织形式，在组织中表现为多个中小企业为了获得或分享创新资源相互合作所形成的创新体系，而平台思维能够帮助企业建立创新网络。创新资源的共享增大了形成规模经济效应的概率。有研究表明，一个新创办的企业所建立的协作研发关系面越大，它所获得的专利越多。因此，科学合理地应用平台思维作出决策，对企业的发展或转型是十分有利的。

当然，并不是所有中小企业都适合加入或组建创新网络。企业需要先权衡加入创新网络的成本效益，多是根据企业自身的行业性质和经营情况来进行衡量，这里的成本包含直接成本和间接成本。前者包括寻找创新伙伴、沟通谈判等建立和维护创新网络的成本；后者包括企业选择某个创新网络后，失去了与其他创新网络合作或自我独立研发的可能而产生的机会成本。

7.2.3 重构就业环境

互联网的发展为社会带来了巨大改变，创造了更多就业机会，优化了就业结构，引领了就业方式多元化，提升了就业人才素质。波士顿咨询公司的报告指出，"互联网技术的广泛应用弱化了土地和资本对劳动力的限制，劳动力的潜能得到释放，随着互联网和各行各业的交融，行业间的界限日益模糊，互联网对各行业就业的影响也越来越普遍。"

互联网产业的平台效应日益凸显，其生态系统创造了更多的就业机会。为了获得更加全面的视角，在衡量互联网企业促进就业的作用时，不能只关注该互联网企业本身所创造的就业量，更要关注它在生态圈中对就业机会的影响，这就是"平台效应"。例如，阿里巴巴集团总共24.5万名员工[①]，但其零售平台带动产业上下游直接创造了上千万的就业机会，并且对于各种新兴的高技术高素质人才的需求旺盛，创造了大量多类型、跨领域的新工种，如人工智能训练师、数据标签工、机器人饲养员、电商主播等。

在这种背景下，"平台型就业"模式开始涌现。"平台型就业"是指从业者并不是就职于某家特定的企业，而是通过虚拟平台面对市场，以个人的名义实现自我价值。例如全球最大的自由求职平台Upwork公司，为全球1200万名自由职业者提供了无国界的工作平台，再如斗鱼、花椒、快手等各类直播平台上诞生的各类达人、网红等直播就业者，也属于平台型就业范畴。

与传统行业不同，互联网行业人才的就业面貌呈现出年龄低、工龄短、学历高的特点。如今互联网领域的快速迭代、不断试错、以人为本、快速学习、保持新鲜等方面的态度和理念，已经逐渐成为企业评估人才"软实力"的重要指标。在平台生态下，不仅企业跨界成为可能和常态，个人的跨界就业也逐渐普遍起来。譬如公司朝九晚五下班的白领很可能也是某电商平台的微商或者淘宝店主，也有可能是猪八戒网上为某组织解决问题的"临时工"，在平台的作用下个人价值的实现不再依附于某个企业。

7.3 构建多方共赢的平台生态圈

7.3.1 什么是平台生态圈

平台生态圈的概念来源于自然生态圈，在自然生态圈中，每一种生物的成长都离不开其他生物，生物之间相互依存，各自接收或者发送对其他生物的价值贡献，一起维护长期稳定的生存环境。平台圈正是这样一个相互依存、多方共赢的生态圈，在平台模式下，双边或者多边相连接的群体基于优势互补、和衷共济的理念走到一起，并在核心业务的驱动下，各个衍生业务有机协同，提供科学合理的互动机制以满足共同的需求并从中获利。可以说，平台战略的核心就是打造一个平台生态圈。

平台生态圈里各群体会促进其他群体良好发展。即一方群体随着需求增加而壮大，导致生态圈中其他群体的需求也会随之增长，由此形成良性循环。具有高位优势资源的核心业务在平台生态圈中发挥着中央枢纽的作用，对外连接

[①] 阿里巴巴集团2022年数据。

用户，对内连接衍生覆盖业务以及由供应商和平台应用商组成的中间组织，它发挥的创新机会带动其他成员和部分能力的发挥。无论是在虚拟空间还是在实体空间中，所有业务模块都围绕核心模块运作。各个模块就在信息和数据的交换和传递中借助通畅迅速的沟通机制有效运转，从而获得竞争优势。同时，平台生态圈自身可以根据系统内外的变化迅速做出有效的调整或变化，以保持系统自身柔性，这种柔性可以减少内外部环境变化对系统造成的冲击和震荡，从而更好地适应互联网企业之间的激烈竞争。

7.3.2 如何构建平台生态圈

1. 基于核心价值明确企业价值创造路径

平台生态圈是围绕核心价值来进行创建的。目前关于价值创造的理论包含两种类型，分别是链式的"垂直整合"和网式的"虚拟整合"。垂直整合是基于企业生产活动的流程来评估的，譬如研究在技术的线性组合下供应链和价值链的投入和产出；而虚拟整合是在网络背景下诞生的，关注的是信息对企业价值创造活动的作用，研究信息的增值。这种价值创造理念往往不再要求完全控制整个价值链，而是将价值创造活动改为由若干个具有核心能力的独立企业共同完成，形成了新的价值创造分工体系。在这套体系内，虚拟整合的企业的价值创造路径更加多元，形成具有核心能力的多主体共同参与创造的效果。就像一个城市交通中的一个重要交通枢纽十分通畅，那么此交通枢纽会对辐射出去的整个交通网络起到疏通作用。可以说，只有明确企业核心价值观，才能让多主体参与、合作共赢的生态圈更好地运转。因此，明确企业的核心价值或核心能力，以及如何通过核心能力进行价值创造活动，是企业必须重视的工作。

2. 基于共同价值充分调动相关参与主体

共同价值是一种由用户需求和核心业务双向驱动的价值创造系统，其最终目标是满足用户需求。在大数据时代，由核心业务和用户协同共同驱动的互联网企业，首先利用信息数据和多边群体，对各种衍生覆盖业务进行处理、分析和资源分配，然后带动组织中各成员辅助协同完善业务，提供优秀的用户体验和服务，最后通过信息和数据得到用户反馈，搭建一个完善的以信息数据和货币为介质的价值转移体系，完成价值创造活动。

需要注意的是，在互联网时代，成本的降低和价值转移的多元化，导致用户越来越需要企业提供超过其期望的产品或服务。只有把用户需求和核心业务作为整个共同价值系统的激发点，才能使企业在激烈竞争的环境中持续保持竞争优势。为此，企业应该布局长期发展战略，协调整合由资源供应商和平台应用商组成的中间组织、核心业务和衍生覆盖业务、相关参与主体与用户需求的匹配互动等，共建良好、有序的平台生态圈。

3. 基于战略实施阶段科学管理企业人员

制订相应的平台战略对于构建平台生态圈来说是十分有必要的，但是制订好了战略制度并不能保证战略的成功实施。下面从战略实施的四个阶段分析构建平台生态系统的人员配置，从而指导企业更科学地从内部进行平台建设。

在战略启动阶段，企业领导人的研究重点应该是如何调动员工实施新战略的积极性和主动性。一个新战略虽然会伴随着许多疑惑，但往往可以把人们带入一个全新的境界，如果员工不能完全理解和认识新战略，就不会全力支持和拥护新战略。因此，战略的实施是一个发动广大员工的过程，要向广大员工讲清楚企业内外环境的变化，以及变化给企业带来的机遇和挑战，让员工们意识到实施战略的必要性和迫切性，树立信心，打消疑虑，为实现新战略的美好前景而努力奋斗。这就需要对企业管理者和员工进行培训，传递新思想、新观念，剔除一些不利于战略实施的旧思想和旧观念，使大多数员工能够逐渐接受新的策略。

在战略计划阶段，企业需要制订每个阶段的目标、政策措施、部门策略以及方针等。要制订分阶段目标的时间表，并对各分阶段目标进行统筹规划、全面安排，对于远期目标方针可以笼统一点，但是对于近期目标方针则应该尽量详细一些。例如，在战略实施的第一阶段，应关注新旧战略的衔接，尽量减少两者之间的阻力和摩擦，该阶段的子目标和计划应更加具体和可操作，各年度目标、部门策略、方针与沟通等措施也应具体到企业各个部门可以实际操作的程度。并且要在工作中留心选拔更具平台思维或对新战略能够快速适应、积极实施的人才，作为企业实施新战略的人才储备。

在战略运作阶段，企业战略的实施运作主要与六个因素有关，即企业的组织机构、各级领导的素质和价值观念、企业文化、信息沟通、资源结构与分配、控制及激励制度。企业通过这六项因素使战略真正进入企业的日常生产经营活动中，成为制度化的工作内容。由此可见，战略能否成功运作与企业领导和部门领导对新战略的态度是息息相关的，当领导者们对于战略都持有积极态度时，平台战略的实施会更加顺利。

战略是在环境变化中实践的，企业只有加强对战略执行过程的控制和评估，才能适应环境的变化，完成战略任务。在最后的战略控制与评估阶段，企业的主要工作包括三个方面：建立控制系统，监控绩效和评估偏差，控制及纠正偏差。在此阶段，可以任命对平台战略有深刻理解的企业骨干带头组建评估小组，在平台生态建设过程中对战略实施进行控制和评估。

材料：物联网时代的平台生态圈——海尔创客平台

海尔集团创立于1984年，是全球大型家电领导品牌，目前已从传统家电产品制造企业转型为共创共享平台。面对物联网时代的机遇和挑战，海尔集团按照"物联网时代智慧家庭生态平台"的定位，推进从电器到"网器"再到平台化的转型，即从制造产品向孵化创客平台转变，通过"人单合一"模式持续驱动全球转型落地，建立以小微为基本单元的全球保障体系，打造以社群经济为中心、以用户价值交互为基础、以诚信为核心竞争力的共创、共赢生态圈，成为物联网时代的引领者。

在组织层面，为了适应海尔平台生态圈的运行方式和赢利模式，海尔集团进行了大刀阔斧的组织变革。首先，改变员工对海尔的认知模式，由原来简单的电器制造商转变为资源与服务提供平台，建立共享的平台思维理念；其次，改变过去链式线性的业务流程，打造以用户为中心、跨越组织边界的网状业务服务系统；最后，将企业传统的科层制组织重构为网状节点组织。这些举动本质上是一个去中心化、去中介化的过程。当前的海尔平台上只有3种人：平台主、小微主、创客。无论哪一种人，他们都可以与用户零距离交互。因此，组织重构让海尔打破了金字塔形的企业结构，演化为一张无形的价值网络，将用户、创客及相关方共同纳入平台生态系统中。海尔平台生态圈的构建要求海尔必须进行组织变革以适应新商业模式，而组织变革的完成又反向促进了海尔平台生态圈健康、良性运转，因此是一种双向反馈的交互机制。该双向反馈机制是平台生态圈构建与组织变革建立联系的中间机制，具有重要的"桥接"作用。

7.4 传统企业平台化的机遇和变革

互联网经过多年的发展，也对传统的企业管理方式产生了巨大的影响。平台化的商业模式大行其道，能够有效地扩大企业边界，激发员工的创造力，使企业能更好地适应迅速变化的环境。但平台化并不是互联网企业的专属，也不仅限于海尔、华为等巨头行业，有些具备先天优势和基因的传统企业也能实现平台化转型，这种转型需要建立平台化管理模式，从商业模式、组织结构、组织关系、企业文化、绩效管理等方面对传统企业进行变革。

平台化转型包括关系、能力、绩效、结构和文化五个构面，形成了平台化管理"五化"模型，包括关系多样化、能力数字化、绩效颗粒化、结构柔性化与文化利他化。平台化转型的关键在于平台化管理"五化"模型中五大构面的平衡与整合。因此，企业在进行平台化转型的过程中应以关系为纽带，以能力为先导，以绩效求结果，以组织结构为基础，以文化为灵魂，实现五个构面为基础的动态平衡。

7.4.1 关系多样化

企业的发展终归是以人的创新动力为主要驱动力，因此人的边界就是组织的边界。平台化管理将助力传统企业改造成为一个无边界的组织，最大限度释放个体的创新活力，逐步升级为更高层次的平台型组织。战略的选择、组织的变革和企业文化的升级也必然会影响企业内部的人际关系、企业与外部用户的关系、企业与企业间的关系。

传统企业中组织与人的关系大多为雇佣关系和上下级关系，而平台化企业重视个体的独立性，人与人的关系也更直接与平等。当人与人在职场的聚散变得灵活多变时，平台化企业的关系是协作、共情的，从根本上说是回归了人性的本质需求——支持与尊重。因此，当传统企业平台化转型后，雇佣关系与上下级关系依然存在，但却发生了本质变化，雇佣关系掺杂了利益与合作，上下级关系中加入了赋能和成就。组织和人的关系也变得更加多元化，包括共生共长型的雇佣关系、长期的合作伙伴关系、派遣的租赁关系，以及临时的市场交易关系等。

7.4.2 能力数字化

传统企业平台化的转型升级需要借助数字化运营管理系统，助力企业能力的快速提升。平台化企业搭建数字化业务运营管理系统，通过沉淀运营数据、及时分析资产绩效，进行应用和应用之间的连接、平台和平台之间的互通，对组织进行微粒化分解。此外，数字运营管理系统帮助平台化企业构建战略性资产，利用其他平台调取相关资源为企业所用，减少重复固定资产投入，创造最大剩余价值。最后，平台化企业利用数字技术以低成本提供快捷服务，高效率创造价值，持续不断地降低交易和摩擦成本，以低成本试错，不断进行新陈代谢与自我优化。

实现企业的能力数字化所需要的管理者不再是传统企业中的"强势领导者"，而是可以帮助个体实现自我价值的赋能型管理者，抑或是可以帮助个体发展的教练型管理者。与平台管理相匹配的领导力，不是"强"，而是"柔"，这意味着管理者要适应的并非传统的纵向管理关系，而是以平行关系（平等）为主、纵向关系（权威）为辅的管理。

7.4.3 绩效颗粒化

与传统绩效管理的量化不同，平台化企业的绩效强调以数字技术为核心对组织中的各个元素——整体组织、各个部门、各个员工——进行全方位的颗粒化解析和评价。平台化绩效利用数字技术引用大量非经营性数据，针对不同工作性质和不同运营主体，沉淀不同的数据进行考核。搜集的绩效数据不仅包括组织和个人的绩效结果，还涉及个人的工作行为、工作过程和工作结果；并且沿着业务流程时间轴进行更精密、更全面的信息分析，以及基于模型算法的快速处理和多个体的即时反馈。工作维度和评价主体的颗粒度无限细分到每分每秒，使得绩效维度更具有针对性、客观性和即时性，极大地提升绩效的精确度和透明度，为更精准的管理改进提供决策依据。

平台化绩效全面构建的数据模型对绩效变量进行系统性分析，研究绩效考核指标和绩效表现之间的因果关系，不断优化考核指标，实时反馈考核结果，在过程中及时介入，优化被考核者的行为，最终改善组织绩效。在互联网时代，传统企业的平台化变革需要借助数据的力量，让绩效跟踪和考核变得更系统、更实时、更多元和更公平。

7.4.4 结构柔性化

平台化企业的组织变革使得原本科层明确、封闭的组织体系向扁平化、网络化、开放的无边界的平台生态系统转变。平台内的员工、合作各方都成为平台上的资源整合单元，各个单元可以随时随地自由选择和联合平台上的合作伙伴，调用平台资源。平台凭借完善的基础设施、丰富的资源、灵活多元的分解和聚合方式进行组合，有效地激发各方积极性，迅速扩大平台规模和影响力。

利用中国式阿米巴经营进行企业组织改革与重组，是很多企业的最佳选择，也是企业最可行的切入点。所谓阿米巴，是非洲的一种变形虫，具有细胞分裂繁殖的特性。而阿米巴经营模式是由日本"经营之圣"稻盛和夫受阿米巴分裂特性启发、独创的一套经营管理模式。其本质就是"量化分权"，遵循由上到下、由大到小、分层逐步推进的原则将企业分割成众多组织体（阿米巴），各个阿米巴体独立核算、独立经营，并培养具有经营意识的领导人，全体员工参与经营，实行类似家庭账本式管理。

中国企业利用阿米巴经营模式实现平台化转型时，应因地制宜，不能盲目照搬，要结合企业自身的管理体系，通过组织改革与重组进行传统企业的平台化转型，从一个最容易入手的角度让企业形成平台化意识，逐步进行平台化改革。这种切入点在企业初尝平台化甜头的同时，不会对企业原有业务、原有财务基础产生很大的影响，很大程度上减少了风险。

案例：传统企业平台化——中国式阿米巴经营

新常态下，国家经济稳定发展，经济结构不断优化。在全新的环境下，企业的传统组织结构已难以适应市场的要求。因此，通过转型寻求新的发展机遇，是传统企业的新出路。这就产生一个疑问——企业为什么要转型平台化？如果说新常态下企业只能依靠平台化转型，那太过绝对，但就实际而言，平台化的企业形态确实是效果最好的。有很多企业在变化的环境中有过迷惑，但是不同行业的企业，凭借着平台化的转型，实现了蓬勃发展。

利用中国式阿米巴经营进行企业组织改革与重组，是很多企业的最佳选择，其中包括海尔、华为等行业巨头。企业平台化的优越性与可行性，是有理论支撑和实例证明的。下面以广东某电子集团（以下简称"集团"）为例进行说明。该集团原有员工8000多人，是发展了20多年的传统电子制造集团。一直以来，集团实行集权的职能中心制管理方式。进入新时代后，庞大且老化的集团组织结构引发了许多致命性的经营管理问题。柏明顿管理咨询集团顾问团队经调研后发现，该集团实行集权的职能中心制，经常不能及时交货，质量不能满足客户要求，导致几个大客户一度中止订单，原材料、在制品、成品库存严重，出现问题互相推诿。这样的传统组织构成形式，严重制约了企业的发展。

在柏明顿的辅助下，该集团开始了平台化转型。柏明顿顾问团队梳理了该集团的发展现状，根据行业发展与竞争情况，重新确立了竞争与发展战略，进而导入中国式阿米巴经营模式，进行组织划分，将传统金字塔式的职能架构，演变成扁平化的事业部架构，由此彻底打破了原本的职能中心。划分后的阿米巴组织独立运营，进行内部交易，并建立起阿米巴财务核算体系，引入阿米巴人才激励，培养经营型人才。企业内部创业平台成功搭建，充分发挥了巴长（事业部领导）和员工的主人翁意识。

转型第一年，第一事业部导入阿米巴经营模式，事业部销售收入增长244%，利润增长306%。转型第二年，整个集团全面导入阿米巴经营模式，集团销售收入同比增长259%，利润同比增长398%，个别阿米巴利润达到计划目标的990%。该电子制造集团在转型中取得的惊人成效，远远超出了集团的预估，通过导入阿米巴经营模式建立的企业内部创业平台，激活了整个集团。

近年来，许多大大小小的企业成功地实现了平台化转型，其中包括传统电子行业、食品行业、新兴互联网行业等。事实上，很多企业并不缺少转型的决心，缺的只是一个具体的切入点。因此，新常态下，企业转型之路任重而道远，而企业平台化成为互联网时代的选择，是中国企业转型的大方向。

7.4.5 文化利他化

与传统企业利己的文化不同，平台化企业的文化内核是利他的，注重赋予个体强烈的使命感。传统企业在平台化过程中应将文化升维，这不仅需要领导层和管理层的认知升维，还需要企业由上至下的集体升维。升维的目的是满足个体的精神需求，调动个体的精神力量和信念，使他们产生归属感、自尊感和成就感，从而在企业的平台化建设中充分发挥巨大潜力。

企业文化建设的成败关键在于个体对企业文化的理解和认同程度。利他的企业文化是自我激励的原动力。同时，企业共同的价值观、信念及行为准则又是一种强大的精神支柱，能使人产生认同感和安全感，起到相互激励的作用。传统企业的战略管理思考方式要求针对竞争对手建立起可持续的竞争优势，然后关闭城门，严防死守。如今，那些凭借信息稀缺、配送资源稀缺、商品和服务匮乏等构建的竞争壁垒土崩瓦解。在互联网时代，企业必须以数字化连接的大流通为基础搭建开放性平台，谋求共创与发展。

传统企业的平台化变革，是对传统管理理念和管理方式的重构，通过领导者认知升维推动企业文化升维，带动管理层集体升维，进行战略突围；构建企业数字化能力，对传统企业公司架构进行改革与重组，实现战略平台化和组织微粒化。未来的平台化企业，将是一个具有开放性和多元化特点的互利共赢生态平台，用数字化能力、社会资源整合能力、迭代创新的技术能力，吸引无数个体人才和微粒组织进行聚合和裂变，不仅赋能个体实现自我价值，而且赋能更多企业实现快速发展与规模化，创造更大的社会价值。

7.5 平台成败分水岭

7.5.1 紧盯成熟资源，善用现有平台

过去人们习惯于垂直思考，对于平台模型并不了解，因此平台企业的建立是一个缓慢而艰巨的过程。要理解平台思维和平台商业模式，需要建立两个最基本的思路：一是双边市场，是指通过分析使用者A的痛点，然后找到使用者B，设计出一个平台架构，让A和B对接，促使他们彼此满足需求。对平台来说，需要获得双边市场两者的认可，刚开始会比较困难，但一旦平台成长起来，便会变得省力得多。二是网络外部性，分为跨边网络外部性和同边网络外部性。以淘宝为例，商家越多，消费者越多，反之则越少，这种双方出现良性循环的情况被称为跨边网络外部性；同边网络外部性则意味着用户越多，就会吸引越多的用户，比如微信。

越来越多的企业毫不犹豫地加入做平台的行列。可平台不是一天建成的，平台生态圈更不是一天建成的，需要天时、地利、人和等多重因素。人们能够看到的大多是已经成功的平台，而在成功背后失败的平台却少有人关注到。早已销声匿迹平台有许多，例如8848、红火一时的返利平台P.CN和服装平台PPG，都只是昙花一现，甚至还未及开放，便草草收场。但我们可以肯定的是，成功的平台必是凤毛麟角。如果最终的目标是搭建一个平台，那么在搭建平台之前，企业有必要把重心放在现有的成熟平台上，在学习他们成功经验和发展选择的同时，也要结合自身企业的行业特点和核心业务，寻找和挖掘现有平台的方法，使平台资源能够为自己所用。这里的平台资源包括平台的媒介资源、用户资源、B端资源、机会资源等方面，结合双边或多边市场的特性，以合适的方法切入，会收获意想不到的结果。

7.5.2 警惕失败雷区，量力慎做平台

O2O平台是一个残酷的市场，2015年是O2O平台混战之年，在这期间被淘汰的企业众多。主要有三个原因：同质化严重、赢利模式不清晰、资金链断

裂。近年来，饿了么领衔的餐饮行业诞生了许多优秀的O2O项目，但只有少数企业幸存下来，掀起的海外销售平台、垂直餐饮和餐饮服务商的浪潮也被冲刷殆尽。在外卖市场中也不例外，"叫个外卖""烧饭饭""呆鹅早餐""e食e客"在惨烈的价格补贴战中纷纷倒下。即便很多企业在O2O模式中都推出了自己的特色产品，但物流和规模化的压力依然无法完全消解。并且很多企业认为只要做好B端，C端就能自动完成O2O闭环，但实际情况却是出现了"B端为主、C端用户无感、B端C端严重失衡"的现象。同时，创业者们所选领域是否为刚需决定了企业的议价能力。因此，市场细分领域的用户规模和需求频次就决定了项目质量。例如，煮饭项目与人口相对垂直，但流量有限，项目同质化严重，难以扩展。

与之类似的情况在出行领域也时常发生。当年以滴滴、快的为首的出行企业在全国范围内上演了一场轰轰烈烈的补贴战，随着融资不断升级，这两家企业创下了当时创业企业融资的最高纪录。在这场补贴大战中，大批叫车类服务平台败下阵来，其中不乏考拉班车、爱拼车等前期较为火爆的项目，最终都被迫谢幕。不可忽视的是，出行领域的O2O创业门槛是极高的，主要表现在资金方面，初创企业因资金链断裂而夭折的情况并不少见，一旦进入资本寒冬，投资者变得谨慎，企业融资难度就会急剧增加。

纵观上述企业，大部分企业采取的策略是前期投入大量资金，实施低成本甚至免费策略，但如果出现后期资金紧张的情况，企业发展会较为困难，甚至沦落到岌岌可危的地步。不得不说，这种力争在短期内吸引消费者的低成本营销，对资金的要求实在是太高了。一旦无法维持与对手的对峙，那么之前所有的努力都白费了。尽管互联网带给消费者许多的便利和选择，但对于O2O领域来说如何能够让消费者持续、有效地使用自己的产品，才是企业最应当重视的。

当然，对想要做平台的企业来说，拥有足够的资金支持无疑是最重要的因素，同时结合企业自身的核心业务与商业模式，才能将平台做大做久。因此企业自身实力、赢利模式以及核心业务是平台企业必不可少的考虑因素，其中企业自身的实力包括团队经验与能力、运营能力、融资能力、现金流制造能力、现有平台资源利用能力等。在平台思维和培训团队的持续培训中，研究每个平台，探索用户需求，尝试利用现有平台满足用户不断变化的个性化需求，有了这样不断深入的认知与探索，向平台演进的发展之路才能走得顺畅。

参考文献

[1] 柏明顿管理咨询集团. 传统企业平台化转型带来业绩腾飞[EB/OL]. (2019-08-12)[2021-04-16] https://www.sohu.com/a/333136589_188260.

[2] 百度百科. 网络外部性[EB/OL]. [2022-03-16] https://baike.baidu.com/item/%E7%BD%91%E7%BB%9C%E5%A4%96%E9%83%A8%E6%80%A7/5727663?fr=aladdin.

[3] 电脑店行业门户. 传统企业该不该效仿互联网巨头做平台?[J]. 信息与电脑, 2016(23): 2.

[4] 范松林. 阿米巴经营模式实践与创新[J]. 新理财: 公司理财, 2017(9): 1.

[5] 范史华, 徐瑞廷, 阮芳, 李舒, 钟思捷. 互联网时代的就业重构: 互联网对中国社会就业影响的三大趋势[J]. 销售与管理, 2015.

[6] 汉哲管理研究院. 平台思维——平台化战略背后的逻辑[EB/OL]. (2020-11-02)[2021-10-15] http://www.han-consulting.com.cn/article/item-1811.html.

[7] 郝建彬. "平台化"再造与重构[J]. 互联网经济, 2016(6): 32-37.

[8] 胡华成. 平台战略的本质: 构建多方共赢的平台生态圈[EB/OL]. (2016-06-02)[2021-09-11] https://www.sohu.com/a/79313079_339227.

[9] 罗庆朗. 以互联网思维助推创新驱动发展[EB/OL]. (2014-07-21)[2021-10-18] http://opinion.people.com.cn/n/2014/0721/c1003-25306989.html.

[10] 梁满升. 如何构建平台生态圈[EB/OL]. (2021-11-18)[2022-3-12] https://baijiahao.baidu.com/s?id=1716729960717435449&wfr=spider&for=pc.

[11] 江宇翔. 用平台共享思维培育新兴产业[EB/OL]. (2017-05-18)[2021-09-16] http://hainan.ifeng.com/a/20170518/5683456_0.shtml.

[12] 石正川. 传统企业慎做"平台梦"[J]. 风流一代, 2018(3): 1.

[13] 王吉斌, 彭盾. 互联网+: 传统企业的自我颠覆、组织重构、管理进化与互联网转型[M]. 北京: 机械工业出版社, 2015.

[14] 王建平. 工业4.0战略驱动下企业平台生态圈构建与组织变革[J]. 科技进步与对策, 2018, 35(16): 91-96.

[15] 王付春, 任杰. 阿米巴经营模式在中国制造企业运用的探讨[J]. 现代商业, 2014(04): 154-155.

[16] 王千. 互联网企业平台生态圈及其金融生态圈研究——基于共同价值的视角[J]. 国际金融研究, 2014(11): 11.

[17] 向阳. Web1.0与Web2.0比较研究[J]. 计算机光盘软件与应用, 2011(3): 8.

[18] 忻榕, 陈威如, 侯正宇. 平台化管理[M]. 北京: 机械工业出版社, 2019.

[19] 赵大伟. 互联网思维独孤九剑: 移动商业时代的思维革命[M]. 北京: 机械工业出版社, 2014.

[20] 曾湘泉.平台型就业快速发展,灵活就业出现新形态——中国就业市场新变化[N/OL].北京日报,2020-08-17(14)[2021-10-16].http://review.qianlong.com/2020/0817/4585416.shtml.

[21] 张媛媛.基于互联网思维的大学生思想和行为引导研究[D].成都:电子科技大学,2019.

[22] 周丹.阿米巴经营管理模式在我国企业中的运用困境及对策建议[J].经贸实践,2017(16):2.

[23] 周文辉,邱韵瑾,金可可,李宇雯.电商平台与双边市场价值共创对网络效应的作用机制——基于淘宝网案例分析[J].软科学,2015,29(4):7.

第 8 章　跨界思维

8.1　跨界思维是什么

8.1.1　跨界思维的定义

"跨界"一词早在20世纪50年代就出现了，英文为crossover。埃德塞尔汽车就是福特汽车公司推出的跨界产品，这款汽车外观设计的灵感来源于展翅的飞鸟，并与社会、文化、经济等创意因素相融合，在当时被称为跨界之作。经过几十年的发展，"跨界"已经成为互联网时代的高频词、流行词。何为界？《荀子·礼论》中讲到"求而无度量分界，则不能不争"，界是范围，是界限。企业经营活动的界限是其经营的范围、业务所在的行业，当其产品或服务超出或不仅仅限于原有的生产经营范围及业务所在行业时，便称为"跨界"。企业跨界的因素有两方面：一方面是客观因素，即企业原有的行业状况不理想或自身在行业发展达到顶峰；另一方面是主观因素，企业领导人和企业文化促使企业主动跨越边界实施扩张战略。跨界的根本目的在于为企业寻求更多发展机会或找到新的经济增长点。企业的跨界思维实质上就是以多角度看待问题的方式来解决企业经营过程中的难题，这种思维可以看作是交叉思维、跨越思维，也可以将它称作一种时尚、流行的生活态度，它代表了一种独特的思维特质。企业用跨界思维进行战略规划以及战术设计指导时，需要注意企业选择的跨界领域和跨界形式，不仅要做到产品和服务的功能互补，而且应该强调用户体验的互补性。跨界思维是一种将互联网时代"以用户为中心"的原则贯彻到极致的思维方式。

8.1.2　跨界的类型

从企业整体、企业业务层面、企业职能层面三个角度出发，可将跨界归纳为企业战略跨界、业务跨界和职能跨界三种类型。

1. 战略跨界

企业的战略性跨界多表现为跨界颠覆。跨界颠覆是企业自我革命、商业模式的重建。跨界颠覆的过程是极其痛苦的，因为它要求企业否定过去、重建现在，才能创造未来。要颠覆已经根深蒂固的传统思维方式，重新思考过去曾被证明是正确的商业模式，并在不断变化的市场环境中找到一条长期发展之路。这种跨界方式多表现在企业从传统行业跨入互联网行业时，市场环境的变化推动着此类跨界行为的产生。例如，随着数字技术和网络技术的应用越来越广泛，出版业进入数字时代，传统出版商业模式已经无法适应出版业发展的要求。《中国经营报》主动拥抱变化，从传统模式走向互联网，就是跨界颠覆的典范。

2. 业务跨界

企业的业务性跨界多表现在业务的横向及纵向的跨界扩张，横向跨界扩张一般指产品、服务及项目的多元化，而纵向的跨界扩张一般指纵向的价值链延伸，通过业务层跨界实现多样化的战略经营单位组合。基于产品和市场的跨界业务多元化战略与传统相关多元化战略之间依然存在某些相似之处。后者中的相关多元化多是指企业开发与原有业务关联性较大的业务，与之组成开发协同，共享市场资源、自制设备、销售渠道、品牌，企业能通过此方式形成范围经济效应，这样的多元化多发生在同一行业，因此不能称为跨界。业务跨界和非相关多元化更加一致，跨界扩张进一步跨越了传统行业边界。跨界扩展可通过兼并收购和自建新业务这两种方式实现，例如，小米通过收购多家创业企业打造涵盖家庭健康、出行等方面的小米生态链。

3. 职能跨界

职能跨界中表现最为突出的是跨界营销。跨界营销意味着企业需要舍弃单独作战的战略战术，主动跨越行业界限，找到共同的价值点，抱团打天下。在新的市场环境中，跨界营销已经成为企业生存和发展的必然选择，没有企业能完全凭借自己独立的营销策略获取和维护客户，只有在价值链前端整合有效的外部资源，才能创造更大的价值。跨界营销的案例在近几年层出不穷，不难发现，选择合作的两个企业或品牌往往具有消费群体一致性、产品互补性、品牌叠加效应等特征。米其林是跨界营销的典范，它为全球餐厅评级的案例至今依然被人们津津乐道，这就是跨界营销创造的价值。

以上三种跨界方式之间并非相互独立、相互排斥的，而是相互影响、相互渗透的。前两种跨界方式集中于企业内部，以商业模式的重组和产品与服务的开发创立为核心。第三种跨界方式将视角扩展到价值链的前端，从产品推广和营销两个角度进行跨界。

8.1.3 跨界的利弊

在万物互联的时代，"跨界"一词已经不再是有资本、有实力的大企业的专属，跨界思维已经成为所有企业寻求新的发展机会的思维武器。在竞争激烈的中国市场上，许多人以"跨行业"的概念为标准，试图从汽车、手机、消费电子行业转向服装、鞋类、手表等行业，跨行业品牌合作也在不断上演。例如，奔驰联合乔治·阿玛尼打造特别版跑车，LG联合普拉达生产限量版手机，可口可乐联合"魔兽世界"进行大规模宣传，等等。很多国外品牌也开始在中国试水跨界战略，并将中国作为其实施跨界战略的重要市场。2012年10月初，美国金属打火机制造商Zippo（之宝）在中国的首家服饰旗舰店在青岛万达广场开业，这也是Zippo在全球开设的第一家服饰店。一些采用"交叉"策略的企业可以利用自己的优势赶上竞争对手，然而其他一些企业则由于基因不兼容而失败。行业和行业之间的界限被打破，产生了无限的可能性。那么跨界到底能给企业带来什么？企业又将面临什么样的风险呢？

1. 跨界之利

首先，跨界有利于企业规避风险。跨界经营的概念类似于"鸡蛋不要放在一个篮子里"的避险概念，是企业规避投资经营风险、寻找新的经济增长点、进行战略扩张的重要途径。部分企业经营品类单一，会由于过分依赖某一个市场而容易受到外界影响，实现跨界经营可以有效消除这一弱点。过分依赖某一个市场，意味着一个企业的发展将受到环境变化的极大影响，市场的低迷可能会给企业造成致命的打击。如果企业实施跨界经营，那么当企业的某一项业务因为市场变化而蒙受损失时，企业其他行业的业务依然可以支撑企业发展，从而减少损失，增强企业的抗风险能力。

其次，跨界能够为企业带来协同效应。一方面，两个或多个品牌跨界合作不仅可以实现优势互补，还可以降低整体成本，合作双方或多方共同为用户提供更加全面的服务；另一方面，企业自身经营单位的跨界多元化（可实现途径有两种：一种是直接投资，另一种是收购或并购），在整个价值链的某些环节实现规模经济效应，随着生产规模扩大，单位产品所负担的固定费用下降，从而提高收益率。在这里，跨界可以扩大原材料的生产规模，或者共享渠道，实现渠道利用价值最大化等。

最后，跨界可以使企业获得新的发展机会。腾讯公司董事会主席兼首席执行官马化腾谈到跨界时讲道："一个产业做得很久，已经是一片红海，我们现在看到用新技术在两个产业跨界部分往往最有可能诞生创新的机会，那里可能是一片蓝海。"跨界是将不同的元素重新组合和混合，以形成一个新的形态或形式。成功的交叉跨界可以使新的形态或形式产生比单个元素简单相加更大的价值，实现每个元素的价值最大化，从而实现质的飞跃。多种元素组合就意味着多种可能的出现，多种可能也就意味着多种机会。跨行业思维打破了传统思维中的行业壁垒。企业家目光可及的范围扩大，视野更加开阔，拥有更加丰富的可用资源，跨行业为企业提供了无限的可能性。跨界在重新整合资源的同时，也对效率进行重新审视。用跨界思维去审视传统行业的发展，这意味着企业将拥有更多的发展机会和更宽广的发展道路。原本主攻线下教育的新东方在互联网的冲击下不得不发展在线教育，现在又在直播营销的赛道上探索，寻找新的发展路径和方向；美团等O2O团购网站将传统线下体验和线上消费跨界结合，改变了人们的消费方式。两种不同食物的跨界搭配，可能产生令人惊艳的味道；以互联网企业的思维跨界经营传统企业，也可能产生意想不到的效果；两个看似毫不相干的品牌的跨界营销，或许会给人留下难以磨灭的印象。跨界，就是在创造更多的可能。

2. 跨界之弊

跨界对企业也存在两方面的不利。首先，跨界使得资产分散化，可能导致企业失去主导产品优势。跨界企业是指将资源投入新的业务领域，并专注于新方向，专注于培育新产品和新市场的这类企业。企业采取跨界策略在一定程度上会削弱原有业务领域的专业化程度，严重时甚至会威胁原有业务领域，失去企业的核心竞争优势。创立于1987年的娃哈哈，曾经是中国饮料行业的翘楚，建立了一个庞大的饮料王国，在多年的企业发展中，娃哈哈一直将跨界作为战略重点：2002年进入童装行业，初步显示其跨界经营的信心和决心；2011年进军商业地产；2012年进入百货零售业。除此之外，娃哈哈还涉足奶牛养殖、文创、婴幼儿奶粉、教育等多个领域。然而，在主业增长乏力的情况下，过于急切、相对分散、较为盲目的跨界经营并未能为主业分忧，反而会阻碍主业的发展。娃哈哈的跨界经营战略思路并没有错，但它在核心竞争优势不显著的情况下贸然进行跨界合作，就要付出一定的代价。

其次，跨界使企业面临机会成本和相关财务风险。企业面临着各种各样的发展机会，若不结合自身资源优势就盲目跨界，很可能造成跨界失败。跨界经营有一定的资金回收期,给企业带来巨大的机会成本。同时,盲目跨界会给企业带来巨大的财务风险,在自身财力不雄厚的情况下,采取跨界策略只会增大风险,加重企业负担。因此,在进行跨界经营时需要遵循有限度这一原则,这不仅能减轻资金筹措与配置的压力,还可以增加连带作用,提高成功率,使企业持续稳定发展。

跨界对于企业来说是一把双刃剑,一方面可能使其重获新生、做大做强;另一方面也可能使其失去竞争优势,陷入危机。因此,企业在使用跨界思维进行战略规划和战略决策时,需要权衡和评估跨界可能带来的机遇和风险,慎重决策。

8.2 跨界思维的要点

在互联网时代,以互联网技术为代表的新兴技术正在将人类社会推向一个新的发展阶段。在这个阶段,市场格局不断被打破、重组和变革,人们的思维方式和企业的商业模式也随之不断地革新,一切都在融合互联中。跨界战略打破了行业之间的边界,使得资源流动比以往任何时候都更加顺畅,效率也得到了极大提升。

在互联网时代,企业的经营思维已经发生了翻天覆地的变化,过去人们津津乐道的商业模式、渠道优势等已经不再是企业经营的中心,因为如今已经不再像以前那样靠着规模的扩张打天下,靠着产能的扩大增强实力。要想最有效地利用现有资源并拓宽未来道路,需要寻找所有跨界和融合的可能性,并以空杯心态思考和学习,以确定发展机会。

尽管跨界的观念已经被许多行业人士接受并付诸实践,但跨界战略并非万能的,不是所有命悬一线的企业通过跨界就能抓住最后一根稻草实现绝地反击,也并非所有力求扩大市场份额、强化竞争实力的企业通过跨界就能实现既定的目标。事实上,有很多企业都倒在了跨界的路上。例如,即时通信领域的互联网巨头腾讯尝试探索搜索引擎市场就没有成功。自从谷歌退出中国市场以后,百度就牢牢占据了中国搜索引擎市场的榜首位置,腾讯看到了谷歌离去的机会,也向搜索引擎领域进军,本来想依托庞大的QQ用户群,抢占搜索引擎的一部分市场,但直到2012年,搜搜也只占据了中国搜索市场的1.4%,位居360搜索和搜狗之后,未能进入前三。到了2013年9月,搜搜和搜狗宣布合并,成立新公司"新搜狗",腾讯出资4.48亿美元入股"新搜狗",占股

36.5%[①]，这才算是在搜索市场中站稳了脚跟。腾讯庞大的用户群体确实为其发展创造了更多可能性，但如果没有自身的核心竞争力，仅仅简单复制别人的商业模式是无法取得成功的。并非所有的业务成功都是基于用户群体规模，所以，在搜索引擎市场上，腾讯没能撼动百度的地位。另外，网易和电信联合推出的社交软件易信以及阿里巴巴跨界推出的社交软件来往，都是想在社交领域分一杯羹，但在腾讯微信的强势进攻下显得毫无竞争力，这样的跨界也算是收效甚微。为什么对于实力如此雄厚的互联网巨头企业，跨界也显得不是那么容易呢？为什么他们在很多领域的跨界尝试也是屡屡碰壁呢？这也让我们意识到，跨界并不是一件简单的事情。

8.2.1 自我颠覆重构，引领观念革新

也许一两年前人们热议的某个公司或某个项目，当时颇有"天人谁人不识君"、大事将成的气势，如今却"泯然众人矣"，或是销声匿迹、无人问津，只剩嗟叹。如今的商业世界与从前已经大不相同，"以用户为中心"的商业逻辑已经替代了过去的"以产品为中心"的商业逻辑。互联网在创造无数机会的同时，也时刻在优胜劣汰。一个企业的领导者就是掌船的舵手，只有方向选择对了，才能驾驶大船驶向远方，只有在恶劣的环境中懂得变通，才能挽救船上所有的生命。企业家领导企业持续向前的方式就是不断思变。坐以待毙唯有死亡，不断革新才是生存之道。

在互联网时代，消费者的生活方式和思维方式都发生了巨大变化，消费需求已经不仅仅聚焦于"性价比"，而更多地将关注点放在消费品质上，追求个性化和多样化，品牌忠诚度也被诠释得淋漓尽致，同时，转移消费的成本极低这一特征也前所未有地表现出来。随着互联网技术的发展，在这个竞争激烈的时代，无论是互联网企业还是传统企业，都在寻求资源的最有效利用和最佳整合，以获取生存和发展的机会。

想要在这个时代活得更出彩，有时候改革所发挥的作用是比较微弱的，颠覆才是正确的姿态。每个企业就像是在高速公路上行驶的汽车，节奏稍慢就会被超越，性能不好的话一撞便翻车。那么怎样才能保证快速平稳行驶，即使被撞也不会翻车呢？那必然是要竭尽全力去打造一辆全新的汽车，推翻传统的思维模式，不断颠覆过去的自我，颠覆现有的固定模式，打造一辆特别的车。自我颠覆，忍受烈火焚身，方能凤凰涅槃。

[①] 数据来源于中国电子商务研究中心。

互联网巨头企业不断尝试打破行业边界，这似乎出人意料却又在情理之中。一方面，他们试图将现有资源的价值最大化；另一方面，他们试图整合周边资源，形成最佳组合，建立一个以自我为中心的商业帝国和核心生态系统。而他们跨界的核心方式或者首要行为必然是不断进行自我颠覆，自上而下、由内而外的换血造血工作使得他们愈加强大。金庸在其小说《射雕英雄传》里写到"老顽童"周伯通在桃花岛上自创武功"左右互搏"，能够分心二用，双手分使两种武功，相互搏击，最终使威力倍增。在商界，很多企业也通过"左右互搏"的方式实现颠覆和跨界。腾讯旗下的即时通信软件微信，从诞生到风靡全国都得益于腾讯内部的竞争。马化腾曾说："微信这款产品的成功上市，使得腾讯取得了前所未有的成功。但是，如果这款产品不是腾讯研发出来的，而是由其他互联网公司推出的，那么腾讯将完全失去招架之力。"这也向我们证明了，企业若不进行自我颠覆，那么终将被其他人颠覆。

在这个时代，传统企业更是面临着巨大的挑战。原因之一是他们与生俱来的传统经济基因，原因之二是他们面临着历史发展的潮流。外部环境变化天翻地覆，如果不进行改革就会被淘汰。面对互联网的发展潮流，许多著名传统企业并没有故步自封，而是积极进行自我颠覆和改革，顺势而为。《中国经营报》是1985年中国社会科学院工业经济研究所创办的报刊，是中国最早发行的经济类报刊之一，并在2008年入选"十大传媒专业报品牌"。可是，随着互联网的飞速发展，新媒体如雨后春笋般不断涌现，自媒体作为一种新的媒体形态，成为时代热点，甚至成为资本竞争的热土。传统媒体日渐衰落，究竟该何去何从？2013年，《中国经营报》社长李佩钰发布了内部改革动员令，号召全体员工去"改变"。他在动员令里指出了媒体产品未来发展趋势，并特别强调以客户需要为中心为原则，机构在未来将成为一个没有过多传统层级结构的扁平化组织。李佩钰在动员令的最后呼吁道："再不改变，我们就老了；再不创新，组织就老了。传媒永远是热血的行业，必须让青春都燃烧起来。"除此之外，海尔集团CEO张瑞敏也在不断创新管理形式、重构商业模式，主动适应互联网带来的巨变，积极探索互联网时代传统企业的生存之道，他提出的"人单合一"模式顺应了互联网时代"零距离"和"去中心化、去中介化"的时代特征，与一般意义上的竞争方式、组织方式、传统业务模式以及赢利模式都大不相同，而是从企业、员工和用户三个维度进行战略定位、组织结构、运营流程和资源配置领域的颠覆性、系统性的持续动态变革。张瑞敏深谙颠覆的重要性，多次在演讲中铿锵有力地表达海尔革命的信念和未雨绸缪的信心。

案例：海尔的自我颠覆——张瑞敏在"手机中国创新发展论坛"的演讲（节选）

如果跟得上就是最好的时代，如果跟不上就是最坏的时代。

这是一个必须自我颠覆的时代。为什么？因为经济发展驱动力被颠覆了。

传统时代经济发展的原动力和驱动力是规模和范围（钱德勒）。规模就是做到最大，范围就是做到最广，由此来提高门槛让竞争者难以进入。

而在互联网时代，经济发展的驱动力是平台。平台就是快速配置资源的框架，在互联网上，各种资源可以无障碍沟通。

现在电商就是最典型的平台，阿里巴巴可以在很短的时间做到销售额一万亿元的规模，实体店也有做到销售额一万亿元的，比如沃尔玛，但是经过了很多年的时间。电商之所以可以快速颠覆传统连锁店，就是资源在网上可以快速配置的结果。

这是一个什么样的时代？就像英国作家狄更斯在《双城记》的卷首语说的那样，这是最好的时代，也是最坏的时代。如果跟得上就是最好的时代，如果跟不上就是最坏的时代。

有一个比喻非常好：鸡蛋从外面打破只是人们的食物，但从内部打破就会是新生命。对海尔来讲，就是需要从内部打破，即自我突破、自我颠覆、自我挑战。

为什么一定要自我颠覆？因为从来都是企业必须适应时代，而没有时代去适应企业的。所以海尔有一句话："没有成功的企业，只有时代的企业。"如果你认为你成功了，那一定是踏准了时代的节拍，但是你不可能永远踏准时代的节拍。我们现在要踏上的节拍是互联网的节拍，踏准这个节拍很难，因为互联网把很多传统经典管理理论都颠覆了。

传统管理理论的基础是分工理论。亚当·斯密在1776年《国富论》第一章讲的就是分工，用的是制针的例子，一个人可能一天也做不了一根针，但是通过分工就可以做很多。分工理论指导着小作坊向大工业转化。

现在面临着大工业向互联网转化，原来的基础理论被颠覆了，同时在这个基础理论上成长起来的三位古典管理理论先驱也会被颠覆。

第一个是泰勒。泰勒的科学管理理论以动作时间研究著称，动作时间研究的结果形成今天的流水线，在流水线上，人没有创造力，完全变成机器的附庸。

颠覆它的是互联网的零距离，用户和企业之间必须零距离，只有零距离才能满足用户的个性化需求。流水线代表着大规模制造，而互联网上用户要求大规模定制。海尔现在正在探索让用户参与前端设计，过去企业是先制造后销售，那是为库存生产，现在必须变成先有用户后制造。这就颠覆了传统科学管理理论。

第二个是马克斯·韦伯。他被誉为"组织理论之父"，科层制（又叫官僚制）的发明者。这种金字塔式的组织现在仍在沿用。我去美国访问通用汽车公司的时候曾问他们有多少层级，接待的人告诉我14层，我跟他开玩笑，如果五年升一级，你退休之前也没有机会升到最高级。

但现在它被颠覆了，颠覆它的是互联网的去中心化。所谓去中心化，就是每个人都是中心，对内部而言，每个员工都是中心，因为信息不对称关系变化了，过去领导掌握信息多，现在在互联网上，你的员工掌握的信息可能比你还多。外部每个用户都是中心，他可以把自己的消费体验进行全球直播。员工没有领导了，用户也不以企业为中心了，整个组织就要变成扁平化了。

海尔的组织现在变成很多自主创新的小团队，在海尔现在只有三类人，第一种是"平台主"，他的任务是快速配置资源，第二种是"小微主"（小微即小微企业，每一个创业团队就是一个小微），第三种人是"小微成员"。员工的去留在小微，小微需要你你就留，不需要你就得离开。原来的金字塔压扁了，员工没有领导了，过去听上级的，现在听用户的。

第三个是法约尔。他提出的一般管理理论，强调的是企业内部职能的再平衡，但无论怎样平衡都是内部封闭起来做一件事。

现在这一理论也被颠覆了，颠覆它的是互联网的分布式。著名的乔伊法则，说的是最聪明的人永远在企业外部。公司再大也不可能覆盖全世界最聪明的人。怎么找到这些人呢？在网上。

比如海尔的研发中心，过去非常神秘，不是谁都能进去的。现在它是开放的系统，内部的人变成接口人，接入全世界最好的资源。分布式把封闭变为开放，世界就是我的研发部，世界就是我的人力资源部。

互联网的三个特征：零距离、去中心化、分布式，分别颠覆了古典管理理论三位先驱泰勒、韦伯和法约尔的理论。

怎样进行自我颠覆？对企业来讲，变革到最后，最难做也最应该做的就是组织变革——组织扁平化是一项非常繁重的任务。

前年的时候，我和IBM原总裁郭士纳在佛罗里达交流过，我把海尔扁平化的事讲给他，他说他在IBM的时候朝思暮想的一件事也是扁平化，但始终没有做，为什么？因为整个系统要变，涉及二十几万人，一旦出事，整个企业荡然无存。

我们也是思考了很多年，准备了很长时间。从2013年开始，从起初的八万六千人减到七万人，今年预计还要减少一万人。很多人对此议论纷纷，认为太不可思议，非常危险，也有很多反对意见。但如果认真解析，就会发现不但必须做，而且减少的人数一点都不多，因为这是互联网逼着你必须这么做。

8.2.2 "互联网+"浪潮袭来，抓住跨界契机

2014年11月，在首届互联网大会上，国务院总理李克强特别强调了互联网对于政府工作报告中提出的"大众创新，万众创业"这个主题的特别意义，他认为互联网将是推进其发展的重要工具。2015年7月4日，国务院印发《国务院关于积极推进"互联网+"行动的指导意见》，将"互联网+"提升至国家战略层面。

"互联网+"的本质是互联网与传统行业的结合，代表一种跨界融合的新经济形态。根据《国务院关于积极推进"互联网+"行动的指导意见》，"互联网+"就是利用互联网的创新成果赋予经济社会各领域力量，发挥提升组织效率、推动技术进步、促进组织变革的效力，最终形成以技术和创新为基础的经济社会新形态。这里的"+"具有两层含义：一是通过互联网跨界融合传统企业产生的新模式。例如，滴滴打车就是将互联网平台和传统打车服务融合起来，实现"线上叫车，线下用车"随叫随到的服务模式，从商业角度来看，这不仅大大提升了打车服务的效率，还给用户带来了出行的便利。但不可否认的是，这也对传统打车服务造成了很大的冲击，这也印证了跨界就是高效率整合低效率的分析。二是用互联网的思维跨界升级传统行业。通过对大数据的分析和整合，厘清供需关系，通过转变传统产业的生产方式和产业结构，增强经济发展的动力和效率，促进国民经济健康有序发展。

面对互联网的冲击，许多传统企业显得焦躁不安，不知该何去何从。一部分传统企业因循守旧，对互联网的发展充耳不闻，认定踏踏实实按照已被验证过的老路走才是生存之道；另一部分企业选择拥抱互联网，适应不断变化的市

场，跨越互联网行业和传统行业的界限，期望并尝试用互联网的思维去改造企业，不断升级已有的产品和服务，甚至是管理模式。如何在"大众创新，万众创业"的创业背景下找到一个新的创新点呢？不妨试着打破传统思维的限制，跨越行业的界限，利用互联网的特点，积极向互联网学习，搜集和分析大数据资源，优化信息，实施营销策略，创新商业模式，加速企业运营资本回收，实现快速运转。在"互联网+"的革命浪潮之下，只有主动跨越互联网和传统行业界限的企业才有机会找到更多发展的可能。企业发展的效果取决于其不同态度和对不同创新点的探索，例如，起源于高校市场的小黄车推出不久，另一互联网共享单车——摩拜单车就横空出世，智能密码锁、扫一扫就可骑走的特点意味着它更加深入地将传统行业和互联网有机融合了起来。

摩拜单车以互联网为起飞的跳板，以传统行业为基础，但远远超越传统行业。传统行业合理利用跨界思维，将可能联系的因素相加整合，打破传统行业和互联网行业之间的壁垒，尝试更多可能的组合，可能会创造出新的商业模式。摩拜单车将互联网思维引入传统行业使得传统的自行车产业呈现出全新的面貌，这就像是另一个新时代的产物。"互联网+"使得一切皆有可能，这也反映出了跨界思维所能产生的价值。在这个互联网时代，在"互联网+"的浪潮下，跨界的思维能带来全新的发展契机！

案例：摩拜单车"互联网+"的践行

2016年的4月22日，在上海的街道上出现了一批"奇怪"的自行车，这些自行车和传统自行车看上去差异甚大，有人第一次见到摩拜单车时这样描述道："第一次见到摩拜单车，是在定西路上，一颗城市绿化树下，停放着一辆色彩鲜艳、设计有点怪异的单车。""怪异"这个词用得并不唐突，新事物初次进入人们的视野大多会引起人们的好奇，人们也需要时间去适应和接受。摩拜单车的怪异之处有很多。首先，能直观看见的是车子的外观设计，车子样式十分新颖，具有一定的视觉冲击力。其次，其功能更是"怪异"，区别于传统自行车：一是无链条，轴传动；二是转动车铃的设计；三是其单边传统设计的车轴；四是防爆实心胎；五是只需要扫一扫二维码就能打开的智能锁，这也是摩拜单车将互联网与传统行业跨界结合最深入的体现之一。也正是由于其"怪异"的特征，摩拜单车很快成了"网红"，在各种社交平台上被广泛讨论。ofo和摩拜单车的出现将共享单车推向了资本的热潮中。而在摩拜和ofo的竞争中，摩拜首先推出的智能锁增加了其获胜的筹码。

据摩拜创始人胡玮炜介绍，摩拜单车智能车锁具有很多独创性功能和技术：24小时云端在线，快速匹配，精准定位，用户只需扫描二维码就能在短短几秒之内成功开锁。这种通过线上控制，实施开锁的方式与传统密码锁有很大差别。无须手动输入密码，一键开锁，最大限度地简化了用户的操作程序，摩拜也因此在群雄角逐的共享单车市场抢占先机，形成了自身的核心竞争优势。不过，随着竞争的加剧以及技术的发展，"一键开锁"功能成为所有共享单车品牌的标准配置。在"不进则退"的互联网时代下，持续创新才能使企业保持活力。

8.2.3 品牌影响卓越，形象助力扩张

现代营销之父科特勒在《市场营销学》一书中对品牌是这样定义的：品牌是销售者向其购买者长期提供的一组特定的特点、利益和服务。从这个定义可以看出，品牌是无形的，但可以被人们感知。对于企业而言，品牌是可以为其带来溢价并使其产品增值的无形资产；对于消费者或用户而言，可以通过品牌的载体（如企业标志，企业愿景和使命，服务水平等）将该品牌与其他竞争者区分开来。

品牌的影响力决定了品牌能为企业带来多大价值，品牌影响力是企业品牌开拓市场、占领市场并获取利润的一种能力。品牌影响力直接体现在品牌忠诚度上，消费者对品牌的直接评价和认可都可以反映出品牌的影响力。在互联网时代，粉丝经济当道，此"粉丝"已经突破了过去对"粉丝"的定义，被关注对象不再仅仅是明星、偶像和行业名人，可以是一个产品、一个品牌或一家企业，等等。《粉丝力量大》作者张蔷对粉丝经济的定义为："粉丝经济"以情绪资本为核心，以粉丝社区为营销手段增值情绪资本。粉丝经济以消费者为主角，由消费者主导营销手段，从消费者的情感出发，企业借力使力，达到为品牌与偶像增值情绪资本的目的。

苹果公司的粉丝的热情令人惊叹。熬夜排队买iPhone、预约过多导致新产品发布后官方网站瘫痪等场面已经屡见不鲜。很多苹果用户会跟随苹果手机的更新换代来同步更换自己使用的手机，甚至有相关调研发现，很多用户会认为使用苹果手机具有一定的优越性，是自身形象的展现，可以看出苹果品牌影响已经渗透到用户的生活中。苹果公司成立之初，其产品为个人电脑，1977年4

月，在首届西岸电脑展览会（West Coast Computer Fair）上推出 Apple II 电脑，这也是人类历史上第一款个人电脑。2007年苹果公司推出 iPhone，一款划时代的科技产品。2022年2月，IDC公布了2021年全球智能手机销售数据，苹果手机销量位列第二。2017年，苹果公司CEO库克在接受采访时，首次公开证实其自动驾驶项目的存在，并说："我们正专注于自动驾驶系统的研发。我们认为，这是一项十分重要的核心技术，它是孕育所有人工智能（AI）项目的摇篮，也是我们正在从事的最困难的AI项目之一。"除了看似疯狂的造车项目，苹果的战略还跨越到医疗健康等诸多看似毫不相干的领域。在万物互联的时代，打破边界、快速融合已成不可逆之势。然而敢于如此大胆尝试，苹果公司深入人心的高科技、高品质、优雅、尊贵、时尚的品牌形象贡献巨大。用户认可的不再只是苹果公司的 iPhone、iPad 或 iWatch 等产品，而是苹果公司的品牌、苹果公司产品的设计理念以及产品中反映的情感和心理需求。这种品牌影响力为企业跨越传统经济打开了大门。

小米作为一家将互联网思维运用到极致的企业，也打响了跨界之战，试图打造全覆盖的小米生态链。2011年8月16日小米公司正式发布小米手机1，在此之前上线了小米社区，第二年紧接着发布小米手机1青春版，从此一发不可收，连续发布了多款手机，在短短的几年之内依托手机产品和小米社区吸引了大批"米粉"。在2015年4月8日，"米粉节"盛大举行，这一天总支付金额突破20.8亿元，售出手机211万台，创造了非常优秀的业绩。小米公司崇尚创新、快速的互联网文化，始终坚持"为发烧而生"的产品理念。这些企业文化以及简单而极致的品牌印象已经深深扎根于用户心中。

近年来，小米公司试图打造全方位的小米家庭生态系统，陆续进入了家庭健康、出行等多个领域。小米公司利用其强大的品牌影响力，昂首阔步、胸有成竹地跨越行业界限，不断探索品牌能够进入的领域。如果没有此前积累的品牌影响力，小米敢实施这样的跨界吗？答案是否定的。品牌影响力强意味着用户具有较高的忠诚度，也象征着品牌的产品或服务对消费者的一种承诺，消费者认可品牌可以为企业和用户带来源源不断的价值，当然前提是企业能够在消费者心中始终保持良好的品牌形象。用户对品牌的认可是企业的无形财富，品牌影响力强的企业发布新产品，会引起更多忠诚用户的关注，因此具有天然的优势。因为首轮效应带来的品牌印象，品牌影响力强的企业赢在了起跑线上，其他品牌影响力弱的企业很难超越。

提到品牌，我们很容易联想到苹果、华为、小米等，因为他们都是粉丝经济的诠释者和获益者，这些知名品牌一旦发布新的产品，必然会引起一阵轰动，人们会积极地去讨论新产品的性能、特征，对其进行评价，进而产生购买、传播等行为。同理，如果百度、阿里巴巴和腾讯这些互联网巨头进入新的领域，也必然会引起轩然大波。品牌影响力是唤起消费者重复购买最原始的动力。在利用品牌效应实施跨界战略时应注意，品牌印象聚焦于产品特性层面（即具有一般性、普遍性、抽象性且可用来描述不同产品特征）的品牌实施跨界更容易获得优势，而聚焦于具体产品类别或具体领域形成的品牌印象容易使品牌固化，在这种情况下，依靠原有品牌进行跨界则容易使大众品牌认知错乱，不但不利于跨界扩张，而且有可能削弱原有主导产品的竞争优势。小米之所以能够利用自身的品牌效应实现有效的产品品类跨界扩张，很大程度上得益于其给用户留下的"高性价比、科技感、发烧友"等品牌印象，这些词语可以用来描述很多不同品类的产品。著名空调品牌格力尝试进入手机领域，甚至是汽车领域，但市场反应并没有达到预期，这是因为格力近三十年的沉淀已经给大众留下了"格力就是空调，空调就是格力"的品牌印象，格力以此品牌进行跨界不但不能为其增长助力，反而可能弱化其多年来打造的品牌印象，削弱核心产品空调的竞争力。格力跨界的思维本没有错，但是在实施过程中没有抓准要点，应该聚焦于其已有的制造优势、渠道优势等，通过开发子品牌去发展新产品才可能为格力跨界创造更大可能。

案例：小米打造生态链

打开小米商城官网，在网站的左边类目栏中，可以看到小米生态链产品几乎已经覆盖家庭需要用的大多数产品，从其起家的产品小米手机，到硬件产品笔记本电脑、电视、路由器，甚至是日用消费品箱包等，小米的产品品类扩张的触角正在延伸到人们日常生活的各个角落。2013年年底，小米开启了生态链计划，雷军定下了5年内投资100家生态链企业的目标。据相关信息表示，到目前为止，小米已投资超过300家生态链企业，其中已有30家企业成功上市，业务多分布在智能硬件、先进制造等领域。

小米善于布局优质资源，瞄准进入领域。小米的定位以及"米粉"的沉淀为小米生态链产品提供了用户优势。手机周边智能设备，例如音响、耳机等可以享受品牌销售的红利；白电智能化为新兴的互联网科技企业进入成熟的小家电市场提供了契机；短途交通、"最后一公里"的市场空白潜藏市场机会；3D、AR等极客酷玩产品的高附加值及技术先进性有着更多商业可能；家庭日用消费品旺盛的升级需求将带来可观的销售规模；传统制造业搭载互联网发展快车的需求强烈，为投资带来更多可能。

小米产品的开发方式主要有三种：一是自研，二是投资孵化，三是合作。例如2014年12月，小米以12.6亿元入股美的集团，在智能家居方面加强合作。在三种方式中，投资孵化的方式占据战略性地位。小米的投资理念是：（1）投资不控股，帮忙不添乱，对生态链公司只有建议权，没有决策权；（2）小米对生态链公司输出产品方法论、价值观，提供全方位支持，与生态链公司共同定义产品，主导设计，协助研发，背书供应链，最后对通过小米内测后的生态链公司的产品按类别开放"米家"和"小米"两个品牌，并提供渠道支持、营销支持，负责售后与销售；（3）生态链企业是独立的公司，除"米家"和"小米"品牌的产品外，他们同时研发、销售自有品牌产品。这种开放的投资模式也为小米吸引了一批批优秀团队。

电动平衡车创业企业Ninebot（九号）公司于在2015年4月获得了小米、红杉资本、顺为及华山等投资公司8000万美元的融资，被正式编入小米生态链阵营。凭借小米生态链的助推，2015年4月，Ninebot全资收购了平衡车的鼻祖赛格威（Segway）公司。

华米公司一度因为其产品——小米手环而为大众所熟知，仅售79元的小米手环与同时期市场上同类产品相比有直接而明显的性价比优势。2017年4月，小米手环总出货量超过3000万枚。

紫米电子主打产品为手机周边的移动电源及充电设备等，产品得到广大消费者的认可和喜爱，小米移动电源已经成为全球销量第一的移动电源产品。小米提供的品牌效应及平台渠道为其带来了巨大价值。

除了以上企业，小米生态链中还有表现出色的青米科技、智米科技、小蚁科技等。小米生态链是一个开放的平台，而并非封闭的联盟。一个优秀的管理者不一定自身拥有出色的专业能力，知人善任能创造更大价值。同样，一个企业自身拥有的资源固然重要，但是其整合资源的能力更加关键，小米生态链的打造必然需要强大的跨界资源整合能力，而其中推动其高效加速整合、实现跨界拓展的助推剂是小米强大的品牌影响力。未来小米生态链商业帝国的发展值得期待。

8.2.4 万变不离其宗，消费群体一致

无论是什么品牌、产品和服务，它们都有属于自己的消费者，这些消费者有一些相似的心理和行为特征，因此他们被归类为同一个群体。这些相似的心理及行为特征很有可能衍生出相似的消费偏好，因此容易推断出相同的消费群体对具有相似特征或相似概念的两种或者多种产品或服务具有相似的消费偏好，即使这两种或多种产品并不属于同一行业。互联网技术的发展，使互联网文化空前繁荣和多样化。每个人都有向外界表达自己观点的机会和平台，互联网成为"草根"表达自我的活跃场所。

1. 产品开发战略

产品开发战略是指为现有市场发展若干有潜在利益的新产品的一种战略。现有市场指现有产品的目标客户群体，针对这一目标客户群体开发符合其消费心理和消费习惯的新产品。挖掘现有市场可以为企业创造价值，带来新的利润增长点。随着房地产市场趋于饱和，各大房地产开发商以及新兴的物业服务商均把眼光放在了存量市场的挖掘上，特别是住宅地产，而社区运营是挖掘存量市场价值的重要方式。早在2013年，万科物业就已经联合华为研发了叫作"住这儿"的一款O2O App，物业服务集团长城、彩生活等也都纷纷推出了一应云、彩之云等社区生活服务平台，其服务内容包括各类商品的销售、送货上门服务、二手商品市场、生活缴费、积分兑换、美容医疗、教育等全方位跨界服务。这些平台的运作逻辑是从社区居民生活必需品的各个方面获取价值。社区居民是社区价值流的源泉，并且社区存在自然的物理屏障，对于其他服务提供者来说，进入社区具有一定难度。2013年6月，蚂蚁金融推出了余额宝，这是一项增值服务和基金管理服务。让人始料不及的是，短短数月，其用户数就过亿，总体规模超千亿元。余额宝仅仅花了一年的时间就成长为全球最大货币基金之一，它针对的用户就是淘宝用户。淘宝是亚太地区大型的C2C购物平台，根据TaobaoUED Team的分析，淘宝用户具有惯性思维、追求简单、拒绝复杂等心理特征，阿里巴巴跨界到金融行业所选择的对象就是这一消费群体，打造了以操作简单、门槛低、零手续费、可随取随用为特点的余额宝，与其他传统金融企业、金融项目的复杂性相比，余额宝的优势立刻显现出来，它完美契合淘宝用户的心理特征，遵循消费群体的一致性，让余额宝拥有数亿跨界用户，自然能为其带来利润。腾讯集团副总裁程武在2011年提出了"泛娱乐"概念，在2014年这个概念被文化部、国家新闻出版广电总局等中央部委的行

业报告收录并重点提及。2017年ChinaJoy联合新华社瞭望智库发布《2017泛娱乐战略报告》，报告指出，泛娱乐已经成为文化领域最受关注的商业模式。这种商业模式的核心是打造明星IP（Intellectual Property，知识产权），本质是一种粉丝经济。通过一个故事、一个角色或大量用户喜爱的事物聚集一批黏性极强的用户群体，针对同一用户群体打通游戏、文学、动漫、影视、戏剧等多种文创领域，实现跨平台商业拓展和跨界融合。《勇者大冒险》就是全球首个全新泛娱乐明星IP打造模式的实践者。2015年3月30日，在UP2015腾讯互娱发布会上，腾讯互娱携手像素、南派三叔组成《勇者大冒险》的豪华制作阵容，从零开始，在动漫、游戏、文学、电影等多领域发布产品。围绕高质量IP进行多产品交叉开发的案例很多，围绕核心产品，联合多领域实现业务跨界共生，已经是文娱行业常见的做法。发挥核心明星IP的优势，在影视、文学、动漫、游戏等领域通过授权的方式实现跨领域的互动合作，推出各类互联网衍生品，从而将整个价值链串联起来，形成围绕核心资源的生态圈。未来的平台也将成为各种渠道的集合体，同一平台最终将是娱乐、社交、体育、影音等多类别产品的集合，而推动跨界融合的根本动力是平台品牌力量的聚集。发挥品牌优势，针对同一群消费者，开发不同产品，将成为企业跨界的战略利器。

案例：明星IP创造的价值

由万合天宜推出的网络热播迷你喜剧《万万没想到》到目前已经完成3季，它在年轻人汇聚的视频弹幕网站哔哩哔哩上每一集点播量都突破数十万，加上全网其他视频网站的播放量，更是远不止这个数量。续集式电影或电视剧的制作往往充满挑战性，很多后续推出的续集都难以超越第一季或第一部，《万万没想到》三季的高播放量说明它已经成功吸引一大批具有黏性的观众。这部分观众则成为其泛娱乐模式开启的基础。

万合天宜凭借自身在影视领域、后期制作、艺人经纪、营销等方面多年积累的成功经验以及优势，不断拓展其产品线，依靠《万万没想到》这一IP形成品牌效应，推出多款跨界产品，开展了一系列泛万万活动。2014年8月1日，由知名作家有时右逝与新锐导演教授易小星执笔的《万万没想到》长篇小说故事版出版。2015年1月29日，《万万没想到》联合成都好玩一二三推出同名手机游戏并进行测试，引起了高度关注。在这款手游中，玩家可以站在导演的视角感受拍摄，同时剧情的再创造也让玩家除了在游戏中找到熟悉的感觉外还能体验新的剧情。随着手机游戏的火热，游戏的准入门槛越来越低，行业竞争加剧，各类手游质量参差不齐，游戏制作团队的生存状况差异巨大。创办独立品牌开发游戏的投入巨大，利用优质IP进行授权改编，一方面能节省很大一笔游戏前期宣传费用，从而降低成本，另一方面也能利用其品牌资源低成本地获取一大批初始用户。

2. 品牌合作战略

有效的品牌合作往往能产生1+1＞2的效果，实现双赢。在如今激烈的市场竞争中，品牌合作颇有抱团取暖之意。许多看似无关的品牌会进行跨界合作，推出组合产品或进行跨界营销。不同行业的碰撞，可能会迸发出创新的火花，收获意想不到的价值。对于跨界合作战略而言，具有一致性的消费群体尤为重要。2017年，OPPO R11与法国美妆品牌娇兰跨界合作，联合推出一款名为"热力红"的限量礼盒，礼盒中包含OPPO R11热力红手机和娇兰325同色亲亲唇膏。OPPO公司的使命是"让不凡的心尽享至美科技"，品牌精髓是"至美"。OPPO CEO陈明永对"至美"作了阐释："凡是OPPO出品的，必须是设计的精品，是有格调的艺术品"。OPPO的品牌使命是通过精致的产品与创新的科技为用户创造美妙的生活体验，目标客户是追求时尚、个性化、美的年轻人。根据中国产业信息网数据，2016年OPPO手机用户男女比例大约为4∶6，也就是说OPPO的用户中一大半都是年轻女性。法国娇兰是酩悦·轩尼诗—路易·威登集团（Moët Hennessy - Louis Vuitton，LVMH Group）旗下的化妆保养品品牌，企业的口号是"超卓产品，完美无瑕"，其目标客户多为18～35岁年轻时尚女性，受到了各国年轻时尚女性的青睐。两个品牌虽然看似属于两个不同的行业，但它们的品牌定位以及消费群体具有很强的一致性，并且大多数消费群体重叠。因此，两个品牌的跨界合作可以实现双赢，对两家企业的产品形象和销售产生有利影响。

8.2.5 优势资源匹配，扬其长而制胜

企业一味追求热点往往会给后续的运营造成很大的麻烦。在寻求新的增长机会、制订跨界战略时，必须考虑自己是否能够发挥管理、生产、技术、渠道等资源优势。

很多看起来毫不相关的跨界，实际背后有很强的优势资源支撑。20世纪

80年代中期，在潘罗斯倡导的"企业内在成长理论"的基础上，基于资源基础的公司战略理论被提出。这一理论认为具有行政组织结构的企业之所以能赢利，是因为他们拥有独特的稀缺资源，能够生产成本显著低、质量非常高的产品，即高效产品。这种资源是无形的、难以模仿的、企业专有的，并依附于企业内部组织。因此企业的竞争优势来源于企业内部，依赖于企业异质的、难以模仿的、效率高的专有资源，并且企业有不断产生这种资源的内在动力，保持企业的竞争优势在于不断地形成、利用这些专有的优势资源。从这里可以看出竞争优势是内生的，同时存在路径依赖（path depend）。企业在考虑跨界战略时，必须首先确定企业独有的优势资源，然后确定这种资源能在什么领域发挥其最大价值，创造最大效益。一旦企业确定了资源优势，再加上对市场的判断，就可以决定是否跨越这个领域的边界。一是直接进入产品和服务生产领域；二是与优势资源互补的企业进行跨界合作；三是通过收购那些能够帮助价值链成长和完善的企业来促进整体战略的实施，充分发挥自身的资源优势。2017年2月10日，利洁时集团宣布计划以每股90美元的价格对知名婴幼儿营养品品牌美赞臣进行现金收购，此次收购对美赞臣的市场估值为166亿美元，若将美赞臣的净债务计算在内，交易总价值为179亿美元。利洁时集团是快消品行业的巨头企业之一，旗下拥有杜蕾斯等众多知名的品牌。此次跨界收购，立刻成了人们茶余饭后讨论的热点，网上调侃的段子也被网友们广泛传播，称这次收购是"风险对冲"的最佳诠释。事实上，从利洁时集团的战略规划来看，这次收购合乎情理。近年来，利洁时集团的多元化战略并不理想，一直在寻求新的利润增长点。为了与宝洁等同类企业实现差异化，形成竞争优势，利洁时开始部署大健康领域，并逐渐将其战略重心转移。随着中国二孩政策的落实，母婴类产品的市场空间不断扩展，其中包括母婴护理用品以及婴幼儿用品。利洁时收购美赞臣，是其谋求母婴等业务拓展的战略布局。其实，母婴类产业与利洁时主要业务之间是存在相关性的，以婴儿使用的奶嘴为例，与利洁时旗下杜蕾斯品牌的产品同属于橡胶类产品，两者在母婴用品的发展方面有诸多的关联性。除了利洁时自身可以发挥生产资源的优势外，美赞臣的渠道优势也是促成这次收购的重要因素，其线上、线下的母婴店渠道有利于利洁时大健康战略的部署和实施。此次跨界收购，双方资源优势匹配，各取所长，促进各自的优势资源实现效益最大化，符合利洁时的扩张战略。

与此同时，苹果公司也在不断探索跨界，近年来其跨界造车的消息也引起了大众的热议。在未来随着车联网的深入发展，汽车将朝着电动化方向发展，自动驾驶将越来越普及，汽车智能化指日可待。而这些发展趋势所涉及的大数据、系统开发、产品设计等方面都是苹果公司的优势所在。另外，苹果公司的资金资源是其他企业难以匹敌的。因此，从表面上看苹果公司造车有些不可思议，但在分析了其具有的优势资源后，我们发现其实苹果公司造车不仅合乎情理，而且在未来汽车的设计制造上有很多独特的优势。只要企业优势资源能够与某一行业匹配，那它就有了跨界的基础，甚至能够通过发挥其特色优势，在新行业领域夺得一片城池。

案例：苹果跨界汽车，"形离而神不离"

苹果公司首席执行官蒂姆·库克（Tim Cook）2017年6月初接受采访时首次公开承认，将向汽车市场进军，苹果公司正在专注于研发无人驾驶技术。库克把无人驾驶汽车称为"一切人工智能项目之母。"生产iPhone的苹果公司去开发汽车？乍一看这似乎有违常理，哪怕苹果公司拥有充足的资源、强大的品牌影响力和美学设计优势。凯鹏华盈合伙人布鲁克·波特表示，今后几年内，最新颖的汽车将会是电动的、联网的、可共享的和自动化的，苹果公司在这些领域有很大优势和机会。

大数据驱动自动驾驶技术

据技术投资者迈克尔·邓普西（Michael Dempsey）称，激光雷达现在的价格为3万美元，短期内难以普及至大众消费者的汽车。但是，未来激光雷达感应器成本将被重构，实现大幅下降，这也是推广自动驾驶技术成为大势所趋的重要原因。目前，大多数技术公司利用云计算、图形处理、人工智能和机器习得等方式获得大数据。能够率先利用先进技术搜集3D地图或刹车行为数据等具有重要意义的驾驶数据的企业，更有可能率先推出成功的自动驾驶汽车。

邓普西表示："很多数据属于训练数据，只有一直坚持这么做的企业才能更好地了解世界。"苹果公司虽然在数据获取方面制定了一些限制政策，不会将涉及用户隐私的信息保存下来，但可利用的信息仍然很多。随着使用时间的增加，iPhone会越来越"了解"用户，掌握用户的行为习惯，提升用户体验。海量的终端用户的实际操作便是苹果不断提升和改进设计的基础。自动驾驶技术可靠性的核心也在于真实而有效地模拟用户驾驶行为。谷歌、Uber和特斯拉都一直在测试自动驾驶技术和搜集驾驶员数据，苹果在这方面也许会做得更好，它可以让测试更接近现实。

电池优化推动行业前行

电池组件初创企业林诺新能源（Lionano）的创始人兼首席执行官于英超博士称："过去的十年里，人类对清洁能源技术的投资实现了前所未有的增长。一说起清洁能源，很多人立刻会想到风能和太阳能，或者电动汽车，这也意味着能源存储行业将同步繁荣起来。"未来，电动汽车将成为人们的首选。电动汽车领域一直都有两个痛点，一是充电时间较长，二是电池使用寿命没有达到理想状态，这也是电动汽车未来发展的重大挑战。苹果在这方面已经取得了一定的进展。

网络安全与云是挑战也是机遇

在 BT Global Services 的专业汽车网络安全部门工作的杰森·库克（Jason Cook）称，汽车互联网化已经是不可逆趋势，但网络安全问题却总是被各大厂商忽略。杰森·库克认为，将云技术整合到汽车中能够提供极大的便利，例如用户可以通过手机软件对汽车进行个性化的设置，让用户随时随地监视自己的汽车，利用自动支付功能在收费站交费等，但云技术的引入也增加了黑客入侵造成事故的风险。库克说，如果汽车被认为具有一定的安全风险，用户们会根据他们对相关公司的信任度来选购汽车。对于苹果和微软这样的企业来说，这可能是优势所在。随着苹果公司面部识别技术的发展，利用面部识别来"鉴别"车主也成为可能。

8.2.6 跨界营销合作，品牌效应叠加

美国市场营销协会对营销一词的定义是：创造、沟通与传递价值给顾客，以及经营顾客关系以便让组织与其利益关系人受益的一种组织功能和程序。作为服务营销理论之父的克里斯琴·格罗鲁斯，则是强调市场营销的目的，他指出市场营销就是在变化的市场环境中，满足消费需要、实现企业目标的商务活动过程，包括市场调研、选择目标市场、产品开发、产品促销等一系列与市场有关的企业业务经营活动。营销的方式有很多种，如服务营销、网络营销、体验营销、个性营销等，这些营销活动贯穿企业价值创造的整个过程。正如克里斯琴·格罗鲁斯所说的那样，市场营销是在变化的市场环境中进行的企业业务经营活动，变化的市场环境就要求企业选择和创新不同的营销方式。

在互联网时代，市场呈现竞争激烈、资本活跃、技术革新、行业界限日益模糊等特点，企业营销方式也在不断调整和适应。越来越多的企业开始意识到

自己无法完全独立于市场而存在，在市场中，很多资源是可以跨界共享、叠加放大的，这些资源对于企业来说，在发展繁荣稳定时期可以"锦上添花"，在举步维艰危机四伏时可以"抱团取暖"，比如共享渠道、共享客户等。同时，市场发展的背后是新型消费群体的崛起，消费者需求已经扩展到很多领域，从对产品使用价值的单一需求转向对生活方式、个人价值和自身品味的追求。因此，跨界营销对于企业来说是一种营销理念而不是简单的营销方式。高效率时代的要求是打破行业边界，实现资源价值最大化，这也是企业发展的必然要求。从销售角度理解跨界营销，其能够帮助商家们利用各自的优势，通过较少的投入，取得更大的产出。

在品牌方面，不同品牌的相互渗透和融合，会给人带来立体感和新鲜感。通过创新的跨界，互补性的品牌联合起来诠释或表达一种新的合伙关系或者消费体验。不会因为元素的增加而削弱其中一方的表达力；相反，还会因为融合更容易引起消费者产生品牌联想，从而增强所有品牌的表达力。因此联合更容易形成整体的品牌印象，产生更具张力的品牌联想。

事实上，跨界营销很早就已经存在了。然而，过去对跨界营销的定义相对狭窄，跨界合作的对象就算不是同行也是同业。例如智能手机刚兴起的时候，合作对象大部分都是电池、耳机或者手机挂件，稍微跨得"远"的，也不过是搭售一些周边产品。近年来，跨界营销的范围得到了极大扩展，跨界合作的对象可以涉及两个或两个以上完全不同的行业或企业。跨界营销理念已经深入人心，各种跨界营销合作的成功案例层出不穷，让人拍手叫绝。然而，也有很多企业的跨界营销如石沉大海，没有达到预期的效果，也不曾被人们记住。跨界营销是实现企业创新、传播企业文化的有效方式。跨界营销必须注意一些基本的方法和原则：选择合作的品牌与自身品牌调性相似，品牌调性通过品牌核心价值、品牌标识语、品牌故事等体现出来；用户群体具有一致性，具有相似的生活方式、生活理念或消费心理特征；产品使用场景具有一致性，明确"什么人在什么情况下要解决什么问题"，等等。这些原则只需要满足其一便有可能促成跨界营销合作，这些合作点潜藏在每一个可能的角落，找到这个共同的营销点就找到了跨界营销的无限可能。在此营销过程中，双方将共享优势资源，实现互补共赢，实现品牌效应与品牌价值的叠加。而促成跨界营销合作的动机大致分为三类：品牌受众相同、品牌受众互补和渠道价值共享。

1. 品牌受众相同

品牌受众是由一个或多个品牌的目标客户组成的群体。这些客户群体根据特征被分为不同的类别，例如，品牌通常按年龄和性别分类。但有时对于具有更显著特征的群体，可以同时用几种标准来划分。跨界营销中最常见的方式便是受众相同的跨界营销，两个品牌通常会因为其品牌调性相似、品牌理念一致而进行合作营销，这种类型的营销与前述要点中强调的消费群体一致性相符。特别是在品牌新产品发布时期，采取品牌受众一致的跨界营销合作能够强化合作双方品牌形象，从而达到更好的营销效果。

案例：华为与马蜂窝的跨界营销

2014年8月15日，"华为麦芒C199新品手机发布暨环青海湖骑行"活动正式启动，拉开了华为与马蜂窝深度营销合作的序幕。

麦芒C199是华为麦芒手机第三代的新产品，其目标客户群体就是年轻一族。这部分年轻人被这样描述："他们部分是初入职场的新人，在繁华和喧嚣中充满激情；不随波逐流，有自己的独特气质；他们在人群中并不醒目，但散发出个性气质。他们部分是有理想有抱负的学生，有着强烈的上进心，大胆、坚持、无畏地生长着；他们都期待从学生到白领的蜕变；他们有很多理想，目前唯一能做的就是坚持！""激情""成长""无畏"等关键词也正是骑行活动最能传达的理念，这样的理念也是对华为麦芒的最好诠释。因此，理念的契合使华为与马蜂窝很快达成了合作，围绕"青春"主题，共同进行旅游营销。

为了达到最好的营销效果，吸引更多年轻群体的加入，活动定在了8月份的青海湖。青海湖骑行最终被确定为麦芒C199品牌宣传的载体及活动形式。根据青海省旅游局发布的信息，2014年前7个月平均每天有近14万人畅游大美青海。每年7、8月份，正值青海湖风景最美之时，每天都有许多年轻人加入青海湖旅游的队伍。另外据统计，中国骑行爱好者人数近年来增长迅猛，相比于2011年的100多万，2014年将突破1000万，其中超过六成是青年人。当时，马蜂窝仅"单车旅行故事"的群组中就有200多万骑行爱好者，全国也有近500所高校建立了大学生单车社团或骑行队伍。辐射群体的高度一致性促成了此次合作的达成，并使活动取得圆满成功。

华为是中国通信行业龙头企业，其产品和解决方案涵盖移动、宽带、IP、光网络、网络能源、电信增值业务和终端等领域。近年来，其消费终端市场领域的重要性逐渐凸显，并取得了优异的成绩。马蜂窝是与华为完全不同的互联网企业，当华为推出新手机时，之所以选择与马蜂窝合作营销，是因为其手机定位的目标客户群体特征与马蜂窝的用户特征具有一致性，都是有理想、上进、不随波逐流的年轻群体。这样的营销合作不仅强化了华为麦芒C199的"年轻气质"，也增强了马蜂窝的用户黏性，是互惠共赢的。

2. 品牌受众互补

品牌受众一致的跨界营销是为了从同一消费群体中挖掘价值，而品牌受众互补的跨界营销是为了扩大品牌自身受众，开拓新的市场，从更大的市场中获利。当企业实施市场开发战略时，通常会选择这样的跨界营销方式。

案例：周大福与《天天酷跑》的跨界营销

周大福和腾讯手机游戏《天天酷跑》跨界合作，开展黄金联赛。周大福希望借助日活跃用户高达6000万的《天天酷跑》来加强自身品牌传播，与这些玩家建立更深层次的互动联系，接触到更多即将成为消费主力军的年轻一代，从而达到潜移默化地影响消费的目的。而对于腾讯游戏而言，《天天酷跑》作为一款平民化的手机游戏产品，也希望通过与定位高端奢华的黄金品牌合作，摆脱手机游产品的"快餐"形象，让更多高端人群对《天天酷跑》产生兴趣。双方通过开展黄金联赛，进行跨界营销实现双赢。

周大福是中国最著名及最具规模的珠宝首饰品牌之一。珠宝给人的印象通常是高贵、奢华，分析当代年轻人的消费特征，多是追求性价比、小而美的质朴生活，对珠宝并没有特别的爱好。而周大福的目标客户群体却偏偏包含了这样一部分年轻人，希望传递"时尚、专业、亲切"的企业文化，这一文化也从迅速扩张的线下门店中体现出来。《天天酷跑》是由腾讯开发的一款角色扮演类游戏，其用户主要是普通大众。周大福需要将客户延伸到普通大众，而《天天酷跑》希望将用户覆盖到高端人群，两者受众刚好能够互补，由此可见这次跨界营销合作有利于双方各自实现市场扩张的目标，为彼此创造价值。但是从实际效果来看，很多参与黄金联赛的用户对周大福在游戏里植入的"福星宝宝"的认知仅停留在虚拟价值层面，而实际能打动年轻群体、促使其买单还需要引起情感价值层面的共鸣。因此引流只是跨界合作的第一步，第二步是促使有效的流量转化。所以在跨界合作中，品牌合作深度以及各品牌后期的跟进也

显得尤为重要。

3. 渠道价值共享

渠道是连接企业经济活动中各个主体的重要通道。渠道价值的本质是关系价值，是指企业在生命周期中通过与特定的销售组织和成员建立、培育和维护特定的关系，借助关系为企业带来的价值。企业的自有渠道是其竞争力的重要组成部分，能够相互提供渠道价值跨界营销合作能为双方创造更大价值。

案例：vivo与NBA的跨界牵手

2016年10月9日，中国智能手机品牌vivo与全球顶级篮球赛事组织NBA（美国职业篮球联赛）在上海签署了品牌战略合作协议。战略合作协议指出，双方将在赛事、产品、服务以及品牌营销等方面展开长期战略合作，NBA认定vivo为其在中国指定的手机品牌合作商。NBA联盟副主席马克·塔图姆（Mark Tatum）对vivo近年来在中国市场的表现十分认可，并说道："vivo作为一个世界顶级手机品牌，为全球用户提供了优秀的产品和服务，与NBA一样都备受广大年轻群体的喜爱。希望此次合作能作为一个良好的开端，共同为全世界人民创造更加美好的产品和体验。"vivo全球副总裁倪旭东表示："vivo作为世界领先的手机品牌，活力、乐趣、年轻、时尚是我们品牌的关键词。这一点与NBA在受众和品牌风格上都非常契合，相信vivo与NBA的合作可以继续为全球用户提供更有乐趣的产品和服务。"也正是在2016年，vivo的销量一举进入全国前三。

vivo在几年内成为NBA中国市场唯一的手机合作伙伴，不仅仅是因为vivo全球副总裁倪旭东提到的理念一致，更是因为双方能为彼此带来更大的渠道价值。一方面，NBA借助vivo在中国的影响力，很多活动将会顺利开展；另一方面，vivo的用户将能更好地享受NBA赛事的内容，在庞大的篮球迷群体中扩大品牌影响力。渠道价值的存在是促成跨界营销的更深层次因素。

参考文献

[1] 伯建新. 跨界营销的应用及原则[J]. 中国牧业通讯, 2008(19): 42-43.

[2] 吕佳. 李克强：促进互联网共享共治 推动大众创业万众创新[EB/OL]. (2014-11-20)
[2021-10-22] http://www.gov.cn/guowuyuan/2014-11/20/content_2781560.htm.

[3] CRETU A E, BRODIE R J. The influence of brand image and company reputation where manufacturers market to small firms: a customer value perspective[J]. Industrial Marketing Management, 2007, 36(2): 230-240.

[4] 邓茜. 英国利洁时集团宣布收购美国美赞臣[EB/OL]. (2017-02-13)[2021-08-22] http://www.jjckb.cn/2017-02/13/c_136051637.htm?from=timeline.

[5] 电车之家. 苹果CEO库克首度详谈无人车战略:这是所有AI项目之母[EB/OL]. (2017-07-17)[2021-10-23] https://www.sohu.com/a/157844019_114771.

[6] 华为最新咨询. 华为携手马蜂窝跨界营销[EB/OL]. (2014-08-19)[2021-04-21] https://www.chinaz.com/news/2014/0819/364291.shtml.

[7] 黄楚新, 王丹. "互联网+"意味着什么——对"互联网+"的深层认识[J]. 新闻与写作, 2015(5): 5-9.

[8] 黄嘉涛. 扎根理论下跨界营销对品牌资产影响分析[J]. 商业经济研究, 2016(1): 51-53.

[9] 梁敬东, 高林. 相关多元化战略的逻辑演进[J]. 价值工程, 2005, 24(1): 2.

[10] 吕金梅, 苏浩. 互联网时代传统企业战略转型发展研究[J]. 现代职业教育, 2016(1): 94-96.

[11] 卡卡落. OPPO R11 推出热力红限量版 与法国娇兰跨界合作[EB/OL]. (2017-06-12)[2021-10-12] http://mo.techweb.com.cn/phone/2017-06-12/2534228.shtml.

[12] 菲利普.科特勒. 市场营销原理[M]. 王霞, 赵平, 译. 9版. 北京: 清华大学出版社, 2006.

[13] PConline资讯. vivo正式牵手NBA进行跨界合作:名人堂球星也来了[EB/OL]. (2016-10-10)[2021-09-21] https://www.sohu.com/a/115735256_223764.

[14] KOTLER P, KELLER K L. Marketing management[M]. 13版. 北京: 清华大学出版社, 2011.

[15] 乔占军. 论数字环境下出版业商业模式的重构[J]. 出版发行研究, 2016(1): 5.

[16] 手游文章. 万万没想到强IP彰显魅力 开启泛娱乐经典案例[EB/OL]. (2015-01-29)[2021-09-21] https://games.qq.com/a/20150129/030123.htm.

[17] 手游文章.《天天酷跑》联手周大福 再造新型互动营销平台[EB/OL]. (2014-06-05)[2021-10-13] https://games.qq.com/a/20140605/013436.htm.

[18] 水木然. 跨界战争:商业重组与社会巨变[M]. 北京: 电子工业出版社, 2016.

[19] 白昊天. 不甘心的苹果背后 难于上青天的跨界造车[EB/OL]. (2020-06-04)[2021-08-11] https://www.sohu.com/a/399534339_455835.

[20] 谭智佳, 魏炜, 朱武祥. 商业生态系统的构建与价值创造——小米智能硬件生态链案例分析[J]. 管理评论, 2019, 31(7): 14.

[21] 席长昆. 浅谈标识界的跨界与混搭[EB/OL]. (2019-03-14)[2021-10-11] https://www.zcool.com.cn/article/ZODE1NDcy.html.

[22] 张战伟. 跨界思维:互联网+时代商业模式大创新[M]. 北京: 人民邮电出版社, 2015.

[23] 张瑞敏. 张瑞敏:颠覆式创新再造海尔[J]. 企业界, 2013(11): 2.

[24] 张瑞敏. 张瑞敏在首届中国创新发展论坛的演讲[EB/OL]. (2014-06-27)[2021-08-12] https://wenku.baidu.com/view/dc9d335fbb68a98271fefab2.html.